Max Winter

Expeditionen ins dunkelste Wien

Meisterwerke der Sozialreportage

Herausgegeben von Hannes Haas

Picus Verlag Wien

FSC
www.fsc.org
MIX
Papier aus verantwortungsvollen Quellen
FSC® C004378

5. Auflage 2020

Grafische Gestaltung: Dorothea Löcker, Wien
Umschlagabbildung: VGA, Wien
Druck und Verarbeitung:
EuroPB, s.r.o., Tschechische Republik
ISBN 978-3-85452-493-9

Informationen über das aktuelle Programm
des Picus Verlags und Veranstaltungen unter
www.picus.at

Max Winter

Expeditionen ins dunkelste Wien

Inhalt

Max Winter (1870–1937)
Leben und Werk

Max Winter wurde am 9. Jänner 1870 in Tárnok bei Budapest geboren. 1873 übersiedelte die Familie nach Wien, wo die Mutter als Modistin, der Vater als Oberoffizial bei der Staatsbahn arbeitete. Winter verließ nach der vierten Klasse das Gymnasium und absolvierte eine Kaufmannslehre. Seine späteren Studien der Nationalökonomie, Geschichte und Philosophie an der Universität Wien beendete er nicht. Als Zwanzigjähriger begann er seine journalistische Laufbahn, zunächst beim *Neuen Wiener Journal.* Victor Adler holte ihn 1895 zur *Arbeiter-Zeitung*, dem Parteiorgan der Sozialdemokraten, für die er bis zu seiner Emigration und zum Verbot der Zeitung 1934 mehr als tausendfünfhundert Reportagen verfasste. Von 1914 bis 1918 war er zudem Chefredakteur der *Arbeiter-Zeitung am Abend.*

1923 sollte Winter im Vorfeld zur Nationalratswahl eine Frauenzeitschrift gestalten. Sie war als Wahlkampfmittel gedacht und sollte nach der Wahl wieder eingestellt werden. Die von Winter gegründete Zeitschrift *Die Unzufriedene* war jedoch so erfolgreich, dass an eine Einstellung nicht mehr zu denken war: Als er 1930 die Chefredaktion an Paula Hons übergab, lag die Auflage bei 160.000 Exemplaren; *Die Unzufriedene* wurde im Februar 1934 verboten. Im Verlag der Unzufriedenen erschienen auch die von Max Winter ausgewählten »Wiener Groschenbüchel«, die den Armen Zugang zu hochwertiger Literatur zum Beispiel von Gottfried Keller ermöglichen sollten.

Winters sozialreformerisches Engagement blieb nicht nur

auf den Journalismus beschränkt. Er baute die 1908 in Graz gegründete Kinderfreunde-Bewegung als deren Obmann aus, 1925 wurde er Präsident der Sozialistischen Erziehungs-Internationale. Mit seiner »Aktion Mühlstein« konnte er 1925 in ganz Österreich Kinderbibliotheken errichten. Auch als Quereinsteiger in die Politik war er erfolgreich: 1908 kandidierte er für den Wiener Landtag, von 1911 bis 1918 war er sozialdemokratischer Abgeordneter zum Reichsrat, von 1919 bis 1923 einer der drei Vizebürgermeister der Stadt Wien. Bis 1930 blieb er Mitglied des Bundesrats, in diesem Jahr wurde er von Bürgermeister Seitz zum »Bürger von Wien« ernannt.

Nach dem Verbot der sozialdemokratischen Partei im Februar 1934 gelang es Winter, Wien zu verlassen. Über Zürich, Paris und London gelangte er nach Amerika, wo er Vorträge über die Situation in Österreich hielt. Am 4. März 1934 sprach er in der Carnegie Hall vor dreitausend Zuhörern und nannte dabei Dollfuß einen »Arbeitermörder«. Ein Angehöriger des österreichischen Konsulats machte davon Meldung, und am 17. Dezember 1934 wurde Max Winter wegen »österreichfeindlichen Verhaltens im Ausland« ausgebürgert.

In den USA konnte er weder journalistisch noch als Vortragender Fuß fassen. Erfolglos schrieb er Drehbücher, die er an Max Reinhardt (»The Struggle for Sun«) und an Charlie Chaplin schickte, er bot sich als Märchenerzähler (»Großvater erzählt«) Kindergärten an. Zu einem bescheidenen Einkommen kam er durch die Gründung der *Californischen Korrespondenz,* die er bald in *Cosmopolitische Korrespondenz* umtaufte. Einige europäische Zeitungen gingen ein Abonnement ein, Winter lieferte dafür monatlich zwei Feuilletons und vier bis acht Notizen. Am 11. Juli 1937 starb Max Winter einsam und verarmt in einem Krankenhaus in Hollywood. Als er im September auf dem Matzleinsdorfer Friedhof in Wien beigesetzt wurde, wohnten –

obwohl das Begräbnis geheim hätte bleiben sollen – Tausende Menschen und ein riesiges Polizeiaufgebot der Bestattung bei. Auf seinem Grabstein steht die Inschrift:

Sein Wort sprach für Freiheit und Recht.
Seine Feder diente den Verkannten und Enterbten.
Sein Herz aber schlug für die Kinder.

Winters Werk zeichnet sich durch eine beeindruckende Vielfalt der Genres aus: Neben seinen Reportagen und Büchern schrieb er Gedichte, Märchen und Bühnenstücke wie »Eine g'sunde Person« (1905), gemeinsam mit Stefan Grossmann, und »Bettelleut« (1906), die mit einigem Erfolg in mehreren Theatern gespielt wurden, aber in Vergessenheit geraten sind. Auch einen Roman hat Max Winter verfasst, in dem sich alle seine Wünsche und Ziele als soziale Utopie verwirklicht finden. 1932 erschien dieses Buch in Berlin unter dem Titel: »Die lebende Mumie. Ein Zukunftsroman aus dem Jahr 2025« Der Plot: Ein Mann verfällt 1925 in einen Tiefschlaf, aus dem er erst hundert Jahre später erwacht. Er findet sich in einer veränderten Welt wieder, in den Wohnzimmern stehen Fernsehapparate (!), ohne Hunger, Not und Unterdrückung leben die Menschen friedlich in einem »Vereinten Europa« …

Max Winter ist erst in den 1980er Jahren als Pionier und Meister der Sozialreportage wiederentdeckt worden. Seine Arbeiten hatten das Genre sowohl thematisch als auch methodisch und formal entscheidend weiter entwickelt. Er publizierte manche seiner Reportagen – nicht selten in veränderter, erweiterter Form, um- und neuformuliert, mit zusätzlichen Details, Fakten und Ermittlungsergebnissen versehen – in Buchform. Winter besaß weit über die Grenzen des Landes Reputation als Reporter. Der Berliner Autor und Journalist Hans Ostwald leitete zwischen 1904 und 1908 das größte Projekt der Stadtforschung im deutschsprachigen Raum, dessen Ergebnisse er als fünfzigbändige Buchreihe unter dem Titel »Großstadt-Dokumente« herausgab. Dabei wurden unterschiedliche Modelle der Beschreibung der Großstadt – literarische, journalistische und sozialwissenschaftliche – erprobt. Aus Österreich lud er Felix Salten und Max Winter zur Mitarbeit ein. Winter veröffentlichte in der Reihe zwei Bände mit Reportagen, »Das goldene Wiener Herz« (1904 als Band 11) und »Im unterirdischen Wien« (1905 als Band 13 der Reihe). Winter beeinflusste Generationen von Reportern und wird heute wieder in Lehrbüchern als Vorbild präsentiert.

Historiker erkennen in seinen Sozialreportagen Vorläufer und Quellen für moderne Alltagsgeschichtsforschung. Mit ihren intimen Berichten aus dem Alltag korrigieren sie manchmal, illustrieren aber immer das Bild der akademischen Geschichtsschreibung: »Das bezeichnet auch ihre animatorische Wirkung: Zwischen literarischer und wissenschaftlicher Aneignung der Wirklichkeit stehend verhalten sich die Sozialreportagen zur Sozialwissenschaft wie Reisebeschreibungen zu einer Landkarte; lebendiger also sind sie allemal.« (Riesenfellner 1987: 8)

Sein journalistisches Programm hieß Aufklärung und Aufdeckung. Er war bestrebt, Missstände durch stringente Beweisführung aufzuzeigen, Verantwortliche zu nennen und Verbesserungen zu erzwingen. Er wollte das öffentliche Gewissen aufrütteln und Veränderungen erreichen.

Ausgewählte Bücher Max Winters

Winter, Max: L. S. W. Ein Tag Lagerhausarbeiter! Die Klagen und Plagen der Quaiarbeiter! Wien 1900.

Winter, Max: Zwischen Iser und Neisse. Bilder aus der Glaskleinindustrie

Nordböhmens. Mit einem Vorwort von Robert Preußler. Hrsg. von der Union aller Glas-, keramischen und verwandten Arbeiter Österreich-Ungarns. Wien 1900.
Winter, Max: Im Purzlinerlandl. Eine Studie über das Leben der nordwestböhmischen Porzellanarbeiter. Wien 1901.
Winter, Max: Im dunkelsten Wien. Strottgänge. Wien 1904.
Winter, Max: Das goldene Wiener Herz. Hg. von Hans Ostwald. Berlin 1905. (= Großstadtdokumente; 11)
Winter, Max: Im unterirdischen Wien. Berlin 1905. (= Großstadtdokumente; 13)
Winter, Max: Meidlinger Bilder. Wien 1908.
Winter, Max: Der Fall Hofrichter. Aus dem Notizbuch eines Journalisten. München 1910.
Winter, Max: Ich suche meine Mutter. Die Jugendgeschichte »eines eingezahlten Kindes«. Diesem nacherzählt von Max Winter. München 1910. (= Lebensschicksale; 3)
Winter, Max: Soziales Wandern. Wien 1911.
Winter, Max: Höhlenbewohner in Wien. Brigittenauer Wohn- und Sittenbilder aus der Luegerzeit. Wien 1927. (= Wiener Groschenbüchel; 14/15)
Winter, Max: Die lebende Mumie. Ein Blick in das Jahr 2025. Berlin 1929.

Bibliografie der Reportagen Max Winters

Schroth, Hans: Max Winter. Beiträge in der »Arbeiter-Zeitung«. Teil I: 1896–1912. In: Archiv 1/1983, S. 45–48; Teil II: 1913–1922. In: Archiv 2/1983, S. 68–71; Teil III: 1923–1933. In: Archiv. Mitteilungsblatt des Vereins für Geschichte der Arbeiterbewegung 2/1983, S. 89–92.

Werkauswahl

Helmut Strutzmann (Hg.): Max Winter: Das schwarze Wienerherz. Sozialreportagen aus dem frühen 20. Jahrhundert. Wien 1982.
Riesenfellner, Stefan (Hg.): Arbeitswelt um 1900. Texte zur Alltagsgeschichte von Max Winter. Wien 1988. (= Ludwig Boltzmann Institut für Geschichte der Arbeiterbewegung. Materialien zur Arbeiterbewegung; 49)

Der k. u. k.-Muckraker Max Winter oder Über den Gestank der Tatsachen

»Es ist mir eine wahrhaftige Freude, über Herrn Max Winters ›Strottgänge‹ berichten zu dürfen. Endlich hat er den guten Einfall gehabt, seine Studien über die Elends-Winkel Wiens (in der ›Arbeiter-Zeitung‹ von Fall zu Fall erschienen) in ein Buch zu versammeln. Der Journalist hat sich sozusagen zum Schriftsteller summiert, aus Journalbeiträgen ist ein Buch geworden, und der Kritiker darf der Sympathie und Wertschätzung Ausdruck geben, die er als Zeitungsleser bei der Lektüre dieser Studien so oft empfunden hat.« (Polgar 1904:3)

Nicht immer war Alfred Polgar so voll des Vergnügens und der Begeisterung, wenn er Bücher rezensiert hat. Für ihn überragen Winters Arbeiten – »Studien« nennt er sie – die zeitgenössische Konkurrenz: »Viele haben ihn imitieren wollen. Aber keiner hat die schmucklose Geradheit, die unsentimentale Wärme, die ruhige, so wirksame Sachlichkeit seiner Schilderungen erreicht. (...) Von all' diesen Erfahrungen und Beobachtungen erzählt er sehr ruhig, trocken, einfach, objektiv, ohne ›rote‹ Drastik, mit Verzicht auf Pointen und effektvolle Kapitelschlüsse. Und doch mit der starken Wirkung, die hier aus persönlichem Erleben in die Schriftstellerei fließt. So ist es ein erfrischend unliterarisches Buch geworden. Ein packendes und aufrevoltierendes Buch. Ein Buch, in welchem der Gestank der Tatsachen durch keinen Tropfen literarischen Parfums ästhetisch verfälscht ist.« (Polgar 1904:3)

Winter veröffentlichte in diesem Buch mit dem Titel »Im

dunkelsten Wien« (1904) Reportagen aus der *Arbeiter-Zeitung* über das Elend der Arbeits- und Obdachlosen, der Sandler und der Kanalstrotter, die er auf ihren Wegen durch die Katakomben der Großstadt begleitet hatte. Er schuf damit erschütternde Gegenbilder zu jenem verklärend-sentimentalen Kitschpanorama, das als k. u. k.-Wirklichkeit überliefert wird. Max Winter entwickelte und etablierte jene Form der Sozialreportage, als deren Erfinder Egon Erwin Kisch gefeiert wird. Während der »rasende Reporter« zur publizistischen Marke, zum Synonym für den Reporter wurde, blieb Winter lange Zeit vergessen. Seine Bücher sind vergriffen, wer Winter-Texte lesen wollte, war auf Archive und Bibliotheken angewiesen. Mit diesem Band soll Versäumtes nachgeholt werden.

Was haben uns diese zum Teil über hundert Jahre alten Texte heute noch zu sagen, worin liegt ihre Bedeutung? Hat sich nicht die Medienlandschaft, hat sich nicht der Journalismus und haben sich nicht die großen Themen der Zeit seit damals gravierend verändert? Auf den ersten Blick gewiss! Bei genauerer Betrachtung aber fehlt diesen Texten jede Patina. Sie präsentieren sich als wunderbare Beispiele, nein: als Vorbilder für Engagement und Qualität, für Präzision und Professionalität, für Meisterschaft in der Form – welch kümmerliche Elaborate werden heute bisweilen als Reportagen ausgegeben? – und für Genialität der Recherche, für tiefen Ernst und feinen Humor in einer erstaunlich zeitlosen Sprache.

Die Lektüre dieser Reportagen von Max Winter ist gerade in einer Medienlandschaft, in der Advertorials und PR-Strecken überhand nehmen, in der Ökonomisierung, Kommerzialisierung und Quotenfetischismus nicht nur die journalistische Glaubwürdigkeit gefährden, sondern den Journalismus als elementare gesellschaftliche und kulturelle Leistung marginalisieren, wichtiger denn je. Winters Arbeiten machen Mut – gerade jenen, die Journalistinnen und Journalisten wurden oder es werden wollen, weil sie darin mehr und Wichtigeres sehen als einen Job wie jeden anderen. Qualität braucht Vorbilder und der Journalismus ein Gedächtnis. Hier ist beides!

Winter ist aber auch für Leserinnen und Leser, die sich für die Geschichte des Landes, die Geschichte der Stadt und ihrer Viertel und Grätzel interessieren, eine Fundgrube. Geschichtswissenschafter haben das erkannt, Winters Reportagen dienen ihnen ob ihrer exzellenten Recherche als Quellen.

In dieser Einleitung soll Winters Bedeutung gewürdigt, sein Rang in jenem imaginären »Kanon des Journalismus« verdeutlicht werden. Zweifellos setzte er zeitlos gültige Standards in den wichtigsten Kriterien des Qualitätsjournalismus: der Themenfindung, der Recherche und der Präsentation. Winter lotete die Möglichkeiten des Genres Reportage aus und erweiterte dessen Grenzen. Erfolg bedeutete für ihn nicht, den nächsten Redaktionsschluss zu schaffen und noch in der Abendausgabe zu erscheinen, sondern mit journalistischen Mitteln gesellschaftliche Wirklichkeit zu erkunden und zu vermitteln. 1895 hatte er bei der *Arbeiter-Zeitung* als Gerichtsreporter begonnen und dabei die Bedeutung von klarer Beweisführung und intersubjektiver Überprüfbarkeit der Fakten erfahren. Er machte sie zu Prinzipien seiner Recherche, untermauerte sie akribisch mit wissenschaftlichen Ergebnissen, amtlichen Statistiken und Sozialberichten, mit Akten und Archivmaterial. Aber Journalismus, wie Winter ihn verstand, war nicht bloß Schreib(tisch)arbeit. Seine unkonventionellen und immer am Ort des Geschehens durchgeführten Recherchen sind heute noch ebenso beeindruckende Lehrstücke wie sie es damals waren.

Max Winter gelang es, die literarischen, sozialwissenschaflichen und journalistischen Formen der Analyse und Beschreibung komplexer sozialer Wirklichkeit zusammenzuführen: die frühe Reisebeschreibung mit ihren engen Bezügen zur Ethnologie, zum Korrespondentenbericht und Feuilleton, die sozialstatistische Erhebung und die verschiedenen, als Reaktion auf Pauperismus und soziale Frage erstellten, staatlichen und gewerkschaftlichen Sozialberichte. Sie integrierte er in seine Sozialreportagen und erreichte eine verbesserte Vermittlung von Berichten aus dem Alltag, die auf intensivierter Ermittlung beruhten.

Die Metropole und der Journalismus

Die Entwicklung der Sozialreportage ist untrennbar mit der Industrialisierung und der Entstehung der großen Städte verbunden. In ihnen finden sich die Leserinnen und Leser der Zeitungen, in ihnen entstehen aber auch jene Themen, die mit der Faszination und dem Elend der Städte verbunden sind. Das rasche Wachstum veränderte die Städte, fremd und unübersichtlich wurden sie ihren Bewohnern. Flaneuren und Reportern als professionellen Stadtbeobachtern eröffneten sich neue Themenfelder, der Metropolitanismus des 19. Jahrhunderts veränderte die Poetik der Stadtbeschreibung. Die Reporter betrachteten die Stadt als Entdeckungsreisende, ihre Besuche in den »dunkelsten« Elendsvierteln und in den stickigen Behausungen der Ärmsten machten sie als »urban explorers«. (vgl. Müller-Richter 2004)

Eine solche Lesart der Winter-Reportagen liefert auch Alfred Polgar: »Der Schreibtisch-Mensch, der Mann der bürgerlichen Sphäre liest diese Schilderungen abenteuerlich tiefen und bösen Elends wie irgendeine ethnografische Studie, die von den unglaublichen Lebensgewohnheiten und Lebensbedingungen sehr ferner Völkerschaften erzählt.« (Polgar 1904:3) Aber Winter ist längst nicht mehr der naive Besucher eines fremden Territoriums und auch kein Ethnologe, der neue Stämme entdeckt, sondern er macht seine Leserinnen und Leser neugierig, er steigert ihre Spannung und Erwartung. Vor allem aber ist er empört und erschüttert darüber, dass solches Elend in einer modernen Metropole möglich ist. Er entdeckt also ihm Bekanntes, um jenen davon zu erzählen, die nichts davon wissen oder die als Verantwortliche nichts davon wissen wollen. Winter glaubte an die moralische und an die politische Kraft von Öffentlichkeit. Das war – neben der starken Nachfrage – wohl auch der Grund dafür, dass er seine Arbeiten für die Zeitung noch einmal in Buchform erscheinen ließ: Die Anklage des sozialen Skandals, die autoptische und authentische Beweisführung sollten publik und damit im öffentlichen Diskurs präsent sein.

Selten bleibt Winter der distanziert teilnehmende, oft wird er zum Anteil nehmenden Beobachter. Er lässt sich nicht nur zu Recherchezwecken auf die Welt der Untersuchten ein, er wird zu einem Teil dieser Welt. Der Wille zur Veränderung führt ihn über die Katalogisierung der Phänomene hinaus. Seine Reportage verlangt die genaue Untersuchung der Ereignisse und Zustände, sie verlangt Autopsie.

Leo Lania, selbst Reporter, verweist auf nahe liegende Analogien zur Medizin: »Der Reporter soll ja nicht bloß Internist sein, sondern er ist auch erbarmungsloser Chirurg, er muss schneiden, um den Aufbau des Organismus zu zeigen, oder die lächerliche Eiterblase, die alle Funktionen stört. Kein ästhetisches Gewerbe: ›Schmutzaufwirbler‹ ist die ehrenvolle Bezeichnung, die Amerika für diese reinste und eigentliche Form der Reportage gefunden hat.« Entscheidende Voraussetzung für »Schmutzaufwirbler« oder »Muckraker«, wie der amerikanische Name dieser Reporter lautet, ist die »Enthüllung des Kerns« und dafür wiederum die genaue »Kenntnis der Oberfläche der Dinge und Institutionen« (Lania 1926:6).

Die Sozialreportage will Schmutz aufwirbeln, betroffen machen, sie sucht in Dramaturgie wie in Leseransprache Rezipientennähe und Einverständnis, präsentiert Beweise, die jeder Überprüfung standhalten, indem sie Fakten recherchiert, Personen, Orte, Zeit und situative Kontexte nennt. Ihr Ziel ist immer die Konkretisierung. Tatsachen sollten die Berechtigung politischer und sozialer Forderungen außer Streit stellen, Emanzipation durch nicht widerlegbare Fakten forcieren.

»Überall eindringen!« – Winters Journalismuskonzept

In einer Artikelserie für die *Chemnitzer Volksstimme* hat Max Winter 1914 seine Vorstellungen von Journalismus festgehalten. Er formulierte darin drei zentrale Forderungen, nämlich ausreichend Raum für die Reportage, Zeit für ausführliche Recherche und den »Mut zur auffälligen Aufmachung der Vorkommnisse« – eine zeitlose Gebrauchsanweisung für die Sozialreportage. Von Journalisten verlangt er: »Überall eindringen, selber neugierig sein, um die Neugierde anderer befriedigen zu können, alles mit eigenen Augen schauen und was man sich nicht zusammenreimen kann, durch Fragen bei Kundigen herausbekommen, dabei aber nie vergessen, mit welchen persönlichen Interessen der Befragte an die Sache gekettet ist und danach die Antwort einschätzen, werten, anwenden. Nie etwas besser wissen wollen, erst sich belehren lassen durch das Geschaute und Erfragte, Beobachtete und Nachgelesene, dann aber ein eigenes Urteil bilden.« (Winter 1914:1)

Die Sprache soll einfach sein und wie gesprochen, aber das Wichtigste sei, immer an den Orten des Geschehens – »Die ungesündeste Luft für den Berichterstatter ist die Redaktionsluft« – zu recherchieren. »Die Redaktion ist nur Papier, das Leben ist draußen: Auf der Straße, in den Fabriken und Werkstätten, in den öffentlichen Gaststätten, in den Häusern und Wohnungen, auf den Sport- und Spielplätzen, in den Gerichtssälen, in den Polizeistuben, auf den Rettungswachen, in den Spitälern, Waisen- und Armenhäusern, in den Gefängnissen, in den Gemeindestuben, und es geht Tag und Nacht seinen Gang unter dem Pflaster, auf ihm und über ihm, und mitten im Strom dieses Lebens soll der richtige Berichterstatter schwimmen, er soll vor allem die Stadt kennen, in der er wirkt und er soll all ihren tausend Geheimnissen, Ungereimtheiten, all dem Unrecht und der Bedrückung, das in ihr Herberg hat, nachforschen und er wird nicht fertig werden bis an sein Lebensende.« (Winter 1914:1)

Journalisten müssten Sensationen zum Thema ihrer Berichterstattung machen, aber ganz andere als die Klatschblätter, nämlich soziale Sensationen. Das Auftreten von Krankheiten oder Epidemien muss mit der Aufdeckung von Arbeits- und Lebensbedingungen, wie der Wohnsituation, korreliert werden. Recherche heiße vor allem: aktiv werden. Und noch einmal: »Überall eindringen! In die Obdachlosenasyle, Krankenhäuser, Volkskneipen, Branntweinbuden, Bergwerke, Staatsforste, Fabriken, Armenhäuser, Tuberkulosenheime, Polizeiarreste, Gefängnisse, in die Geheimnisse des Lebens der Fabrik- und Verkehrsarbeiter, der städtischen und Staatsarbeiter, der Landstreicher und Prostituierten; eindringen in die Höfe und Menschenställe der Ostelbier und in die Wohlfahrtspolitik der Krupp und Konsorten; eindringen in die Auswandererschiffe und Auswandererbureaus; den Menschen in den Wagen steigen, in die Töpfe gucken, die Wohnpferche ausmessen und schildern, selbst arbeitend zugreifen, wo es nötig ist, die Wahrheit zu erforschen, nie Prinzenbesuche machen, sondern überall womöglich unerkannt und unvermutet nach dem Rechten sehen, und ›Sensation‹ um ›Sensation‹ wird der Berichterstatter heimbringen (...). Was die Menschen selber angeht, das lesen sie auch.« (Winter 1914:1) Merk's!

Die Exzellenz der Recherche

Max Winter erweiterte das Repertoire der Recherche. Neben klassischen journalistischen Vorgehensweisen, wie Recherchen am Ort des Geschehens und in den Archiven, Interviews mit Zuständigen, Betroffenen und Experten, setzte er auch typische sozialwissenschaftliche Methoden ein, etwa die offene oder verdeckte teilnehmende Beobachtung, Gespräche mit und ohne Leitfaden. Zu Recht nennt er diese journalistischen Produkte mit wissenschaftlichem Mehrwert »Expeditionen«, »Studien«, »Untersuchungen«, »Forschungs-« oder »Inspektionsreisen«. Er integrierte also nicht nur wissenschaftlich erhobene Daten, sondern ließ sich auch methodisch inspirieren, indem er das sozialwissenschaftliche Instrumentarium für seinen journalistischen Rechercherahmen adaptierte.

Auch wenn der Großteil seiner Werke in Wien handelt, war doch die gesamte Monarchie sein Einsatzgebiet. Recherchen führten ihn in die Industriegebiete der Steiermark, zu den mährisch-schlesischen Webern oder den böhmischen Fabrikarbeitern. Ebenso fanden seine Reisen nach Deutschland, Italien, Frankreich, Spanien oder England journalistischen Niederschlag: Beispiele aus Triest und London finden sich in der Auswahl dieses Bandes. Sie sind thematisch nicht typisch, aber sie zeigen die Vielfalt und Breite seines Werks.

Winter war Parteimitglied und schrieb für eine Parteizeitung.

Die redliche Lektüre seiner Texte beweist aber vor allem, dass er Partei nahm: als anwaltschaftlicher Journalist. Sein zentrales Thema war die soziale Frage, sozialreformerische Ziele bestimmten seine Arbeit, aber die Kombination von Autopsie, Genauigkeit und Faktizität verhinderte holzschnitthafte Vereinfachungen. »Rote Drastik«, wie Polgar das nannte, war ihm fremd.

Die methodische Vielfalt, die akribischen Quellenrecherchen und unkonventionellen Recherchen am Ort des Geschehens, die häufige und souveräne Anwendung des Rollenspiels, der Verkleidung und des Identitätswechsels sowie die Integration wissenschaftlicher Ergebnisse sind aufwändige, arbeitsintensive Verfahren. So unternahm er für seine Reportage »Zwischen Iser und Neisse« (1900) eine sechzehntägige Wanderung, deren Sinn vor allem in der beabsichtigten Unmittelbarkeit und der Chance zum autoptischen Vorgehen lag. Sie war sein Mittel gegen die Praxis der Unternehmerverbände, bei angekündigten Prüfungen durch das Gewerbeinspektorat rechtzeitig die Firmen vorzuwarnen, damit diese kurzfristig die schlimmsten Missstände beseitigen konnten. Die Recherchen zur Reportage »Die Blutsauger des Böhmerwaldes« (1908) hatten ihn insgesamt – neben der laufenden Arbeit – drei Jahre lang in Anspruch genommen. Er sammelte Beschwerdebriefe, Artikel aus dem Archiv, untersuchte Pachtverträge, studierte Gesetzestexte und befragte Vertrauensmänner vor Ort. Seine »Inspektionsreisen« in den Böhmerwald unternahm er alleine und zu Fuß, die Ergebnisse veröffentlichte er in einer achtteiligen Serie, die zwischen dem 9.8. und dem 6.9.1908 in der *Arbeiter-Zeitung* erschien.

»Der Fall Hofrichter« (1910) wurde zu einem seiner größten Erfolge: Winter deckte Missstände und Willkür der Militärgerichtsbarkeit so überzeugend auf, dass diese in der Folge reformiert werden musste. Den beträchtlichen Aufwand für die Recherchen vermerkt er im Text, um die Arbeit, die hinter solchem Journalismus steckt, sichtbar zu machen. Die Offenlegung des Verfahrens, seines Vorgehens, sichert ihm aber auch Glaubwürdigkeit und Respekt. Die penibel erarbeiteten und dokumentierten Materialien lassen sich nicht einfach ignorieren.

Die Verwandlung des Reporters – Enthüllung durch Verkleidung

Winter war nicht nur ein akribischer, sondern auch ein mutiger und einfallsreicher Rechercheur. Er suchte die Nähe der Menschen, über die er schrieb, sprach und lebte mit ihnen, um die Distanz des bloß registrierenden Beobachters zu überwinden und zum Anteil nehmenden Leidensgefährten auf Zeit zu werden. So nächtigte er im Asyl für Obdachlose, war Hopfenpflücker im Saazer Land, Arbeiter im städtischen Lagerhaus, Polizeihäftling, Statist in der Hofoper, Kulissenschieber im Burgtheater, Eisenbahner am Westbahnhof, Bettgeher und Schlafgast, kroch mit einem »Strotter« durch die Wiener Kanäle und verdingte sich als »Schreiber bei Harry Sheff«, einer Kolportageromanfabrik. Rollenrecherchen machten es ihm möglich, nicht von außen, sondern von innen, von »ganz unten«, den außergewöhnlichen und den Leserinnen und Lesern fremden Alltag von Benachteiligten zu schildern.

Um über Wärmestuben und Elendsquartiere authentisch berichten zu können, verkleidete er sich, um als Gleicher unter Gleichen zu gelten und Erfahrungen zu teilen. Diesen Wechsel der Identität beschreibt er beispielsweise so: »Ich hatte Elendsmaskerade angelegt: den Kragen meines alten Lodenspenzers aufgestülpt – den verstaubten Filz in die Stirn gedrückt, die

Hände in den Taschen der Sommerhose vergraben, so stehe ich dort und friere in den Füßen, die Halbschuhe bekleiden. Im Gesicht glühte ich. Der Geruch des Elends umfängt uns. Ob es die andern noch riechen? Mir verschlägt das Gemisch von Fuseldunst, alter Wäsche und Kleidern eine Weile den Atem.« (1898) Das Foto auf dem Umschlag dieses Bandes zeigt Winter in einer seiner Verkleidungen und mit verstellter Körpersprache.

Das Repertoire des Reporters zur Wahrnehmung sozialer Wirklichkeit, die Ohren- und Augenzeugenschaft, erweiterte er durch die Spielart der »Nasenzeugenschaft«, die auch olfaktorische Wahrnehmungen und die Beschreibung von Gerüchen einschließt. Polgar ist der »Gestank der Tatsachen« aufgefallen: Winter habe »die stinkige Luft der Arrestlokale geatmet«, man könne das Geschilderte kaum glauben, »wenn davon nicht ein Kenner dieser traurigen Materie erzählte, der nur von dem berichtet, was seine eigenen Augen gesehen haben und – seine eigene Nase gerochen hat.« (Polgar 1904:3)

Wenn Journalisten Rollen übernehmen, dann täuschen sie, um nicht getäuscht zu werden. Seine Verkleidungen und das unerkannte Einschleichen in fremde Milieus, der maskierte Gang in die Welt der gesellschaftlichen Außenseiter und Unterdrückten, ließen Winter Elend und Unrecht unmittelbar am eigenen Leib spüren. Er wählte diesen Weg, um nach der Überwindung von Recherchebarrieren in Terrains vorzudringen, die dem Journalisten verwehrt geblieben wären. Die Enthüllung von Missständen gelang durch Verkleidung.

Die Inszenierung durch Übernahme fremder Rollen schafft auch Spannung und steigert die Attraktivität eines Textes. Die Lektüre ermöglicht Identifikation mit der Rolle des Eindringlings und bezieht die Leser in das Abenteuer mit ein. Die Faszination des Einblicks in fremdes Leben hat natürlich etwas von sozialem Voyeurismus an sich. Einschleichstorys waren und sind erfolgreich. Winter war an dieser Aufmerksamkeit durchaus gelegen. In manchen Texten sind theatralische Strukturen und Anlehnungen an das Schelmenstück unverkennbar, es finden sich szenische Aufbereitungen und Dialogformen mit Nähe zum Volksstück. Auffallend sind Winters narrative Rahmen, etwa die Inspektionsreisen, Wanderungen oder Stadtrundgänge, die ihm episodisches, abwechslungsreiches Erzählen ermöglichen.

Rollenrecherchen dienen aber auch als Authentifizierungsstrategien. Näher kann niemand an eine Geschichte herankommen als der, der selbst zum Betroffenen wird. Zugleich erhalten Leserinnen und Leser die Botschaft, dass sich manche Wahrheiten nur dem Verkleideten mitteilen würden. Die Rollenreportage mit ihrer Übernahme fremder Identität und ihrer Nähe zur Mimikry, zu einer spezifischen Ästhetik des Verschwindens in fremde Rollen, ermöglicht dem verdeckt Recherchierenden Innenansichten eines Systems, die anders nicht möglich wären.

Der aktionistische Selbstversuch bedeutet körperliche Anstrengung, aber für die Reise in Schmutz, Kälte und Hunger bleibt dem Rollenjournalisten immerhin eine Rückfahrkarte. Entscheidend für solche Rollenübernahmen bleibt der Subtext; und dieser lautet: Wenn schon eine Stunde, drei Stunden, ein Tag in dieser Situation so schlimm sind, was muss es dann erst heißen, sein ganzes Leben unter solchen Bedingungen zu verbringen?

Winter begnügte sich nicht mit dem mutigen Husarenritt und dem Triumph der Camouflage, unerkannt in ein fremdes Milieu oder in ein geschlossenes System eingedrungen zu sein und Verborgenes entdeckt zu haben. Er verweigerte die Haltung mancher Aufdecker, die sich nach der Präsentation der recherchierten Beute aus der Verantwortung für die Folgen stehlen. Winter stieß immer wieder journalistisch nach, organisierte spontan Demonstrationen und Geldsammlungen für die Benachteiligten und zwang so Behörden und Verantwortliche zur Reaktion. Die Ungeduld und der drängende Wunsch nach Veränderungen mögen Auslöser für sein politisches Engagement gewesen sein. Winters viel beachtete Reportagen ließen ihn zu einer Institution werden, er war der Ombudsmann der Armen. Sein Wechsel in hohe politische Ämter hat daran wenig geändert: Auch als Vizebürgermeister der Millionenstadt Wien blieb er deren Reporter.

In einer berühmt gewordenen Rede vom 14. April 1906 prägte der amerikanische Präsident Theodore Roosevelt für eine Gruppe engagierter, investigativer Reporter den Begriff »Muckraker«, Schmutzaufwirbler. Was Roosevelt als Schimpfwort gedacht hatte, wurde in der Folge zu einem Markenzeichen, zu einem Adelsprädikat für kritischen, hervorragend recherchierten und – man denke an Upton Sinclair – höchstwertigen literarischen Journalismus. Elf Jahre zuvor war Max Winter in die Redaktion der *Arbeiter-Zeitung* eingetreten und ebenso lange schon hatte er die inoffizielle Realität der Großstadt, den Alltag der Monarchie von unten beschrieben. Als k. u. k.-Muckraker.

Literatur

Haas, Hannes: Empirischer Journalismus. Verfahren zur Erkundung gesellschaftlicher Wirklichkeit. Wien, Köln, Weimar 1999.

Haas, Hannes: Demaskierung durch Verkleidung. Der k. u. k.-Muckraker Max Winter. In: message 2/2000, S. 132f.

Langenbucher, Wolfgang R. (Hg.): Sensationen des Alltags. Meisterwerke des modernen Journalismus. München 1992.

Lania, Leo: Reportage als soziale Funktion. In: Die literarische Welt 26/1926, S. 5f.

Müller-Richter, Klaus: Reisen in der Stadt. Überlegungen zum Entdeckungs- und Explorationsparadigma in den Stadtbeschreibungen des 19. Jahrhunderts. In: Katrin Callsen/Regina Eickelkamp/Martin Jörg Schäfer/Christian Berkemeier (Hg.): Von hier nach »Medium«. Reisezeugnis und Mediendifferenz. Münster 2004, S. 107–124.

Polgar, Alfred: Im dunkelsten Wien. Erstmals erschienen in: Wiener Allgemeine Zeitung vom 16.4.1904, S. 3; hier zit. nach: ders.: Kleine Schriften. Band 4, Literatur. Hg. von Marcel Reich-Ranicki in Zusammenarbeit mit Ulrich Weinzierl. Frankfurt/Main, Olten und Wien 1984, S. 196–198.

Riesenfellner, Stefan: Der Sozialreporter. Max Winter im alten Österreich. Wien 1987.

Selbherr, Gabriele: Max Winter – Sein Wort sprach für Freiheit und Recht. Seine Feder diente den Verkannten und Enterbten. Sein Herz aber schlug für die Kinder. Dipl.arb., Wien 1995.

Winter, Max: Die Lokalredaktion I. Was ihr fehlt. In: Chemnitzer Volksstimme vom 1.7.1914, S. 1.

Winter, Max: Das schwarze Wienerherz. Sozialreportagen aus dem frühen 20. Jahrhundert. Hg. von Helmut Strutzmann. Wien 1982.

Editorische Notiz

Eine Auswahl von siebzehn Reportagen beziehungsweise Reportageserien aus einem Gesamtwerk, das über 1500 umfasst, kann nicht repräsentativ sein. Dieser Anspruch soll auch gar nicht erhoben werden. Ziel ist es vielmehr, für Max Winters Schaffen in Thematisierung, Recherche und/oder Umsetzung typische Arbeiten wieder öffentlich zugänglich zu machen. Winter hat einige seiner für die Zeitung verfassten Reportagen für den Abdruck in seinen Büchern leicht überarbeitet. Die Texte in diesem Band gehen im Wortlaut auf die Originalzeitungsartikel zurück, wurden aber in Orthografie und Interpunktion den Regeln der neuen deutschen Rechtschreibung angepasst. Im Glossar finden sich Erklärungen und Übersetzungen von Begriffen aus dem Wiener Dialekt beziehungsweise aus Soziolekten wie der Gaunersprache, die Max Winter oft in Passagen seiner Reportagen verwendete.

Das Foto auf dem Buchumschlag zeigt Max Winter in »Elendsmaskerade«, verkleidet und auch in seiner Körpersprache auf den Recherchegang in fremde Milieus vorbereitet. Das Bild wurde vom Verein für die Geschichte der Arbeiterbewegung zur Verfügung gestellt, dafür danke ich Dr. Wolfgang Maderthaner.

Für ihre Unterstützung bei der Suche nach den Originalreportagen bedanke ich mich bei Sophie Seidl und Dr. Eckart Früh; die vorzügliche Betreuung des Projekts lag in den Händen von Kerstin Krenn, die gemeinsam mit Barbara Giller auch das Lektorat besorgte, beiden sei dafür herzlich gedankt!

Hannes Haas
Wien, im August 2006

I.

Inspektionen im dunkelsten Wien

Vier Stunden im unterirdischen Wien

Ein »Strottgang« durch Wiener Kanäle

Während eines Morgenspaziergangs im vorortlichen Wien hatte ich einmal eine merkwürdige Begegnung. Ein Mann verschwand vor meinen Augen in einem Einstiegloch des Kanals. Er hob, den kurzen Stiel einer Harke, eines sogenannten »Heinls«, als Hebel benützend, das Kanalgitter, stellte es auf, stieg in den Schacht und schloss es wieder, indem er es, mit dem Rücken stützend, langsam niedergleiten ließ. Drunten war er. Durch das Kanalloch sah ich nur noch, dass der Mann unten Licht machte und dann so rasch im Bauch der Straße verschwand, als sich der ganze übrige Vorgang abgespielt hatte. Vom Heben des Gitters bis zum Verschwinden des Lichtes da unten war keine Minute vergangen.

Wer war der Mann, und was wollte er da unten in den Kanälen?

Die Harke und das Licht, auch seine geschickte Art, zu verschwinden, ließen ihn als einen erkennen, der öfter da unten zu tun hat. Dazu trug er, um die Hüften gebunden, einen kurzen Sack.

Ich wusste mir diese Erscheinung nicht recht zu deuten. Ein professioneller Kanalräumer schien er mir nicht zu sein. Er trug nicht die bis zu den Becken reichenden schweren Stiefel. Der Schaft seiner Stiefel reichte nur bis unter die Knie. Und dann: Was sollte ein einzelner Kanalräumer bei Tag da unten? Höchstens, dass er im Auftrag nach einem verloren gegangenen Wertgegenstand gesucht hätte. Das war möglich. Ich musste mich damals mit dieser Erklärung zufrieden geben, denn noch war damals das Geheimnis des unterirdischen Wiens auch für mich ein Geheimnis. Ich wusste noch nichts von dem »Freig'schäft« der »Kanalstrotter«, wie in Wien jene Gruppe von armselig lebenden Menschen heißt, die die Schätze der Kanäle heben und damit ihren schweren Erwerb finden, den schwersten wohl, den man sich vorstellen kann. Heute bin ich um einen tiefen Blick in das harte Dasein dieser Gilde reicher. Ich kenne das Leben im Kanal, und die mühselige Suche nach dem Strandgut der Großstadt, nach den verlorenen Hellern und Kreuzern, nach den Metallgegenständen und Stücken, die in den Kanälen ihr Grab finden, die Jagd nach den Knochen, die mit dem Spülicht der Großstadt da hinunter geraten, und ich kenne *einen* Menschen wenigstens, der diesem Erwerb seit Jahren obliegt, der mehr als zwölf Jahre hindurch Tag für Tag in die Kanäle stieg und der auch heute noch strotten geht, wenn daheim das Brot zu knapp wird, wenn sein Handel mit altem Eisen, den er in der Umgebung Wiens unternimmt, nicht ertragreich genug ist. Mit diesem Mann – *Specklmoriz* heißt er in der Gilde – unternahm ich Freitag einen »Strottgang«, den ersten und wahrscheinlich letzten in meinem Leben, denn ganz abgesehen von den übrigen Annehmlichkeiten, die der Aufenthalt im Kanal bietet, ist so ein »Strottgang« eine harte körperliche Plage, doppelt hart für den Schreibtischmenschen, dem wenig Zeit für körperliche Übung bleibt.

Eine Schlieftour

Der Einstieg. Pünktlich kam mein Führer zum Stelldichein bei der Tramwayhütte beim Bahnhof Rudolfsheim der Betriebsgesellschaft. Den »Strottsack« hatte er mit einem Strick über die Schulter gehängt.

»Gut'n Morg'n! Warten S' scho lang?« – »Na, a paar Minuten.« – »Also gehn m'r's an.«

»Wo wer'n m'r denn einsteig'n?« – »In der Hollergass'n, glaub i, wird's am besten sein.« – »Na, wia S' glaub'n.«

Wir gehen dorthin. In wenigen Minuten stehen wir vor dem Gitter an der Einmündung der Siebeneichengasse. Der Specklmoriz scharrt mit seinem »Heinl« ein wenig Eis weg, das sich am Rand des Kanalgitters festgesetzt hat. Dann versucht er, das Gitter mit dem kurzen Stiel zu heben. Er steckt den Stiel in ein Gitterloch und stemmt sich dagegen. Mit einem kurzen Ruck hat er das schwere Gitter aufgehoben. »Packen S' an jetzt!«, kommandiert er. Ich lange zu, und mit vereinten Kräften stellen wir das Gitter auf. Die Gasse herauf kommen Heubauern mit ihren hochbeladenen Wagen.

»So, da haben S' Ihna Lampen. Steigen S' eini.«

In die Wand des Kanalschachtes sind eiserne Steigsprossen eingerammt. Auf diesen steige ich hinunter. Schon bin ich mit dem Kopf im Straßenniveau, da bückt sich der Specklmoriz nochmals und legt mir zwei Zündhölzchen hinters Ohr. »Dass S' glei anzünden kinna.« Die letzte Sprosse fehlt. Auch ohne sie erreiche ich die Sohle des Kanals. Mein Führer langt mir nun die Harke herab, auf die er sein Öllämpchen gestellt hat.

»So, zünden S' glei an und stell'n S' das Lamperl hintri.« – »Ins Wasser eini?« – »Ja. Das macht nix.« Mit diesen Worten steigt auch er hinab, lehnt das Eisengitter an seinen Rücken und schließt es, indem er langsam tiefer steigt. Die eigene Schwere drückt das Gitter zu.

Noch zwei Sprossen, und auch er steht mit seinen schweren Stiefeln in dem Wassergeriesel auf der Kanalsohle. Der Specklmoriz entflammt nun auch den Docht seines offenen

Öllämpchens und schlieft dann in den etwa meterhohen Kanal. Ein letzter Blick noch in das beginnende Dämmern ober uns. Einer der Heuwagen humpelt über das Gitter, polternd und ächzend. Ihn sehe ich noch, dann schliefe ich meinem Führer nach.

Aller Anfang ist schwer. Der Specklmoriz ist schon zehn Schritte voraus. Da ich ihm nun nachkeuche, scheint es mir, dass er läuft. So schnell kommt *er*, so langsam *ich* vorwärts. Schon nach den ersten zwanzig Schritten glaube ich, dass ich zurück muss. Mehr als zwei Fünftel meines Körpers muss ich unterdrücken, um durch den niederen, gemauerten Kanalgang durchzukommen. Der Oberkörper ist in der Waagrechten, die Beine sind etwas gebeugt. In der Rechten trage ich das Lämpchen, dessen offene Flamme bei jedem Schritt nach vorwärts einen schwarzen Rauchschwall meinen Lungen sendet. Die linke Hand gleitet, für den gebeugten Körper Stützen suchend, an der nassen, stellenweise glitschigen Kanalwand dahin. So war ich zwanzig Schritte vorwärts gekommen, aber schon verwünschte ich heimlich meinen Forschungsdrang. Schweiß tritt aus allen Poren. Der Atem, den es mir zuerst ganz verschlagen hatte, geht kurz. Meine Beine zittern. Auch sie sind an ein Vorwärtsschreiten in leichter Kniebeuge nicht gewöhnt. Mein Schritt stockt.

Der Specklmoriz missversteht mein Stehen-, besser Hockenbleiben. Mir ist geradeso, als müsste ich mich in das schmutzig braune Spülwasser werfen, das in dünnen Bächlein meine Füße umrieselt, um den Körper wieder strecken zu können. So sehr lehnt sich der Mensch, der Aufrechtgeher, gegen die Zumutung auf, wie ein Vierfüßler dahin zu kriechen. »Anstöss'n tan S' Ihna da net, da brauch'n S' Ihna net z' fürchten. Gehen S' nur mir nach.« – »Das Anstoßen fürcht i net, aber i wer' glei dalieg'n. Das halt' i net aus.« – »Setz'n S' Ihna a wengl. Das g'wöhnen S' scho.«

Er zeigt mir, wie ich mich setzen muss. Der Kanal ist etwa achtzig Zentimeter breit. Sein Profil hat Hufeisenform. An die eine Wand mit dem Rücken gelehnt, verspreizt sich nun mein Führer an der gegenüberliegenden. Ich mache ihm das Kunststück nach und lerne so in der Luft sitzen. Die Beine sind straff gestreckt, und der Rücken folgt der Hohlfläche der Wand. Aufrecht ist er zwar noch immer nicht, aber etwas erleichtert bin ich doch.

»Da werd'n S' Ihna glei leichter tuan. Wia i ang'fangt hab, hat m'r a s' Kreuz weh'tan, und später war i oft achtavierz'g Stund' lang herunt' und hab's a ausg'halten. Rasten S' a wengl, und dann gehen S' wieder langsam weiter. Beim nächsten ›Gadern‹ richten S' Ihna halt wieder amal grad. All's muass g'lernt sein.«

So tröstet mich mein Führer und spricht mir zugleich Mut zu.

»Rauchen S' a Zigarett'n. D'rweil wer' i a bissl strott'n, dass m'r do a was im Sackl hab'n, wann uns wer begegent. Sunst lachen S' uns aus.« Damit kriecht er etwa zehn Schritte fort von mir und beginnt in dem Sand, der auf der Kanalsohle liegt, mit der Harke zu scheren.

»An Kreuzer hätt' m'r scho«, so avisiert er den ersten Fund.

Gleich darauf ruft er: »An Heller!«

Und dann: »Wieder a Kreuzer!« – »Na also, das G'schäft geht ja heut!«, rufe ich ihm zu.

Luft! Mühsam keuche ich weiter und weiter. Ich zähle nun meine Schritte im Stillen. Nach dem dreißigsten bin ich wieder am Ende meiner Energie. Abermals ein »Standerl« und dann wieder fort. Diesmal bringe ich es schon auf fünfzig Schritte und nach abermaliger Rast gar auf hundert. Mein Führer feuert mich im letzten Stück an. »Da hab'n S' jetzt an Gadern. Da können S' Ihna grad stell'n. Aber machen S' Ihna den Rock zua. Da ziagt's.«

Am ganzen Körper schweißtriefend und mit zitternden Beinen erreiche ich den Luftschacht. Zuerst stelle ich mich gerade, dann erst befolge ich die freundschaftliche Mahnung. Ich schließe meinen grauen Tuchrock über dem blauen Barchentleibl und stülpe mir den Rockkragen auf. Dann sucht mein Blick den Tag da oben, und gierig sauge ich die frische Luft ein. Mein Lämpchen flackert, und die schwarze Rauchstraße in der Luft zeigt mir, dass in den Kanälen gute Wetterführung ist. Ich trockne die Schweißperlen, die mir im Gesicht stehen.

»Bleib'n S' net z' lang stehen in der kalten Luft. Da können S' Ihna leicht was hol'n.«

»I hab überhaupt scho g'nua, mei lieber Speckl. Das halt' i net aus …«

»Kummen S' nur, zum nächsten ›Gadern‹ is 's net so weit. Drei Gadern no, und dann san m'r im großen Kanal, da können S' dann gehn, wia S' woll'n …«

So schön weiß er zu reden, dass ich schließlich alle Bedenken überwinde und ihm folge.

Etwas für den Magen von Wien. Die Wiener wissen auch nicht, wovon sie fett werden. Wir sind jetzt im Untergrunde der Schwendergasse und schliefen der Winckelmannstraße zu. Der Specklmoriz macht plötzlich Halt. »Essen S' gern Schampian?«, so wendet er sich an mich. »Sehn S', da wachsen an! Da hab'n S' die Bruat'n.« Dabei weist er auf die Kanalwand zur Linken. Zwischen den Ziegelsteinen ringen sich wirklich die drapfärbigen Köpfchen der in Wien so beliebten Suppenschwämme durch, und daneben sind junge Bruten in den Mauerklumsen. Ich vergewissere mich noch: »Sind das wirklich echte Champignons?« – »Wann all's so echt war' auf der Welt! Was hab i von dö scho gess'n! Ganze Sack'ln voll hab i scho hamtrag'n … San ja guat …«

Schlechte Zeiten. Bei einer nächsten Raststation lehrt mich mein Führer ein neues Kunststück. Er stellt die Harke so auf, dass der Stiel nach unten und die herzförmige waagrechte Schaufel nach oben kommt und derart einen unter diesen Verhältnissen sehr bequemen Sitz bietet. Darauf sitzend, folge ich seiner Arbeit und notiere mir hie und da Schlagworte. Über mir höre ich das Warnungssignal der »Elektrischen«. Wir sind gerade unter der Ausfahrt der Rudolfsheimer Remise.

»Sehn S', so find't m'r an Kreuzer.« – Er fährt mit der Hand, der Strömung des Wassers folgend, über die Sohle, bekommt die Hand voll Rieselsand und wirft diesen gegen die schiefe Ebene, in die sich die Sohle verliert. Dabei klingt es, und gleich darauf hat er einen Kreuzer. Wieder und wieder wirft er den Sand aus und sichtet ihn dann. Sooft er ihn anwirft, klimpert es metallisch. Aber nicht immer sind es Münzen. Knöpfe, Blechlöffel, Nägel, abgebrochene Messerklingen, Stücke von Eisenreifen und was sonst an Metallgegenständen mit dem Schmutz der Straße oder durch die Abortschläuche in die Kanäle gelangt, schlagen da an die Wand und führen den Strotter nicht selten irre.

»Brauchen S' kan Wasserleitungsschlüssel?«

So kündigt er mir seinen nächsten Fund an.

»Wie viel Silberlöffel hab'n S' denn scho?«, frage ich zurück.

»An a'brochenen Zinnlöffel. Das is all's. Hör'n S' m'r auf. Heutzutag finden S' ja nix mehr. Früher amal hat m'r do no dann und wann a Sechserl g'funden oder an Zwanz'ger, das hat si heut aber scho all's aufg'hört. Unsere heutigen Sechserln san ja scho bald so groß wia die alt'n Viertelguld'n. Dö rutschen ein'm net so leicht aus der Hand. Wann S' amal a Fünferl finden, so glaub'n S', Sö hab'n scho was.«

»Aber Silberlöffeln!«

»Da werd'n S' erst recht alt, bis S' an find'n. Seit dö alt'n Aburt a'kummen, is 's damit gar nix mehr. D' Weiber san net weniger schlampert wia früher. Dös sehn S' an die vielen Kuchelmesser, dö da herunt' umlieg'n – aber um an Silberlöffel greif'n s' halt in d' Schalen und zahr'n 'n wieder außi. Der kummt gar net in 'n Schlund, wann s' 'n a zehnmal mit 'n Abwaschwasser ausschütt'n tan ...«

So bedingen die englischen Aborte und die Nickelwährung schlechte Zeiten für die Kanalstrotter.

Anpassung! Während meiner nächsten fünfzig Schritte kann ich an mir eine eigenartige psychologische Beobachtung machen. Der Specklmoriz ist weit voraus. Sein Licht strahlt nur mehr verschwommen durch den dunklen Gang. Ich beeile mich also, ihm nachzukommen, und zwinge Beine und Rücken wieder in den Schlieftrott. Auf einmal hemme ich den Schritt. Im Gerinne sehe ich ein Federmesser liegen. So als ob sich dies von selbst verstünde, lange ich danach und werfe das Messer erst weg, da ich sehe, dass eine Schale abgesprungen ist. Erst jetzt kommt es mir zum Bewusstsein, bis zu welch hohem Grade von Anpassung ich es schon gebracht habe, und ich lache vergnügt vor mich hin. Damit habe ich meinen Humor wiedergefunden und mit ihm einen Freund, der mir die weiteren Strapazen tragen hilft.

Später bringe ich wieder die Rede auf die körperliche Qual eines Strottganges und meine zu meinem Führer, dass in der Gilde der Strotter wohl nur kleine Leute seien. Der Specklmoriz selbst zählt nicht zu den Großen. »Da werd'n S' Ihna aber täusch'n. In Hernals drüb'n is aner, der is um an halb'n

Meter größer wia Sö, *der kriacht wia a Regenwurm* durch 'n Kanal. Dös glaub'n S' gar net, wia g'schwind der is!«

Der Mensch als Regenwurm – kann es ein besseres Beispiel für die Macht der Gewöhnung und für die Anpassungsfähigkeit der Menschen geben?

Eine Begegnung. Wenn etwas geeignet war, mir den guten Humor wieder zu verderben, so war es eine Begegnung, die ich bald darauf hatte.

Mein Führer ist weit voraus. Da sehe ich plötzlich, als ich mich an der Wand dahintaste, vor mir im Spülicht einen kleinen behaarten Körper liegen. Eine Ratte! Von allen Nagetieren mag ich – die meisten Menschen werden diese Abneigung begreifen – die Ratten am allerwenigsten. Mich schaudert. Ein Gefühl schier unüberwindlichen Ekels überkommt mich, und dennoch muss ich noch einen Blick auf den Kadaver werfen. Er ist zum Teil schon skelettiert. Weiße Knochen sind bloßgelegt.

Im Weiterschreiten merke ich, dass ich meinen zitternden Beinen zum Trotz auch schnell gehen kann.

Den Specklmoriz hatte die Ratte natürlich gar nicht geniert. Er ist mit den Kanalhasen zu vertraut, als dass ihn solche Empfindungen beschleichen könnten.

Er ist bereits im Hauptkanal und erwartet mich an der Einmündung.

Die Ausbeute der ersten Stunde. Ich sehe auf die Uhr. Es ist bereits sieben Uhr vorüber. Wir befinden uns an der Ecke der Winckelmannstraße und der Schwendergasse, dort, wo der Park »Zur schwarzen Weste« beginnt. Zu einer kaum mehr als 500 Schritt langen Strecke haben wir also eine Stunde gebraucht. Mir schien's, als wären wir schon irgendwo in Breitensee. Der Specklmoriz lacht.

»Aber, aber! A Stückerl über d' Remise san m'r 'naus. Jetzt kumm'n m'r erst in d' Linzer Straß'n.« – »Und dazu braucht m'r so lang?« – »I net! Wo kummet i hin, wann i so langsam war. A Strotter muass dazuaschau'n, wann er bei die heutigen Zeiten was verdienen will. Sunst rennen ihm glei a paar vur.«

»Wie viel hab'n S' denn scho Kreuzer g'funden?« – »Glei werd'n m'r nachschau'n.«

An der Einmündungsstelle des Gassenkanals in den Hauptkanal macht er ein Platzl auf der Sohle rein, hält den Wasserzufluss durch einen Sandwall auf und schüttet dann den Inhalt seines Strottsackes aus. Er sucht die Münzen heraus.

»Fünfe, sechse …«, Blechklimpern …, »siebene«, wieder Blech und wieder Blech, … »achte, neune … *Neun Kreuzer und an Heller hab i g'funden.*«

»Und was sonst noch?« – »An halben Zinnlöffel, den Wasserleitungsschlüssel und so a paar Messing- und Bleistückeln.«

Ich besehe mir seine Schätze. Auch die Bleihauben einiger Flaschenhälse, wie sie zur Ausstattung der Weinflaschen verwendet werden, sind darunter. Welche lustige Gesellschaft wird wohl diese Kapseln achtlos weggeworfen haben, ohne zu wissen, dass sie die Schätze eines Kanalstrotters mehren werden!

*

Im Hauptkanal

Der Strömung entgegen. Bei der Annäherung an die Ausmündung des Gassen- in den Hauptkanal höre ich schon das Rauschen des Wassers, das in diesem Sammelbett dem Wienfluss zufließt. Nach kurzer Rast bei einem Luftschacht – die Elektrischen fahren über unseren Häuptern – arbeiten wir uns gegen den Strom in die Linzer Straße und dann diese hinauf bis zur Westbahnbrücke. In starkem Gefälle eilen die Sammelwässer dem Wienbett zu. Das Wasser reicht uns jetzt bis halbscheit zu den Knien. Die Strömung hat ziemliche Gewalt. Das kümmert mich aber wenig, kann ich jetzt doch fast aufrecht gehen. Nur um einige Zentimeter – zehn vielleicht – muss ich mich kleiner machen. Mit gesenktem Kopf arbeite ich mich vorwärts. Hier ist es kalt, doppelt kalt nach der schweißtreibenden Schlieftour.

»Machen S' Ihna nur guat zua!«, mahnt mein Führer. Im Weiterschreiten erzählt er mir vom »Kalten«, dem Wiensammelkanal, der so groß sei, dass ein Heuwagen durchfahren könnte. »Aber kalt is's dort, dass S' scheppern vur Kält'n. Und 's Wasser geht Ihna bis zum G'scham. Das war' nix für uns. Da brauchat m'r hohe Aufziager.«

Fürsorge für die anderen. Schritt um Schritt arbeiten wir gegen den Strom. Ich höre nur das dumpfe Rauschen des Wassers und den schweren Tritt unserer Stiefel. Der Specklmoriz aber hört ganz andere Stimmen des Kanals. Sein Gehör ist für die Geräusche da unten geschärft. Jetzt steht er ruhig:

»Hör'n S', wia die Staner kommen?« Mehr aus Höflichkeit bejahe ich die Frage. Der Specklmoriz stellt seinen Fuß aber quer in das Wasser, bückt sich nach einer Weile und zieht einen walnussgroßen Kiesel heraus. Später unterscheide auch ich, dass der Stein springend wandert. Von einem Hindernis springt er, von der Strömung getragen, zum anderen, schlägt dort auf und springt weiter, um wieder aufzuschlagen.

»Jetzt kummt a Messer.« Mein Führer behält wieder recht. Er zieht es heraus und steckt es in eine der Mauerklumsen. So macht er es auch mit den nächsten Messern, die er beim Absuchen des Wassers findet, und er findet ihrer genug. Einige Male zwei, drei an einer Stelle. Alle steckt er in Mauerspalten. »Können S' die

Messer nicht brauch'n?« – »Na, wann i mit'n Schleif'n umgehn könnt', dann wär' no eher was z' machen, aber so geht's nur als alt's Eisen, und das rentiert si net, mitz'nehmen.«

»Warum steck'n Sie's denn in die Mauer?« – »Das is so Brauch bei uns. Das g'hört für an Strotter, wann 'r herkummt, dass er's siecht. Das is a Zeichen. Und dann is's a, dass si's kaner einirennt. Wer a Messer oder a Gabel find't, legt's auffi. A Bluatvergiftung und all's kann m'r kriag'n. Is ja all's verrost' …«

Der Specklmoriz vollführt da also Akte der Fürsorge für die anderen, die gegenseitig zu üben die Strottergilde zum ungeschriebenen Gesetz erhoben hat. Wirklich entdecke ich bald darauf solche Zeichen an den Wänden, die von anderen herrühren. Messer und Gabeln, die von einer grauen Kruste überzogen sind.

Aber nicht nur dadurch sorgt mein Führer für die anderen vor. Auch die *Knochen,* die ihm auf seiner Suche nach qualifizierten Metallen und Münzen unterkommen, wirft er auf den von ihm herausgeschleuderten Sand, damit sie der Nächste, der vielleicht Knochen sammelt, vorfinde.

»Das is a hart's Brot, wann aner von die Baner leben muass, die er im Kanal find't. Da wiss'n dö glücklichen Leut', die was in Fabriken oder auf an Bau arbeit'n, gar nix davon von so aner Plag'. Bis S' da a paar Kilo Baner beisamm' hab'n, d'rweil glaub'n S' eh scho', dass Ihna 's Kreuz a'bricht. Zwanzig Kreuzer fürs Kilo war no schlecht 'zahlt, und dö Banerstrotter kriag'n zwa Kreuzer. Wann 'r an Guld'n aus'n Kanal auffizahr'n will, muass er sechz'g, siebz'g Kilo im Sack nachschlepp'n. Da g'hört a Hamur dazua. Dö Baner san ang'soff'n vom Wasser, da muass 'r s' erst trickern lass'n, und dann kann er s' erst auf Atzgersdorf außiführ'n. So a Guld'n is schwar verdeant …«

So erzählt er mir, während er in dem bald klareren, bald jauchigen Kanalwasser nach den Schätzen sucht.

Dass er den anderen die Knochen an den Strand wirft, hält er für selbstverständlich. Er weiß es, dass die anderen noch ärmer daran sind als er selbst, darum hilft er ihnen. Er weiß nicht, wem er hilft, wer als nächster diesen Leidensweg menschlichen Erwerbes gehen wird, er hilft ihm aber aus der Erkenntnis heraus, dass dieser andere noch schlimmer daran ist als er, der Hilfe also bedarf.

So betätigt sich echte Sittlichkeit!

Von dem Strotter könnte gar mancher lernen!

Die Polizei und die Strotter. Später bringe ich das Gespräch auf die Polizei. »Ist es Ihnen erlaubt, in die Kanäle zu steig'n?« – »Wia kann m'r dös scho ein'm verbiat'n? Da müasst'n s' die Gadern zuasperr'n, und dann tät'n m'r halt bei die Hauskanäl' einischliaf'n. *Na, uns kann die Polizei nix anhab'n.«* – »Da herunt' net, das gib i zua, weil s' euch da net nachschliaf'n können, aber beim Außisteig'n können s' euch do erwisch'n!« – »Ja, d'rwisch'n scho, aber tuan können s' uns nix. Das wissen s' a. Es nehmen uns a nur die Frischg'fangten mit. Was a alter Wachmann is, schert sie um uns gar net. Höchstens a neucher. Und kummt m'r dann zum Kommissär, so sagt der höchstens: ›*Fahrts a mit die Stinkerten.*‹ Se san froh, wann s' uns los hab'n.«

Etwas von der Gilde. »Gibt's viel Strotter in Wien?« – »No, a *fufz'g,* man i, san's.«

»Kennen Sie alle?« – »Bis auf dö von der Brigittenau alle. Dös san lauter Krowot'n. Auf an Reg'n auffi, da wachs'n s' die Strotter wia d' Schwammer. Da kann bald aner was verdeana, weil's all's abischwabt. Da nimmt mancher Alte an Neuch'n aus Mitleid mit. Aber wann 'r 's nächste Mal allan abisteigt, da siecht 'r erscht, dass er sie da herunt sei Brot ehrli verdeana muass und wia schwar! Bei an Reg'n, da is 's ka Kunst Strotter z' sein, freili is ’s dann a g’fährlicher, aber da braucht m’r net erscht in d’ Stadt gehn, wann m’r was finden will. Heut rennt ja all’s in d’ Stadt eini. A jeder schaut halt, dass ’r a bissl was verdeant.«

»Is’s durt besser?« – »Ja, finden können S’ mehr. Es hat aber a sei Hakerl. I möcht’ Ihna amal aufs ›tiafe Neug’stift‹ führn. Da gengan glei zwaasiebz’g, vierasiebz’g Steigeisen abi. Durt is’s tiaf wia in an Brunn’. Da drunnt’ is’s angstig …«

»Warum is’s denn bei an Regen g’fährlicher?« – »Weil S’ leicht d’rsauf’n kinna. Wann so gach a Reg’n daherkummt, san S’ glei bis über ’n Bauch in Wasser a, und dös reißt, dass S’ Ihna kaum d’rhalten könn’n. Da muass m’r schaun, dass m’r g’schwind zu an Gadern kummt. M’r hockt si halt dann auf die Steigeisen und wart, bis der Regen nachlasst. Bei große Regen war’n m’r glei achtavierz’g Stund’ a herunt.«

»Aber da werd’n S’ ja durch und durch nass, wann S’ unterm Gitter sitzen.« – »Besser wia d’rsauf’n is’s. Dös g’hört halt zum G’schäft. Da herunt is aner oft sein Leben ausg’setzt. Ob ’r dann den Herrgott anruaft oder die liabe Frau, das bleibt sich gleich. Kummt’s gach und er d’rwischt kan Gadern, dann därf ’r vo guate Eltern sein …«

Um Kanalräumerarbeit dreht sich dann unser Gespräch. »Dös is a Freig’schäft wia unsers«, erklärt der Specklmoriz. »A Lehrzeit gibt’s da net. Z’erst werd’n S’ Tagwerker, da kriag’n S’ an Gulden, dann werd’n S’ Nachschliaf’r und mit der Zeit Schliaf’r, wann der Herr siecht, dass S’ guat tan und brav san … Danach halt aner is.«

»Was hat der Nachschliefer zu tun?« – »Der hat die eigentliche Plag. Der muass in die Gassenkanal eini und mit der Kruck’n den Dreck z’sammschiab’n. Sö kennen s’ ja, die Kruckna, lange Stang’n und vurn a rund’s Brett, was grad in ’n Kanal passt. Die Stang’n hat ’r am Bauch auflieg’n, und so schlieft ’r füri.

Von jeder Seit'n kummt aner. In der Mitt bei an Gadern kummen s' z'samm. Durt steht auf der Höh' der Tagwerker und füllt die Kästen.«

»Was hat der Nachschliafer?« – »An Guld'n zwanz'g, dreiß'g Kreuzer, je nachdem. Der Schliaf'r hat an Guld'n fufz'g Kreuzer, und der hat eigentlich nix z' tuan. Der geht nur nach und hat gar ka Plag. So is 's in der Welt, wer si wirkli plagt und d' ganze Arbeit macht, kriagt nix, und der andere, was zuaschaut, all's. Die härteste Arbeit da herunt im Kanal is am schlechtesten zahlt, und wann m'r's geg'n draußt nimmt, so is die Kanalarbeit wieder viel schlechter zahlt als die draußtige.«

»Wie lang ist denn die Arbeitszeit?« – »Von zehne auf d' Nacht bis fünfe in der Fruah.«

»Wia viel Herren gibt's denn?« – »Das waß i net genau. Das meiste is eh scho kommunisch. D' Brigittenau, d' Josefstadt … all's is scho' kommunisch.«

»'s Leichteste hat natürli der Schaffer. Jeder Herr muass an Schaffer hab'n. Der muass nachschliaf'n und schaun, ob all's in Ordnung is, denn zwei, drei Täg nach'n Ram'n kummt der Aufseher von Stadtbauamt und schaut nach. Net amal an der Wand därf dann was pick'n – sunst gibt's glei an Anstand.«

Ein Straßenkanal

Unter der Westbahn. Damit sind wir im Hauptkanal bis zur Westbahnbrücke, die die Linzer Straße übersetzt, vorgedrungen. Hier mündet der Kanal der *Felberstraße* ein. Es ist wieder ein Schliefkanal, nicht so nieder wie der in der Holler- und Schwendergasse, aber doch höchst unangenehm. Da ich ihn steige und in dem Luftschacht mich aufrecht stelle, der knapp vor der Einmündung geteuft ist, beginnen die schwersten Minuten meines Aufenthalts da unten. Wir befinden uns gerade unter der Westbahn. Ich weiß nicht, ob ich den Westbahnern daraus einen Vorwurf machen kann, sie sind wohl Menschen wie alle anderen – aber Tatsache ist, dass ich auf meiner ganzen bisherigen Wanderung nicht so viel zu leiden hatte als wie jetzt, da ich in die Felberstraße einbiege. Es gibt mir einen Rückschlag. Auf dieses Attentat – die Westbahner mögen mir verzeihen, wenn ich ihnen Unrecht tue – waren meine Geruchsnerven nicht gefasst. Einen Moment lang glaube ich, dass mich Schwindel erfasst – schon klammere ich mich an das nächste Steigeisen des Luftkanals –, dann aber kommt die Revolution von innen, ich glaube, den Magen reißt es mir heraus, Wasser tritt mir in die Augen, ich zittere in den Beinen …

Es währt eine Weile, bis ich mich erholt habe, und ich dränge nun meinen Führer, rasch ein Ende zu machen. Am liebsten wäre ich gleich hier herausgestiegen. Der Specklmoriz erklärte dies aber für unmöglich, und ich muss mich fügen. So kriechen wir also weiter – die Felberstraße hinauf.

»Das is a elendig's Leben«. So charakterisiert später, da wir die letzte Rast halten, mein Führer sein Dasein. Er scharrt wieder einmal einen Kreuzer aus dem Sand. »So müass'n S' Ihna durchs Leben durchhauen. Das is a elendig's Leben. I war' froh, wann i nix mehr wissert von dem ganzen G'schäft.«

Aus dem Hutfutter nimmt er eine Dramazigarette heraus und entzündet sie an der Öllampe. Dann steckt er die Lampe mit dem vorspringenden Rand der Basis in einen Mauerspalt und raucht. Ich biete ihm eine Sportzigarette an. »Da hab'n S' was Bessers.« – »I bitt' Ihna, da herunt is do all's ans, ob S' ›Drama‹ rauch'n oder a ›Spurt‹, das is a Teufl, es is nur, dass m'r an andern G'ruch in d' Nasen kriagt.«

Wir reden von seinem Daheim. Am Sonntag vorher war ich

bei ihm oben in seiner Wohnung am Ende von Ottakring, um mit ihm den »Strottgang« zu besprechen. Er lag auf einem alten Canapé, das an der Fensterwand steht. Vor dem Liegebett steht der Tisch aus weichem Holz, angeräumt mit allerhand Zeug. Dem Ruhenden nahe eine Zigarettenschachtel mit ganzen Dramazigaretten und Stumpferln. Auf dem herabhängenden Deckel liegen einige Nickel und eine Krone – der ganze Zehrfonds der Familie, die aus sechs Köpfen besteht: Vater, Mutter und vier Kindern. Das jüngste liegt in einem der beiden mit altem Werg angefüllten Betten und schläft. Auf seinem Kahlköpfchen sind noch die Spuren zu sehen, dass es die »Vierziger« überstanden hat. Ein achtjähriger Bub, blondköpfig wie sein Vater, lehnt am Tisch und sucht Spielerei mit dem Vater, der lachend auf die Tändeleien des Kindes eingeht, während er mit mir spricht. Beim linken Fenster sitzt an einem Kindertischchen die Bravste, ein etwa zehnjähriges Mädchen, und schreibt eben die Aufgabe. Die Größte ist nicht zu Hause. Dafür ist aber die Großmutter zu Besuch da.

Jetzt mischt sie sich auch ins Gespräch. »Also vier Kinder haben S'.« – »Ja, viere!« – »Kummen S' in an Jahr« – sagt die Großmutter lachend – »und es san fünfe da. Die Leut werd'n ja net g'scheit.« Wir lachen alle. Auch die Mutter der Kinder lacht abwehrend mit.

Es ist Sonnenschein in dem armseligen Heim des braven Mannes, der sich sein Brot so schwer verdient …

In diese Stube waren meine Gedanken geflogen. Vielleicht war auch er gerade daheim.

»Was zahln S' denn Zins?« – »Elf Guld'n auf's Monat.« – »Sag'n S', Sie hab'n zwa Bett'n daham, wie schlaf'n S' denn da?« – »I schlaf mit'n Bub'n in den an, d' Frau schlaft mit'n ganz Klan' und mit'n klanern Madl in 'n andern. Die Große schlaft auf der Sofa.«

»Wie viel verdienen Sie?« – »Das kann i net sag'n. Armselig gnua bring'n m'r uns durch, das hab'n S' eh g'sehn.« – »Auch annähernd wissen Sie nicht, wie viel Sie verdienen?« – »Na, i könnt's wirkli net sag'n. Viel is net, was so kreuzerweis eingeht …«

Dann strottet er wieder weiter und pfeift dazu einen Gassenhauer:

»Wann i amal heirat,
Muass Haberstroh weg,
Hodarodahoho, Hodarodahoho.«

Das Bad des Strotters. Beim dritten Gitter endlich fällt das erlösende Wort: »So, da steig' m'r außi!« Ich atme erleichtert auf. Endlich!

Der Specklmoriz setzt sich auf die unterste Sprosse und beginnt die Reinigung. Zuerst wäscht er die Röhren seiner Stiefel ab, dann reinigt er die Hände in dem Spülwasser und trocknet sie in dem blauen Fürtuch, das er um die Leibmitte gebunden hat. Dann zieht er einen reinen Lappen unter seinem braunen gestrickten »Ärmelleibel« hervor und beginnt damit Gesicht und Hals trocken abzuwischen. Das Tuch wird schwarz. »Das glaub'n S' gar net, was S' da für an Schmutz auf sich hab'n.« Ich überzeuge mich sofort. Mein Taschentuch wird, da ich seinem Beispiel folge, wie von Ruß geschwärzt. »Wann S' außikumm'n, werden S' erst sehn, wia S' innerlich schwarz san. Da spucken S' dann Schuhwichs.«

Mein Führer spricht aus Erfahrung. Das Gleichnis stimmte. Der Auswurf, zu dem immer neuer Reiz sich einstellte, war glänzend schwarz. Die Lunge gab heraus, was ihr da unten aufgezwungen wurde.

Tag! Nach der Reinigung versorgt er die Lampen und seine Harke in dem Strottsack, nimmt ihn über die Schulter und steigt voraus. Ein Regen von Spülwasser und Mist geht auf mich nieder, da ich nachsteige. Ein Ruck, und das Gitter ist gehoben. Der Specklmoriz steht auf der Straße – Sekunden später auch ich.

Zunächst habe ich nur eine grelle Lichtempfindung. Dann unterscheide ich. Einige Straßenkehrer besorgen eben die trockene Kehrung der *Kröllgasse,* an deren Einmündung in die Felberstraße wir wieder ans Licht gestiegen waren. Sie sehen uns wohl, beachten uns aber weiter nicht. Strotter ... mag sich einer oder der andere denken. Strotter ... Für die Menschen der Straße ist das nichts Neues.

Ich sehe auf die Uhr. Es ist zehn Uhr. Also vier Stunden waren wir da unten! Vier Stunden, und doch hatten wir kaum den Weg von einer Viertelstunde zurückgelegt. Vier Stunden ... nach vier Tagen spürte ich diese vier Stunden noch in den Gliedern.

Wir wenden uns zum Gehen. Ein leerer Heuwagen kommt uns entgegen. »Der Heubauer tragt scho sei Geld ham und mir hab'n nix.« So fasst der Specklmoriz das Resultat zusammen.

»Wie viel hab'n S' denn g'funden?« –»Zwölf Kreuzer, an Heller, an ganzen und an halben Zinnlöffel, an Wasserleitungsschlüss'l, und das andere wissen S' eh.«

»Also das is ja das höchste G'schäft. Das is ja wenigstens per Stund' fünf Kreuzer.« – »Mehr wird's selten. Da müass'n S' scho a Glück hab'n. Es is net mehr so, wia mancher glaubt. Heut werf'n m'r dem Werkelmann ka Handvoll Kreuzer mehr hin wia amal – heut san m'r selber Bettelleut' ...«

Bei der Linzer Straße trennen wir uns.

Arbeiter-Zeitung Nr. 34 vom 4.2.1902 und Nr. 36 vom 6.2.1902

Eine Nacht auf einem Polizeikommissariat

Die Amtsstube ist dumpfig, niedrig. Zwei Schreibtische – Rücken an Rücken – bei den Fenstern, vier Stühle, ein eiserner Ofen auf gemauertem Sockel, ein Lederdivan und ein massives Büchergestell, auf dem die in blaue Decken gebundenen Protokolle modern – das ist die Einrichtung. Hinter dem einen Schreibtisch baumelt an der Wand eine Seidenschnur. Sie stellt die Verbindung mit dem Glockenzug her. An diesem Tische sitzt der Kommissär. Ein kurz gestutzter dunkler Vollbart umrahmt sein Gesicht, in dem ein Paar ruhig blickende Augen sitzen. Ich möchte ihn den Mann ohne Nervosität nennen. Ruhig wie sein Auge ist sein Wesen, das beim Handeln indes nicht der Lebendigkeit entbehrt. Er hat viel zu tun. Eine unruhige Nacht folgt dem bewegten Tage. Die Geschichte einiger Seiten des Protokollbuches, das als nächstes auf der Stellage Platz finden wird, wollen wir erzählen. Sie ist eine Kette hochinteressanter sozialer Bilder, die einander fast ohne Unterbrechung folgen. Sie sind in ihrer Summe der soziale Niederschlag einer Nacht auf einem Polizeikommissariat. Der *Alkoholismus* und *unglückliches Eheleben*, die in ihrer furchtbaren Wechselwirkung sich fast immer gegenseitig folgen, haben in der bunten Bilderreihe hervorragende Stellen. Sie treten fast immer als die äußeren Ursachen in Erscheinung. Wer tiefer blickt, wird unschwer die Not und das Elend der breiten Volksmassen als die eigentlichen Regisseure dieser Vorführungen erkennen.

Der unterstandslose Lehrbub. Es ist halb neun Uhr. Der Amtsdiener führt einen Jungen vor. Sein Gesicht ist rußig. Die schwieligen Hände sind geschwärzt. Er hat einen schmierigen, schwarz glänzenden Schurz umgebunden. »Ein Schlosserlehrbub, den sein Meister davongejagt hat und der sich unterstandslos meldet!« … Mit diesen Worten führt der Amtsdiener den Jungen vor. Dieser dreht seine Stoffkappe in den Händen, da er vor den Kommissär tritt. Er ist ein lebhafter Junge. Bevor ihn noch der Kommissär fragt, fängt er seine Leiden in gebrochenem Deutsch zu erzählen an.

»Bitt' schön, ich waß nicht, was hat Master wull'n, ich hab nicht verstanden. Und da hat mi g'sagt: ›Geh zum Teufel, wannst nit hörst. Ich brauch di' net!‹ Und hat mich a paar Watschen geb'n.«

Der Kommissär: »Hat er dich verletzt?« – Der Junge versteht den Ausdruck: »verletzt« nicht. »Hast a Wunden?« – »Na, bitt' schön.«

Von der Gasse herein dringt gedämpfter Lärm in die Amtsstube. Auf den Milchglasscheiben der Fenster tanzen Schattenbilder vorüber: Bubenköpfe mit und ohne Hut. Es ist eine Arretierung mit dem üblichen Gefolge. Den Kommissär stört der Aufzug nicht. Er fährt in seinem Verhör fort.

… »Und dann bist du fort gegangen? Wohin denn?« – »Bitt' schön! Zu andre Master. Der hat mir g'nummen, aber Master hat zu andere Master g'sagt, er soll mir net nehmen.« – »Möchst d' wieder zurückgehn? Wir werden den Meister herrufen.« – »I musst schön bitten, ich kann nit so deutsch. *I kann nit so deutsch.*« – Na, wir werden schon sehen!«

Der Kommissär nimmt noch Name und Adresse des Meisters auf, verfasst eine Vorladung und sagt dann zu dem Jungen: »Setz' dich draußen nieder. Hast denn niemand in Wien, dass du auf die Polizei übernachten kommst?« – »Bitt' schön, *ich hab nix Freundschaft* und kann nix schlafen.« – »Na, dann musst d' warten.«

Die Wirkungen des Alkohols. Schon während des letzten Teiles dieser Einvernahme drang vom Amtsvorzimmer dumpfes Grölen herein. Dem abtretenden Jungen begegnet in der Tür der Amtsdiener. Er meldet: »*Eine renitente Arretierung* ist da. Sieben oder acht san dran g'hängt. Husaren und Infanteristen.« – »Bringen S' den Mann herein!« – Die Tür ist halb geöffnet. Wie das Grunzen eines wütenden Schweines schlagen die unartikulierten Laute dieses – Menschen ans Ohr. »Oder warten Sie«, fügt der Kommissär hinzu, »ich geh selbst hinaus.« In dem engen Raum draußen sind fünf bis sechs Polizisten auf einem Haufen beisammen. Eine bewegte Masse von Menschenleibern, schlecht beleuchtet von dem Schein einer Lampe. Einen Moment nur wird zwischen zwei Rücken der gerötete Kopf des Rasenden sichtbar. Er ist ein noch junger Mensch, fast bartlos … sie drücken ihn auf die Bank nieder, die längs der Wand läuft. »*I lass' mi net tot stechen!*« Diese Worte lösen sich von dem heiseren Grölen deutlich los. Der Kommissär ist jetzt mitten unter den Wachorganen und Amtsdienern, die den Wütenden bändigen wollen. »Bringen S' ihn hinaus«, sagt er ruhig. Eine Tür zum Hof wird geöffnet, und dadurch schleppen sie den Volltrunkenen. Sein Hemd ist an der Brust offen, den Rock trägt ein Amtsdiener nach.

Während dieser Szene springt ein chargierter Soldat lebendig hin und her. Bald ist er im Knäuel der Wachen, bald in dem Vorzimmer der Amtsdiener. Schließlich eilt er zur Tür hinaus.

Der »Retter«. Die Hoftür ist geschlossen. Das Wutbrüllen verhallt hinter den Mauern des Arrests, wohin der jetzt schon Gefesselte gebracht wird. »*Der Arzt ist zu verständigen!*« Mit diesen Worten geht der Kommissär in das »Journal«-Zimmer zurück. Hinter ihm kommt der Wachmann, der die Arretierung vorgenommen hat. Mit ihm ein Mann in Zivil. Es ist der »Retter« des Wachmannes. Er will auch gleich das Wort ergreifen. »Wann i net bin …«

Der Kommissär (zum Wachmann): »Was hat's also geben?« – *Der Wachmann*: »Er hat a paar Damen per Huren beschimpft. A Korp'ral war a mit ihm. Die sind zu mir kommen, und ich hab ihn ang'halten. Da hat er mich gleich ang'fahr'n und Wachebeleidigungen hat 'r ausg'stoßen, und beim Kragen hat er mi nehmen woll'n …« – *Der »Retter«*: »Lausbua, du hast nix z' fress'n, hat 'r g'sagt.« – *Der Wachmann*: »Ja, und bei der Brust hat er mi g'nommen.« – *Der »Retter«*: »I war sei Schiedsrichter … Wann i net bin, so is der Wachmann herg'richt'. Am ganzen Weg hab'n m'r z' tuan g'habt. Ein gefährlicher Mensch is er scho'. Wann i net bin, i sag's ja …« – *Der Kommissär*: »Jetzt sind S' ruhig, sonst kann ich ja net schreiben.« – *Der »Retter«*: »Um d' Erd' hätt' 'r 'n draht, wann i net bin.«

Das hatte den »Retter« noch gedrückt. *Das* hatte er noch sagen müssen. Er weidet sich jetzt in dem stolzen Gefühl, eine große Tat vollbracht zu haben. Er gibt Namen und Stand an. Er ist ein Wiener Kleingewerbetreibender mit – zwei Adressen, der jetzigen und der künftigen. Zuerst gibt er die eine an, dann fährt er mit seiner Hand aufs Protokoll und sagt mit Gönnermiene: »Schreiben S' lieber …« (Folgt die neue Adresse.)

In wenigen Minuten ist das Protokoll gefertigt. Zwischen Tür und Angel sagt der »Retter« zum Wachmann: »Jetzt kann i a Lauferei a no hab'n mit der G'schicht.« Sehr ernst nimmt er es mit dieser Sorge übrigens nicht, denn während der nächsten Amtshandlung, die dieser gleich folgt, ist sein Bierbass durch die Tür hörbar. Er hat sich herabgelassen, die Geschichte, wie er den Wachmann rettete, auch den Amtsdienern zu erzählen: »Wann i net bin …« u. s. w.

Ein Pechvogel. So muss man entschieden den Helden der nächsten Amtshandlung nennen. Ein guter Vierziger im Werkstagskleid der Bauarbeiter. Die Gutmütigkeit steht ihm im geröteten Gesicht. Nach dem Feierabendtrunk geht er ruhig nach Hause. Sein Weg führt ihn über freies Feld. Auf einmal stößt er an etwas an. Es fühlt sich für den Fuß wie Menschenleiber an. Grausen packt ihn und gleich darauf Schrecken. Die Leiber werden lebendig, er sieht sich drohend umringt: »Du hast uns anpacken woll'n«, schreit eine Stimme und gleich darauf Weibergekreisch … auf freiem Felde in finsterer Nacht. Er läuft, was er Beine hat. Steine fliegen ihm nach, und Verfolger heften sich an seine Fersen: »Aufhalten! Aufhalten!« – »Wem?« – »Den mit der weiß'n Hosen.« Er hat eine sandgelbe Hose. In der Nacht mag sie weiß scheinen. Er läuft, was er kann … die wilde Jagd hinter ihm. Jetzt haben sie ihn. Er wird dem Wachmann übergeben. »Der hat an' anpackt.« Wegen Bedenklichkeit nimmt ihn der Wachmann mit. Die Ergreifer und »Zeugen« folgen.

Nun steht der Pechvogel vor dem Kommissär. Mit weinerlicher Stimme erzählt er die Geschichte … von seiner Begegnung mit Menschenleibern auf freiem Felde in dunkler Nacht. »Bitt' schön, i bin nur ang'straft, und da hat mi' aner Staner nachg'wurfen. I geh alle Tag über den Feld. No nie is mi was g'scheh'n. Jesus, den Unglück … i hab mein Leben noch nit a Viertlstund' Straf' g'habt, was ich auf den Welt bin.« Er gibt dann noch Namen, Stand und Adresse an. »Ledig?«, fragt der Kommissär. – »Na, bin ich *verheirat'*, hab ich an Weib z' Haus.« – »Also wir werd'n halt Ihre Frau rufen lassen!« (Zum Amtsdiener:) »Ist abzuführen. Die Zeugen soll'n hereinkommen.«

Klassische Zeugen. Da stehn sie, ihrer drei. 13, 15 und 19 Jahre alt. Der Älteste nimmt zuerst das Wort: »I hab'n nur aufg'fangt.« – *Der Kommissär:* »Warum?« – »No, weil er an anpackt hat; wissen S', *unser' Gegend* is so viel *unsicher*. Unser Herr is gestern anpackt wurd'n, mei' Frau hab'n s' vurige Woch'n anpackt, heut Nacht san drei verschütt't wur'n.« – »Sie, das interessiert mich alles nicht. Haben Sie von dem Vorfall was g'sehn?« – »Nein.« – »Also wer hat dann was g'sehn?«

Neben dem großen Neunzehnjährigen verschwindet fast ein kleiner Knirps in einem blauen »Barchentjanker«, ein »Schräuferl« im Ohr ... Dieser meldet sich jetzt lebhaft. »I waß'! A Herr, na a junger Bursch und a junge Fräul'n hab'n g'schrian: ›Der wüll uns anpack'n!‹ und hat an Stan g'wurf'n, dass no' die Kathi g'schrian hat: ›Net do werfen, sonst kunnten s' uns treff'n!‹ und da samer g'rennt ... ihm nach.« Der kleine »Pülcher« war ganz in Eifer geraten. – *Der Kommissär:* »Wie kummst denn du auf d' Nacht auf das Feld?« – »*Ja, i muass Milli austrag'n.*« – »Gehst in d' Schul'? In d' Bürgerschul'?« – »Na!« – »Wie alt bist denn?« – »Dreizehn, ins vierzehnte Jahr.« – »Da muasst do scho' in d' Bürgerschul' gehn! In welche Klass' gehst denn?« – (Verschämt lächelnd:) »In d' dritte. *I bin a paar Mal sitzen blieb'n.*« Wie er das sagt, lacht ihm der richtige Lausbub aus den Augen. Was kann aus dir noch werden, armes, unverständiges Elendskind!

Der dritte Zeuge, der intelligenteste von allen dreien, hat auch nichts gesehen. Er ist nur beim »Aufhalten« mit dabei gewesen. *Der Kommissär:* »Ja, und wo ist denn das Paar, das er anpackt haben soll?« – »Die sind a Weil' mit'gangen, aber dann san s' a'bogen.« – »Die werden auch die Richtigen gewesen sein.« – »Vielleicht hat 'r weg'n sein Madl net mitgehn woll'n«, entschuldigte der Fünfzehnjährige das Paar, auf das der Pechvogel auf freiem Felde in dunkler Nacht gestoßen war ...

Die geschiedene Frau als Prostituierte. Ein junger Wachmann tritt ein. Er legt die Rechte salutierend an den Helm und klappt militärisch mit den Fersen zusammen: »Eine Arretierung wegen Nichteinhaltung der Prostitutionsvorschriften.« Der Amtsdiener, der zufällig im Zimmer anwesend ist, gibt seinen Text drein: »Das ist eine sehr bekannte!« – »Sie soll ein bissel warten«, sagt der Kommissär, »jetzt kommt gleich mein Nachtmahl.« – Schon ist auch der Kellnerjunge im Zimmer. Er stellt ein Rindsgulasch und ein Glas Bier auf den unbenützten Schreibtisch. Zehn Minuten später – neun Uhr zwanzig Minuten – nimmt der Dienst seinen Fortgang.

Die Prostituierte wird hereingeführt. Sie ist klein, blond, alternd. Ihr Rock ist von einer schwarzen Clothschürze verhüllt. Eine graubraune Winterjacke deckt eine Commodebluse aus Rosaflanell. Der weiche haarige Rosastoff ist unter der geöffneten Jacke sichtbar. Eine Kopfbedeckung trägt sie über ihrem flachshell gefärbten Haar nicht.

»Küss' d' Hand!« Mit einem tiefen Knicks tritt sie vor.

Der Wachmann (im Amtsstil): »… Dieselbe ist auf der Hauptstraße auf- und abgegangen und hat die Passanten in zudringlicher Weise belästigt.«

Der Kommissär nimmt die Generalien ab. »Sie heißen? … Sie sind – Prostituierte! Katholisch? … Ledig?« – »Katholisch, *geschieden*, bitte.« – »Sie haben ein Gesundheitsbuch?« – »Ja.« – »Sie, wie Sie sich das Buch g'nommen hab'n, da ist Ihnen ausdrücklich vorgelesen worden, dass Sie *nicht auf der Hauptstraße spazieren gehen* dürfen?« – »Mir is nix vorg'lesen word'n, i bitt'!« – »Aber reden S' net, einer jeden wird's vorgelesen. Ist es richtig, haben Sie mehrere Passanten ang'sprochen?« – »Na, i bitt', in der Dingsgassen da hat mi a Bekannter g'seg'n …« – »Immer dieselbe Ausred'.« – »Er hat 'glaubt, i wohn' no in mein' alten Haus.« – »Sie, es heißt, Sie hab'n Männer angesprochen?« – »Na, i net.« – »Der Wachmann sagt's aber.« – *Dieser:* »Ja wohl!« – *Das »Mädchen« zum Wachmann* (weinerlich): »Herr Wachmann schau'n S', zum zweiten Mal …« – *Der Wachmann* (bestimmt): »Sie hat zwei Herren angesprochen. Einen in der Dingsgasse und dann einen zweiten in der Hauptstraße. Der ist mit ihr gegangen.« – *Die Prostituierte:* »Ja, es war a Bekannter von mir. Er wär mit mir 'gangen. Aber wia mi der Herr Wachmann vor ihm g'stellt hat, hat er si geniert und is 'gangen.«

Hunger tut weh. Der Kommissär: »Also auf der Hauptstraße. Immer dieselbe Geschichte. Das darf nicht sein. Die anständigen Damen halten sich mit Recht darüber auf.«

Die Prostituierte (in Weinen ausbrechend): »*Sie wissen nicht, wie uns die Frauen sekkieren, wenn wir nichts verdienen.*«

Der Kommissär: »Sie sind eine *verheiratete* Frau, leben getrennt; haben Sie sich denn keinen anderen Erwerb gewusst?«

Die Prostituierte (unter heftigem Weinen): »*Die Not hat mich dazu 'zwungen. Net amal a Paar Schuh kann i m'r kaufen. So hungert m'r von an Tag auf'n andern.*«

Der Kommissär: »Führen Sie sie ab und kommen Sie wieder herein.«

Der Wachmann gibt dann nochmals detailliert seine im Amtsstil gehaltene Aussage ab, die protokolliert wird. Unterdes öffnet sich die Tür. Eine neue Erscheinung tritt auf den Plan.

Der Doktor. »Gut'n Abend!« – »Guten Abend!« – »Was gibt's?« – »Einen Betrunkenen. Äußerst renitent. Sie müssen ihn untersuchen.« – »Was hat er denn gemacht?« – »Einen Wachmann bei der Brust gepackt.« – »Öffentliche Gewalttätigkeit?« – »Nein, ist nicht vorhanden. Tätliche Beleidigung.« – »Wann ist er gekommen? Schon lange?« – »Draußen ist es vorgemerkt.« – Der Doktor geht und kommt während der nun folgenden

Amtshandlung wieder zurück. Er reicht dem Kommissär ein zweiseitig beschriebenes Blatt hin: »*Unzurechnungsfähig!* Total angetrunken.« – »Danke!« – »Gut'n Abend!« – »Guten Abend!«

Der Branntweinteufel. Der Kommissär zieht an der Glockenschnur. Der Amtsdiener erscheint. »Führen Sie mir jetzt den (aus dem Protokoll einen Namen lesend) vor, vielleicht ist er jetzt schon mehr beruhigt.« Bald klopft es schüchtern an die Tür. Der Kommissär (zu sich): »Aha, jetzt klopft er schon an.« Gleich darauf steht ein rußiger, dunkelhäutiger Mann mit aufgedunsenem Gesicht im Zimmer. Seine Haltung ist nicht ganz sicher. Die linke Backe scheint geschwollen. Auf dem Kopfe trägt er eine Kompresse. Er ist Mitte der Dreißig. »Sie sind katholisch, verheiratet. Sie *leben getrennt?*« – »Na, getrennt net, i bitt' schön, *sie hat m'r die Wohnung ausg'ramt*, m'r sein ›nur‹ vonananader.« – »Sie sollen ja schon *alles versoffen* hab'n? Fünf, sechs Gläser trinken Sie beim Branntweiner.« – »Ich steh direkt im G'schäft, o na, i hab a schware Arbeit …« – »Aufpassen jetzt, Sie san Kohlenaustrager? In an Gasthaus soll'n Sie Ihrer Frau gedroht hab'n. Sie war da, passen S' jetzt auf, was sie angibt. (Aus dem Protokoll lesend:) ›Er hat mir gedroht, er wird mich, wenn ich mich *mit einem anderen zusammenziehe*, heute noch mit Vitriol übergießen. Er wird mich umbringen. Was er erreichen will, weiß ich nicht.‹ Sie fürchtet sich vor Ihnen. Haben Sie oft Streit g'habt mit ihr?« – »A paar Woch'n hab'n m'r uns g'stritten. Früher einmal. Unter zwei Monat' gar nicht mehr.« – »Wie lang' sind Sie nicht mehr beieinand'?« – »Vierzehn Täg, länger is 's net.« – »Sie hat die ganzen *Kinder?*« – »Eins hat's! Ans is am Land, und ans hat der Bruader g'nummen.« – »Na ja, an die armen Kinder geht's aus! Sie hab'n ihr am Samstag zwa, drei Gulden bracht, und am Dienstag hol'n sie 's wieder. Was hab'n s' denn

Lohn?« – »*Acht Guld'n* die Woch'n. Da muass i m'r Frühstück, Gabelfrühstück, Mittag, Jausen und Nachtmahl davon zahl'n. Wann i dann am Montag ka Geld net g'habt hab', hab i g'sagt, sie soll m'r a Krone geb'n. Mir bleibt ja nur am Tag a Krone.« – »Und die tun S' versaufen.« – »O na, i iss ja do' a was.«

»Ich muss Sie dem *Landesgericht* einliefern – wegen gefährlicher Drohung.« – (Apathisch:) »*Da tun S' mir mei' ganz' G'schäft verderben.*« – »Net ich, Ihre Frau hat's verlangt. Sie *fürcht'* sich. Ich hab ihr vorg'halten, was die Kinder einmal zu ihr sagen werden, wenn sie den Vater ins Landesg'richt gebracht hat. Sie hat aber g'sagt, sie traut sich nicht außa. Sie is ihres Lebens net sicher.« – »I hab Zeugen, dass i a ehrlicher Mensch bin.« – »Ehrlich scho', aber *roh* sind Sie!« – »Mei Frau kann vül sag'n, aber wahr muass' net sein. Da müss'n dann die Zeug'n a herkommen. Vormittag war i durt. Z' Mittag hab'n S' mi' gar net einilass'n ins Wirtshaus. Sie hab'n mir gar nix eing'schenkt … (Plötzlich der Ursache gedenkend, lauter:) Sie hat m'r mei Wohnung ausg'ramt. Mei' ganz' Sachen hat s' mir g'nummen. *Mei' hat all's g'hört. Sie hat ja nix g'habt, als a Tuchert hat's g'habt.*« – »Den Kindern g'hört's und *an den Kindern geht's a aus*, dass ihr zwei euch net vertragts. Dass ihr so leicht auseinander seid, wundert m'« …

So redet der Kommissär dem Mann, der die Drohungen leugnet, eine Weile ins Gewissen, bis der Proletarier beteuert, er hätte nicht die Absicht gehabt, so etwas auszuführen, wenn er es auch gesagt hätte. »I nimms ja. *I will ja nix anders hab'n, als dass sie zu mir kommt.* Wir sind verheiratet, und wir soll'n beisammen sein. Es is wahr, i trink a bissel.«

Der Kommissär: »Wie viel is das bissel?«

Der Mann: »Zwei, drei Glaseln Branntwein. I geh ja ins Wirtshaus essen. Bitt' Ihna, um fünf Sechserln kann m'r ja net vül trinken.«

Der Arrestant wird wieder abgeführt.

Eine Notversöhnung. Der Schlossermeister kommt, der seinen Jungen zum Teufel gejagt hat. »Ja, Sie jagen da den Buben einfach hinaus und kümmern sich nicht weiter um ihn. Das geht ja nicht so!« Mit diesen Worten empfängt ihn der Kommissär. – »Der Bursch' läuft mir in der Früh fort, was soll ich tun?« – »Können Sie böhmisch?« – »Nein, aber der Bub kann *sehr gut* deutsch. Er hat mich net anhör'n woll'n.« – »Na, mit seinem Deutschkönnen is' net so weit her. Er kann sehr schlecht deutsch.« – »Ich hab ihn g'nommen und vürig'stoßen, weil er net kummen is, wia i ihn g'rufen hab'. ›Kannst net kummen, wann i di ruaf'?‹, mehr hab i net g'sagt. Er is dann furt, und i hab ihm seine Sach'n geb'n. Weiter hab i nix g'hört.« – »Sie soll'n ihm aber einen andern Meister ab'gred't haben.« – »I net, höchstens der G'sell, weil der Bua a nix taugt.« – »Vielleicht hat der Bub Angst vor Ihnen g'habt?« – »Er is scho zweimal davongelaufen.«

Der Junge wird vorgerufen. Der Meister demonstriert nun an ihm, wie er es gemacht habe. Er nimmt ihn beim Genick und gibt ihm einen recht sanften Stoß.

Der Kommissär (zum Jungen): »Du darfst auch nicht alles gleich so schwer nehmen. Dafür ist dein Meister Schlosser. Der redet nicht so fein mit die Leut'. Das bringt das G'schäft mit sich. Du musst folgen und aufpassen. Willst wieder zurückgehn zu deinem Meister? Er nimmt dich wieder.«

Der Meister: »Nur mit dem Bemerken, dass es auf kurze Zeit is, dass er sich wo anders umschaut.«

Der Kommissär: »Dann müssen Sie ihn in Frieden entlassen. (Zum Jungen:) Jetzt gehst mit deinem Meister nach Hause, und vielleicht gelingt es dir, ihn zufrieden zu stellen. (Zum Meister:) Er ist ein Böhm, ein bissl begriffstützig, dem müssen Sie Rechnung tragen …«

Der Meister (im Fortgehen): »So? Der weiß alles so gut wie ich.«

Der Kommissär: »Also in Frieden! Nicht schlagen, sonst kommen *Sie* noch mit dem Gesetz in Konflikt.«

Ein leichtes Früchtl. Eine sonderbare Gruppe führt der Wachmann auf. Zwei junge Arbeiterinnen – *Schwestern* –, die *ihren* wegen Diebstahls verfolgten *Bruder* bei einer zufälligen Begegnung *verhaften* ließen. Der sechzehnjährige Bursch erscheint in Kellner-Eleganz. Sein lichtbrauner Überzieher verdeckt einen dunklen Sacco-Anzug. Er ist der Sohn eines Bedienten. Ein Nichtsnutz durch und durch. Die Schwestern sind seine Anklägerinnen. Besonders die ältere, ein zwanzigjähriges Mädchen von wenig sympathischem Äußern, ist lebhaft. »Du, dass d' die Wahrheit sagst! Hast die zwa Uhr'n g'stohl'n oder net?« Mit scheu gesenktem Blick gibt er, ohne sonst innere Vorgänge zu verraten, dies zu und auch, dass er die beiden Uhren um zwei Gulden verkauft habe. Der Kommissär sagt zu ihm: »Sie scheinen sehr leichtsinnig veranlagt zu sein?« – »Ja das is er«, fällt die Schwester ein, »er tuat net guat. Wir möcht'n 'n gern in a *Zwangsarbeitsanstalt bringen.* Der Vatter kränkt si' ja so über den Buam!« – »Er wird dem Kommissariat X. eingeliefert, gehen S' halt morgen hin und verlangen Sie die Abgabe in eine Zwangsarbeitsanstalt.«

Der Junge hört dies alles mit der gleichmütigsten Miene der Welt an. *Den* wird eine Zwangsarbeitsanstalt nicht mehr bessern. *Der* ist dem Zuchthaus verfallen … unwillkürlich empfängt man diesen Eindruck.

Wieder der Pechvogel. Es ist mittlerweile halb elf Uhr geworden. Der Amtsdiener meldet, dass der wegen Bedenklichkeit eingelieferte Bauarbeiter wohl unter *der* Adresse gemeldet sei, die er angegeben habe, dass seine Frau in dem Hause aber nicht zu finden sei. »Führen Sie ihn vor!« Schlaftrunken, mit verschwollenen Augen, die das Licht nicht vertragen, kommt er herein. Seinen Rock hat er über die linke Achsel geworfen, die Hose hält er krampfhaft mit der Rechten hinauf. Er kommt in der Arresttoilette, die er in der Eile und Finsternis nicht zurechtmachen konnte. So droht ihm seine weiße Hose, das Erkennungszeichen des Flüchtigen, jeden Augenblick untreu zu werden. Er tritt ganz nahe an den Tisch des Kommissärs heran. – »Was ist denn mit Ihrer Frau? Die lasst sich ja gar nicht anschau'n? Wohnt sie vielleicht wo anders? In *dem* Haus ist eine Frau namens … nicht zu finden.« – »Ja, bitt' schön, *hab ich mit ihr nur g'lebt*, bitte schön.« – »Aber Sie kennt man auch nicht in dem Hause. Wohnen Sie schon lang dort?« – »Ja, *zehn Jahr'*, bitte schön. Bin ich schon sechs Jahr' bei an Herrn.« – »Warum haben S' denn g'sagt, dass Sie verheiratet sind?« – »Bitte schön, hab ich so verstanden. Ich lebt' schon sechste Jahr mit ihr. Sie is a Wäscherin.«

Eine Volkswohnung. Während dieses Verhörs kratzt er sich wiederholt. Der Kommissär taucht ihn etwas vom Tisch weg. »Treten S' zurück, ich muss nicht von allem haben.« (Zum Amtsdiener:) »Ist das Haus weit weg?« – »Ziemlich weit, Herr Kommissär.« – »Aber von der Wachstube nicht?« – »Nein.« – (Zum Pechvogel:) »Wie heißt denn Ihre Frau?« – Dieser gibt den Namen an. Der Kommissär schreibt ein Telegramm, das die Frau verständigen soll. (Unterm Schreiben:) »Ist in dem Haus vielleicht eine *neue Hausmeisterin*?« – »Ja, bitte schön!« – *Der Kommissär* (zu sich): »Die kennt halt noch nicht alle Parteien.« (Zu dem Mann:) »Was haben S' denn da für eine *Wohnung*?«

»A *Kammer*, bitt' schön.«

»Was zahl'n S' denn Zins?«

»Zwei Gulden, sechs Kreuzer, bitt' schön.«

»Wöchentlich?«

»Na, *monatlich*. I hilf da allerweil a bissel zum Arbeiten.«

»Aber zwei Gulden, sechs Kreuzer, für eine Kammer?! Was ist denn das für eine Kammer?«

»Bitt' schön, Kellerkammer. So von Hof; paar Stufen gehn's abi.«

Der Kommissär macht das Telegramm fertig und übergibt es dem Amtsdiener. Die Frau soll nochmals gesucht werden. Gemeldet ist sie. »Kann ich noch nicht ham?«, fragt der Graukopf. – »Nein, bis das konstatiert ist.«

Ein lustiger Walzbruder. »Von *Mariazell* hat sich Einer unterstandslos gemeldet«, so lautet die nächste Meldung, die der Amtsdiener, und zwar um drei Viertel elf Uhr, erstattet. »Wenn Einer von Amerika auswandert, so kommt er zu uns!«, brummt belustigt der Kommissär. »Führen S' ihn herein!« Der Walzbruder kommt mit einem verschmitzten Lächeln bei der Tür herein. Er ist trotz der Devotion des Lumpenproletariers, die er ostentativ zeigt, in heiterster Stimmung.

Der Kommissär: »Sie schauen wieder die Polizei als Verpflegsstation an.«

Der Andere: »Ich bitte, entschuldigen Sie, ich komme von Tulln.«

»Was suchen S' denn in Wien?«

»*Ich bitte, entschuldigen Sie*, ich hab hier Freundschaft. O, bitte sehr.«

»Sie waren ja nach Gablitz geschrieben?«

»*Ich bitte, entschuldigen Sie*, ich war nach Gablitz geschrieben.«

»Warum sind Sie denn nicht zu Ihrer Freundschaft gegangen?«

»*Ich bitte, entschuldigen Sie*, ich kann sie jetzt nicht finden. Aus diesem Grunde: Ich bin von Tulln um sieben Uhr weg und nach Gablitz zu einer Tante, und dort hab ich zu Mittag gegessen, und jetzt bin ich mit dreizehn Kreuzern nach Wien gefahren.«

»Wieso kommen Sie gerade in diesen Bezirk?«

»Ich bitte, entschuldigen Sie, da bin ich aufgewachsen.«

»Was haben Sie für ein Reiseziel?«

»Ich bitte, entschuldigen Sie, ich gehe nach Bruck an der Leitha, in die Kantine, entschuldigen, ich war schon dreimal dort. Ich bitte, wenn das Lager angeht ...« Er spricht Ungarisch fort.

»Sprechen Sie deutsch!«

»Ich bitte, *ich kann besser Ungarisch wie der Stuhlrichter.*«

»Na, so arg wird's nicht sein. Wie ein Stuhlrichter?«

»*Jach bitte, jach kenn ach besser Jüdisch wie der Rabbiner!*« Und nun begann er im unverfälschten Jargon zu reden, und plötzlich waren *griechische* Laute seinem Mund entschlüpft. Im Eifer seines Vortrages zitierte er plötzlich *Verse von Homer* in der Ursprache.

»Sie können ja auch *Griechisch*?«

»O bitte, entschuldigen Sie, ich kann auch *Tschechisch*. Der Herr Sekretär hat mit mir immer tschechisch gesprochen.« Zum Beweis begann er in einem slawischen Idiom zu sprechen. »Ich kann *sieben Sprachen* sehr gut: Serbisch, Ungarisch, Walachisch, Deutsch, Tschechisch ...«

»Und da sind Sie nur Hausknecht?«

»Es ist mir nicht gelungen, eine bessere Lebensstellung zu erringen. In der *vierten Gymnasialklasse* bin ich *durchgefallen*, und da hat mich mein Vater in die Lehr' gegeben, ich hab auch ausgelernt in Wien, ich bitte, entschuldigen Sie, im Jahr 1872, und seither geh ich in der Welt herum.«

»Da müssen Sie schon weit herumgekommen sein. Was war das Weiteste?«

»Serbien, Bulgarien, Russland.«

»Russland auch? Können Sie *Russisch?*«

(Selbstbewusst:) »Ob ich's kann!«

»Da müssen Sie auch einen Pass gehabt haben.«

»Ja, den hab ich mir in *Czernowitz* gelöst. Verstehen Sie, in das Konsulat bin ich gegangen.«

Mit seinem Vielreden verwickelte er sich zum Schluss in kleine Widersprüche, die aber seiner angeheiterten Stimmung zuzuschreiben sind. »Morgen wird es sich ein biss'l leichter mit Ihnen reden.« Damit verabschiedete ihn der Kommissär.

Nachtunruhe. Damit ist der große Anprall dieser Nacht überstanden. Es tritt Ruhe ein. Der Kommissär sitzt am Schreibtisch und fertigt die Protokolle aus. Nur einmal wird er noch in Anspruch genommen. Um drei Viertel ein Uhr wird ein Beamter vorgeführt, der im Rausch die nächtliche Ruhe störte. Er wird auch zur Ausnüchterung abgeführt. Der Kommissär geht in den anstoßenden Raum – schlafen. Es ist ein Uhr. Bis gegen vier Uhr bleibt er auf seinem Ruhebette ungestört. Um die Zeit wird ein Musikus eingeliefert, der beschuldigt ist, einem Kollegen die Uhr genommen zu haben. Der »Aufbleiber« – ein Amtsdiener muss immer wach sein – meldet es in kurzem Weg. »Zum Morgenrapport!« Der Kommissär genießt weiter seine karge Ruhe. Eine Viertelstunde früher war dem Kommissär ein *verirrter Alkoholiker* gemeldet worden. Auch er kam zum Morgenrapport.

Die gute Freundin. Es ist halb sieben Uhr morgens. Das Journalzimmer ist von einer Frau schon aufgeräumt, und eben wirbeln die Amtsstaubwolken in dem Zimmer der Agenten und im Vorzimmer auf. Die Bedienerin ist einen Augenblick mit einer anderen Sache beschäftigt. Es gibt einen kleinen Tratsch durchs Fenster, das in den Hof führt. Zwei weibliche Mühlen mahlen. Jetzt fährt eine männliche brummige Stimme dazwischen. »Was suachen S' denn da im Hof. Da hab'n S' nix verlur'n.« Gleich darauf öffnet sich die Vorzimmertür, und einen Einkaufskorb am Arm kommt eine Frau in den Dreißigern in den Vorraum. Vom Hofe herein knurrt die brummige Stimme. Die Frauensperson gibt aber nicht nach: »Na, na, weg'n den *Lackerl Kaffee wird's net aus sein.*« Jetzt kommt der glückliche Besitzer des Brummbasses auch in den Vorraum. Ein Wachmann in Hausuniform. »Was suachen S' denn da?« – »*Da* därf i net sein, in Hof a net. Wo soll i ihr's denn hingeb'n?« – Der Wachmann entfernt sich: »Ich hab halt den Auftrag dazua!« Kaum hat er die Tür geschlossen, so wird die Frau mit dem Einkaufskorb erst recht lebendig: »Na, der hat a no kan g'fressen.« *Die alte Stauberzeugerin* (den Besen ruhen lassend): »Welche is 's denn?« – »Die Rote mit der schwarzen Jacken.« – »So?! A fesche Gretl!« – »Weg'n die paar Stund', was s' hat zum Absitzen, so G'schichten z' machen. Soll s' vielleicht ohne Kaffee in der Fruah bleib'n?«

Darüber sind die beiden Weiber bald einig, dass so etwas nicht gut möglich sei.

Der Morgenrapport. Es ist sieben Uhr. Der Kommissär sitzt schon wieder an seinem Amtstisch, um bezüglich des Zuwachses Verfügungen zu treffen. Die Häftlinge seit sieben Uhr abends werden vorgeführt.

Der erste ist ein Lehrling, den sein wunder Finger zu feiern nötigte. Deshalb wäre er natürlich nicht mit der Polizei in Konflikt geraten – wohl aber deshalb, weil er seine Feierstunden dazu benützte, um einer Frau in Kompagnie mit einigen anderen Burschen ihren Lieblingspintscher zu stehlen. Gestohlen haben ihn natürlich die anderen, deren Namen und Adressen er genau angibt, dass er aber eine Ohrfeige, die ihm die Frau gab, als sie ihn mit dem Hund betrat, mit gleicher Münze zurückzahlte, kann er nicht leugnen. Er bleibt in Haft, bis seine Mutter kommt.

Der Rabiate – ausgenüchtert. Der zweite Häftling, der vorgeführt wird, ist der rabiate Arrestant, zu dessen Bändigung wenige Stunden vorher kaum sechs Männer ausreichten. Er ist ein hübscher, hochgewachsener Bursch; ein Fleischhauer von Beruf. »Wie ist denn das zugegangen? Sie hätten ja bald alle erschlagen?« – »Ich weiß selbst nicht, Herr Kommissär.« – »Dass Sie für heute mit einem blauen Auge davonkommen, haben Sie nur dem Umstand zu verdanken, dass Sie *volltrunken* waren.« – *Der Amtsdiener:* »Dann haben Sie im Arrest *herumgebissen* wie ein wildes Tier.« – *Der Häftling:* »Das ist alles das Trinken. I bitt' nur, dass i net mei G'schäft verlier', jetzt vur Ostern.« – *Der Kommissär:* »Sie kommen vors Bezirksgericht ... Geht fort!« – *Der Amtsdiener:* »Linksum!« – Bevor er sein »Kehrt euch« machte, versucht er, dem milden Kommissär die Hand zu küssen.

Gute Bekannte. Der »*Pechvogel*« kommt auch jetzt nicht los.

»Wer Unglück hat im Leben,
Stolpert im Grase,
Fällt auf den Rücken
Und bricht die Nase.«

Seine Frau ist noch immer nicht eruiert. Es wird ein Agent in die Wohnung beordert. Der Pechvogel fügt sich resigniert in sein Schicksal.

Das leichte Früchtl ist auch schnell abgefertigt. Der Amtsdiener meldet, dass die Note über den von ihm begangenen Diebstahl von dem Kommissariat, in dessen Rayon sich der Diebstahl ereignete, bereits eingelangt sei. Er wird also diesem Kommissariat überstellt. »Das Weitere werden Sie schon sehen!«, sagt ihm zum Abschied der Kommissär.

Der lustige Walzbruder kommt mit seinem: »Ich bitte, entschuldigen Sie, ich habe einen Rausch gehabt« und mit dem

Versprechen los, dass er sofort seine »Freundschaft« aufsuchen, eventuell nach Mödling abreisen werde.

Der »gestörte« Seitensprung. Der zuletzt vor den Kommissär geführte Beamte, der wegen nächtlicher Ruhestörung eingeliefert worden war, entschuldigt sich gleichfalls damit, dass er ein bisschen mehr getrunken habe. Er sei mit seiner *Geliebten* beim Haustor gestanden, und da habe der Herr Wachmann seine Stellung beim Haustor falsch beurteilt und ihn zur Rede gestellt, worauf er im Gefühl der Unschuld laut geworden sei. – »Sie sind doch *verheiratet*?«, fragt der Polizeiagent. – »Ja, ich bin halt weg von der Frau, das heißt, wir leben nicht gut miteinander. Aber wir haben noch gemeinschaftlichen Haushalt« … Der Kommissär macht der Fragerei mit *Verkündigung* des Urteils ein Ende: § 11: zwei Gulden Geldstrafe, eventuell zwölf Stunden Arrest. Der Amtsdiener folgt dem noch jungen Mann die Börse aus, er zahlt, erhält die Bestätigung und geht. Bei der Tür dreht er sich nochmals um und sagt zu seinem Richter: »*Danke sehr!* Guten Tag!«

Ein Ausländer ohne Papiere. Wieder kommt einer, der schon vor acht Uhr abends dem Kommissariat eingeliefert wurde. Ein Taglöhner aus Ungarn, der ohne Papiere in dem Moment aufgegriffen wurde, als er sich in die Stallung eines Milchmeiers einschleichen wollte, um *dort* zu übernachten. Seine Papiere sind drei Versatzzettel. Sie retten ihn vor dem Schub. Er verspricht, sie zu verkaufen und sofort nach Ungarn abzureisen. Der Kommissär gibt ihn frei.

Ein »Wirbel«. Wieder ein Opfer des Alkohols! Um fünf Uhr Früh aufgegriffen – stark angetrunken. »Wie sind S' denn in den Bezirk gekommen. Sie wohnen ja ganz entgegengesetzt?«

– »Ja, mit mein' ›Wirbel‹. I waß' net, wia i da herüberkommen bin. Na, so a ›Wirbel‹!« – »Das nächste Mal trinken S' net so viel. Für heut können S' z' Haus gehn.«

Verkauft's mei' G'wand … Ein Drahrerpaar erscheint. Der Musikus und sein Freund und Anzeiger. Der Musiker ist nüchtern, der andere hat noch immer viele Mühe, das Gleichgewicht zu erhalten. Er trieft vor Edelmut: »I will mein' Freund nicht nahe treten weiters – er hat g'sagt, er zahlt an Absan – und hat sich dann meine Uhr ausgeliehen vom Marqueur und hat damit fortgehn woll'n.« (Plötzlich im Deutsch des Salonpülchers): »Ich konnte nicht nach Hause *gehen;* warum? Weil ich keinen Hut nicht gehabt habe.« Der Kommissär sieht bald, dass der Herr Anzeiger noch jetzt sehr angeheitert ist, und wendet sich an den Beschuldigten, der einen sehr intelligenten Eindruck macht. »Erzählen Sie!« Der Musiker erzählt nun, dass der Anzeiger *ohne Überzieher* und mit der *Hutkrempe in der Hand* in das Kaffeehaus gekommen sei, und dass er dort sofort seine Uhr gegen einen Schwarzen verpfändet habe. Um dem Freunde den eventuellen Verlust der Uhr zu ersparen, habe er sie ausgelöst, mit der Absicht, ihm die Uhr zu geben, bis er nüchtern sei. Sein Freund habe vorher schon in einem anderen Lokal seinen Überzieher versetzt.

Der Kommissär: »Da liegt doch gar kein Diebstahl vor. Sie, Anzeiger, müssen ihm Abbitte leisten. Jetzt geht's alle zwei nach Hause und versöhnt's euch … *Aber nicht so viel trinken* ein anderes Mal.«

Der Vitriolattentäter ist der Letzte, der vorgeführt wird. Vorher erscheint der Wirt als Zeuge, in dessen Lokal er die Drohungen ausgestoßen haben soll. Der Wirt hat nur gehört, dass er »eine Hand voll Steine nehmen und ihr damit den Schädel einhauen will«. Das klingt nicht mehr so schlimm, und der Kommissär beschließt, die Frau nochmals vorladen zu lassen, bevor er den Branntweintrinker dem Landesgericht einliefert. Ein letzter Versöhnungsversuch! Vielleicht ist er von Erfolg. Zu dem rußigen Manne aber sagt er: »Sie stecken ledig im Branntweinhäusl, wie der Wirt sagt. Durch Ihr Trinken haben Sie Ihr ganzes Familienglück zerstört. Geben S' den Branntwein auf.« Ob die Mahnung nützen wird? Es ist kaum zu glauben. Wen der Branntweinteufel einmal so fest bei der Falte hält, den lässt er nimmer los.

Es ist acht Uhr morgens. Der Nachtdienst ist zu Ende, und nun beginnen für den Beamten *zwei Stunden Ruhe* außer dem Amte. Um zehn Uhr muss er schon wieder im Dienst sein, freilich nicht wieder zu vierundzwanzigstündigem Dienst, der jeden Beamten je nach dem »nur« jeden vierten, fünften, sechsten Tag trifft. Es gehören *Nerven* dazu!

Arbeiter-Zeitung Nr. 91 vom 2.4.1899

Leopoldstädter Nächte

Öffentliche Geheimnisse der Großstadt sollen ausgeplaudert werden. Tausende wissen darum, weil ihnen in diesem dunklen Getriebe irgendeine Rolle zugewiesen ist, andere ahnen die Geheimnisse, ohne den Willen und die Lust zu haben, in sie einzudringen, und die Million der Großstädter geht achtlos an den Existenzen vorüber, um die sich diese Geheimnisse weben. Wer sie erforschen will, muss den Bodensatz der Großstadt durchwaten. Es ist keine angenehme, oft recht unappetitliche Aufgabe. Wer aber der Wahrheit ins Gesicht schauen will – und ich halte das immer für nützlich – der muss auch, wenn's Not tut, den Schlamm durchwaten. Seine Ablagerungsstätte ist die Gegend um den Praterstern. Seine Elemente sind: der Strizzi und die geheime Prostituierte in allen ihren Abstufungen, die Hasardeure und Falschspieler, einige auf niederster Stufe stehende Arbeiter, die ihr Verhängnis in diesen Kreis geworfen hat, aus dem es kaum ein ehrliches Entrinnen gibt, und etliche, zu bloßen Trinkgeldmenschen herabgesunkene Marqueure, Einspänner, Fiaker; dann als zweite Gruppe das Korps der »Ordnung«: die Polizeiagenten, Konfidenten und »Zünder«, denen die Rolle der Verräter zufällt, und endlich die Fischer im Schlamm: die Herbergsväter und Hoteliers, die Kaffeesieder und Wirte, die Fuhrwerker und Budenbesitzer, die Branntweinschänker und Kuppler. In ihre Taschen rollt der Gulden.

Nur einiges aus diesem Getriebe soll – abgeschwächt im Ausdruck, aber wahr im Inhalt – festgehalten werden.

Im Tschecherl

Das Rendezvous. Es ist nahe an Mitternacht, als ich dem kleinen Kaffeehaus in der Franzensbrückenstraße zusteuere, das mir mein Führer als Zusammenkunftsort bezeichnet hat. Automatenmusik und heller Stimmenlärm dringt auf die Straße. Die Tür und die Fenster sind verhängt. Vergebens sucht mein Auge von außen schon ein Situationsbild zu gewinnen. So trete ich denn ein. An dem Billard vorbei komme ich zu dem linken Fenstertisch, an dem mein Führer, der »weiße Karl« sitzt. So heißt er, weil auch er einmal »weiß« gewesen, das heißt bessere Tage gesehen hatte. Wir führen die vereinbarte Komödie auf, um die anderen nicht stutzig zu machen, und dadurch vielleicht die Bilder, die ich schauen soll, zu verzerren.

»Serwas, Karl!«, begrüße ich ihn.

Er starrt mich eine Weile an, dann erst leuchtet Erkennen aus seinen Augen: »Serwas, Ferdl … ja was machst denn du da?«

»Zuagrast bin i. Dös siegst ja.«

»Wo warst denn?«

»Im Ung'rischen.«

»Wia is d'r denn gang'n?«

»Im Ung'rischen geht's kan net schlecht. ›Maß‹ (Geld) allerweil.«

»Setz di zubi, d'rzähl was …«

So werde ich unauffällig in den Kreis eingeführt. Die Steirer-Mali rückt ein wenig mit dem Sessel, damit auch ich noch an dem besetzten Tisch Platz finden soll. Mir zur Rechten tunkt einer. Mein Freund sitzt mir gegenüber. Die anderen am Tisch haben von meinem Kommen kaum Notiz genommen. Sie sind zu sehr mit ihren eigenen Angelegenheiten beschäftigt, namentlich das eine Paar am Längsende des Tisches. Es scheint in einer anderen Welt zu sein.

Die »Sechshauserin« hängt sich mit beiden Händen an die Schultern des »Franz«, der seinen rechten Arm um ihre Taille geschlagen hat. Ihr einfältiges Gesicht lehnt sie an seinen Arm. Ihre grauen Augen strahlen Zufriedenheit aus. Die anderen am Tisch beginnen zu sticheln, besonders der »Brigittenauer-Rudl«, ein auffallend hübscher, blonder Kerl, dem freilich sein »Beruf« schon deutliche Spuren ins Antlitz gegraben hat.

»Na Franzl, wann wirst denn scho die Scherberln außitrag'n därfen?«, so spielt der »Brigittenauer-Rudl« auf die Möglichkeit an, dass so viel Zärtlichkeit zur Ehe führen könnte.

»Er stiert mi ja nur a«, entschuldigt sie den Franzl, dessen rechte Hand tatsächlich in dem Kleidsack der Sechshauserin wühlt. »Mei' Tüachl muasst m'r drinn lassen – ich hab sunst nix als den Stan.«

»… Dann kauf d'r selber an Tee, i hab ka Geld für di!«

»Was is denn nachher der Guld'n?«

»Was für a Guld'n?«

»Geh', kriagst glei a Watschen, wannst no amal fragst: was für a Gulden? Alter Gauner. Glaubst i hab net g'sehn, wia's d'n umitan hast, notiger …«

Der Rest erstirbt auf ihren Lippen, denn schon hat er die Linke aufgehoben und hält sie drohend schlagbereit. Sie duckt ihre Kupfernase hinter seinen Rücken. Sie weiß es, dass der Franzl nicht erst viel redet – sondern gleich schlägt. Er lässt die Hand wieder sinken.

»So geh', Franzl, zahl an Tee …«, bettelt sie wieder.

»Geh außi! Was sitzt d' denn da? Verdean d'r an Tee … i hab ka Geld.«

Wie eine Hündin schmiegt sie sich an ihn an. In ihrem Nachbarn ersteht ihr jetzt ein Helfer:

»Was a anständiger Strizzi is, führt sei' Ban ins Gasthaus, wann's wieder kummt …«

»I brauch's ja net. Was scher denn i mi um sie. I wer' s' glei mit'n Stecken außijauken … War s' blieben, wo s' war. Hat s' ja niemand gruaft. Was is s' denn net kummen dö ganzen Täg' …« Wie erklärend wendet er sich jetzt an mich, der ich dem Gespräch gefolgt war. »Weg'n aner Fotzen is s' ausblieb'n, seit'n Samstag … I schick' s' in Prater ins G'schäft, und sie geht tanzen, das blöde Mensch … G'hört ihr da mehr als a Watschen?«

Es war schwer, die Pflichtvergessene in Schutz zu nehmen. Wovon soll denn schließlich der Franzl leben, wenn sie tanzt. »Gar kan' G'schäftsgeist hat dös Madl.« So schließt er vorläufig sein Raisonnement.

Eine Viertelstunde später jagt er sie wirklich hinaus. Sie wehrt sich nun auch nicht länger und verschwindet im Dunkel der Nacht. Auf zwanzig Schritte Entfernung folgt ihr der Peiniger, der ihr nun zum Schützer wird …

Die Macht des Gesanges. Die Steirer-Mali ist einstweilen guter Dinge. Der »Lange« ist nicht da, und so kann sie sich etwas freier gehen lassen als sonst. Sie ist die Einzige am Tisch, die mir der weiße Karl näher vorstellt. »Die Mali sollst kenn'n. Dös is a ferm's Madl und a Stimm hat s' wia a Glöckerl.« Wie etwas Selbstverständliches nimmt die kleine, rundliche Blondine diese Huldigung entgegen, aber die Bitte, »an Tanz außiz'lass'n«, erfüllt sie nicht, aus Angst vor dem Kellner. Mitternacht ist längst vorüber, und da ist das Lärmen und Singen verboten. Nur mit halber Stimme singt sie den steirischen Tanz im Text mit, den der mechanische Leierkasten aufspielt. Der weiße Karl hatte die vier Heller geopfert, um sie in Stimmung zu bringen. Kaum hat der Landler eingesetzt, als Leben und Bewegung in ihre Glieder fährt. Sie singt halblaut mit und pascht dazu. Mit der Musik verstummt sie. Anderer Lust fliegen ihre Gedanken zu.

»Geh Karl, schnaps'n m'r amal.«

»Hast a Geld?«

»Na, Geld hab i kans.«

»Um was willst denn dann schnapsen? I wer' d'r was sagen … I setz' a Krone ein und du …«

Nach kurzem Besinnen schlägt sie ein. »Josef, Schnapskarten!«

Der bringt die Karten. Sie spielen. Das erste »Bummerl« blüht der Mali. Nun hat sie aber schon der Spielteufel:

»No ans spiel'n m'r. Nix oder zwamal! Gilt's?«

Der Karl schlägt ein. Wieder fallen die Karten zu ihren Ungunsten. Der verdoppelte Siegespreis fällt dem Karl zu, der wohl einige Zeit im »Vorgenuss« des Kommenden schwelgt und immer wieder davon zu reden beginnt, dann aber den Edelmütigen spielt und erklärt, auf der Erfüllung des Siegversprechens nicht bestehen zu wollen. »Bleib' bei dein' ›Langen‹, ich brauch' di net.«

Erleichtert atmet die Mali auf, um gleich darauf denselben Einsatz an mich zu verspielen. Auch diesmal hat sie Glück. Das macht sie übermütig, und Tanz um Tanz und Lied um Lied gibt sie nun zum Besten, um die Sieger zu entschädigen. Dann erzählt sie von ihren Eroberungen im »süßen Löchl« und im »Esterhazy-Keller«. »I brauch' a G'sellschaft, wann i ›Kren‹ aufreißen will. Aner ›We‹ (›Wurzen‹) auf der Gass'n nachrennen und eahm erst a Loch in Bauch reden … dös kann i net. Da bleibet i die ganze Woch'n schwarz. Aber in der G'sellschaft, da ›rollt die Maß‹.« Dabei macht sie auf die linke Handfläche die Fingerbewegung des Geldhinzählens. Ihre Augen leuchten. »Vurig's Jahr am Lichtbratelmontag hab i in Grinzing vom Heurigen 42 Staner hamtragen. Dös soll mir ane nachmach'n. Allerweil hin und her war i zwischen Ottakring und Grinzing. Und schöne Leut' … Fünfer und Zehner san g'flogen. Kane zwa Liader hab i g'sung'n, und scho' wieder war aner da, und so is 's furtgang'n bis in der Fruah von zwa Na'mittag an … Und expate no san am andern Tag drei Annoncen im ›*Extrablattl*‹ g'standen. Für drei Woch'n war's G'schäft g'rissen.«

So illustriert sie die Macht des Gesanges. Gespannt lauschen meine Freunde. Von den Mienen jedes kann man ihn lesen den Gedanken des Begehrens: *Dös war a Ban!*

Die Eifersucht. Der Karl allein gibt seinen Gedanken laut Ausdruck: »Dir g'hört nix als a neuche Schal'n (Kleid), a Plafandl (Hut), a paar billige Ohrringeln und du warst der höchste Kerl. Wann i d'r Lange bin, muasst Blumenmadl werd'n oder beim Heurigen singen. Die Gassen is für di ka G'schäft.«

»Sag's 'n Langen. Mit den is ja nix z' reden. Den frisst ja die Eifersucht. Da tät 'r ja scho wieder glaub'n, i halt's mit an andern. Am zweit'n Tag wär i aus'n G'schäft, und er hätt' mit an a Gwürgst. Warum geh i denn jetzt gar nia ins Stalehnerstüberl? Weil der ›Greane‹ durt is. Erst gestert hat 'r m'r wieder Busserln g'schickt … so viel … i därf eahms gar net sag'n. Neuli hab i eahms amal g'sagt in Übermuat, da hat 'r mi so g'haut, dass i scho glaubt hab', mei letzt's End' is da. Wann der sein Rausch hat, is 'r ja ka Mensch net. In sein' Rausch d'rschlagt 'r mi no amal, wann i net nachgib. So is 'r der beste Kerl von d'r Welt, aber im Rausch da kennt 'r nix. Nur wann 'r recht schwarz is, da is 'r klan. Da is 'r neuli – na du waßt es eh, Karl, wia 'r tramhappert dag'sessen is, durt in den Eck – stier war m'r alle zwa, 's Leben hätt' an verdriaß'n könna. Da bin i mit meine letzten vier Dippeln zum ›Süaß'n Löchl‹. Geht grad a G'scherter abi, den frag' i ganz klan, ob i mitgehn därf, weil i mi allani net abi trau. Da war scho 's erste Viertel Wein g'riß'n, i sing dann drunt' die ›Alte Uhr‹ und scho war mei Glück g'macht. Kummt so a blöder Bäckenbua, schmeißt sie an mi an und hängt a scho. In aner Stund' war'n drei Staner g'rissen. Jetzt bin i erscht no net ham, denn, wann i amal im Verdeana bin, dann geht's glei weiter. I kumm in Esterhazy-Keller, reiß i m'r net an Kren auf mit zehn Guld'n. Dann san m'r in Prater g'fahr'n: Er scho an Patzenrausch, i fidel und lustig. Da macht 'r m'r an Antrag. ›Wannst zehn Gulden zahlst, ja!‹ Richti sagt 'r ja und wia 'r dann zahlt, fallt no a Zwarerl für mi a. Er wechselt an Fünfer und bleib'n zwa Staner am Tisch liegen. I straf's per Hetz ein und frag'n: Därf i? ›Mein'tweg'n‹, hat 'r g'sagt, und dann san m'r furtg'fahr'n. I hab nur g'schaut, dass i zu mein' Langen kumm. I hab 'n Kren draußt im Wagen sitzen lassen und bin g'schwind eini. Wirkli sitzt 'r no da, der arme Kerl, wia's Unglück selber. Na i reib' ihm g'schwind dö zwa Staner und außi mit mir, wieder in Wag'n, damit d'r Kren nix gneißt. Und g'riss'n war'n s', die zehn Staner ...«

So plaudert und plaudert sie von ihren »Ehe«- und Geschäftsgeheimnissen, von ihren Freuden, derer sie sich gern erinnert, von ihren Leiden, die sie leicht vergisst. Während sie so erzählt, kommt der »Krumpe« herein, lachend im ganzen Gesicht vor Freude über ein eben bestandenes Abenteuer. Sie waren zu sechst mit einem fremden Mädel in die Krieau gefahren, um dort ihren Dirnen untreu zu werden. Dabei waren sie von der Wache überrascht worden. Er sei der Einzige, der entkommen sei. »Is no kaner da?«, so fragt er.

»Na, dös siehst ja!«

»Dann san s' alle auf d' ›Oberhe‹ (Polizeidirektion) g'fahr'n. Wia die Wach' kummt, will i pali gehen, halt m'r a Inspektor sein' Sabel vur, i spring drüber und lieg' schon da aa. Der Inspektor auf mi zua, fliagt aber aa der Längst nach hin, und i reiß aus. Was 's mit die andern is, waß i net.«

»Wer war denn aller dabei?«

»Alle war'n m'r. D'r Lange a.«

Da lacht die Mali auf: »Is amal schief gang'n!« Und eine zweite Dirne, die sich vorher schon von einem mit Ungarn besetzten

Tisch zu uns gesellt, jubelt förmlich auf, dass auch der »Ihre« einitanzt is. »Was braucht 'r so Sach'n mach'n. Er hat mit mir gnua.«

»Eiferst du?«, fragt sie die Mali. »I gar net. Wann's eahm a Freud' macht, i verlier nix dabei.«

Die Dirne des »Krumpen«, die längst schon auf ihn im Kaffeehaus gewartet hatte, bleibt gleichgültig bei seinen Geständnissen. Fünf Minuten später flickt sie ihm die Hosen, die er sich bei dem Sprung über den Säbel an beiden Knien zerschnitten hatte.

Ausg'stiert. An dem Ungarntisch, der in einer Nische stand, war schon früher Verdächtiges vorgegangen. Die »Ungarn« hatten tüchtig gekneipt, und nun war verhältnismäßig Ruhe an ihrem Tisch. Dem Karl war dies gleich aufgefallen. Mit einem Seitenblick auf die Ungarn wendet er sich an den »Brigittenauer-Rudl«: »Gneißt d' es?«

»Dö a schon?«

Ich wende meinen Blick vorsichtig zum Ungarntisch.

Im Hintergrund der Nische sitzt ein Schläfer. Schwer fällt ihm sein Haupt auf die Brust. Darauf hatten seine Zechkumpane gewartet. Jetzt, da er schläft, tappt ihn einer vorsichtig ab, wo er wohl seine Geldbörse haben mag. Er scheint sie entdeckt zu haben. Es wird wieder laut am Tisch. Der Schläfer rührt sich nicht. Der Nachbar zur Linken muss den »Murrer« putzen. Mit unheimlicher Geschicklichkeit setzt er sich in den Besitz der Börse. Ihrer zwei drängen sich an den Schläfer heran und machen so, als ob sie ihn wecken wollten, wodurch auch der Griff in die Tasche gegebenenfalls als natürliche Bewegung erscheinen kann. Ehe sich noch der Schläfer besinnt, ist der Griff ausgeführt. Dann lassen sie ihn wieder weiter tunken, während sie einer nach dem anderen bei gutem Wind verduften.

Ist eine Dirne mit im Bund, so besorgt sie die »Arbeit«. Bei ihr sieht das Suchen und Ziehen der Börse eher einer Liebkosung gleich. Zurückhaltend sind ja diese Frauen in ihren Werbungen nicht.

Eine halbe Stunde später tunkte der »Ausg'stierte« allein in seiner Ecke. Seine Freunde hatten die allgemeine Bewegung, die im Lokal während der Erzählung des »Krumpen« war, benützt, um abzufahren.

Der Erwachende wird um eine Erfahrung reicher sein.

Der »Poldl«. Vielleicht war sein Erwachen nicht einmal gar so sanft. Da macht man nämlich in dem netten Café nicht viel Federlesens. Wenigstens dem armen hübschen Jungen, der dort an einem Tische allein tunkt, spielt der Herr Geschäftsführer, der »Poldl«, übel mit. Der Marqueur weckt zuerst den Jungen barsch: »Was is 's denn, g'schlafen wird da net.« Dabei rüttelt er ihn. Dann stellt er ihm zur Ermunterung ein Glas Wasser hin. Der Junge trinkt, reißt die Augen auf, aber der Schlaf ist stärker. Wieder übermannt er den »Schlieferl«. Das ist er nämlich von Beruf der Junge: Schlieferl, so viel wie Kegelaufsetzer auf einer »Rondl«. Allnächtlich ist er dann Gast in dem Café. Das ist seine Freude, sein »Heim«. Zwei, drei Tee mit Rum trinkt er, dazu raucht er einige Zigaretten, und dann füllt er die Nacht bis zur Sperrstunde mit Tunken aus.

Ginge er gleich in ein Massenquartier, wäre er besser daran, so elend auch diese Quartiere, wie wir noch sehen werden, sind – wer weiß, was ihn davon abhält. Nicht zuletzt die Angst vor der Polizei, die sich täglich die Liste der Herbergsleute vorlegen lässt. Wer weiß, ob er seinen »Hackenweisl« hat, ein Arbeitszeugnis aus der letzten Zeit, das ihn vor der Behandlung als Vagabund schützt. Wer weiß, ob er nicht wegen sonst etwas »schwarz« ist bei der Polizei – hier ist er sicherer, wenn nicht ganz sicher, denn dieses Café ist einer der sicheren Schlupfwinkel, in den sich kein »Zünder« wagt und kein Konfident und den auch ein Polizeiagent ohne Not nicht und nie gern betritt. So ist der Junge vielleicht auf diesen Unterschlupf angewiesen. Ein Umstand, der ihn noch widerstandsloser gegen jede Art von Unbill macht, als er es dank seiner Jugend ohnehin ist. Wie sehr dies der »Poldl« herausfühlt, beweist sein Vorgehen gegen den Jungen. Da die zweimalige Warnung des Marqueurs den Jungen nicht munter macht, geht »Poldl« ins Zeug. Er geht an den Schlieferl heran und zieht ihm, wie es rohe Feldwebeln mit den Rekruten machen, den Hutrand auf die Nase und drückt nun die große, spitze Nase derb. Der Junge kommt einen Moment auf, setzt sich gerade, aber gleich darauf tunkt er wieder. Sein Kopf zieht unwiderstehlich auf die Brust. Da ist aber der rohe Kerl schon wieder da und wiederholt die Prozedur von früher. Diesmal mit ganzer Gewalt. Der Junge fährt mit jähem Ruck auf, um dann gleich auf den benachbarten Sessel zu sinken und den Kopf unter den Tisch zu beugen. *Er blutet heftig* aus der Nase und hält sich beide Hände vor, um das Blut aufzufangen … damit er ja nicht den Boden beschmutze. Taschentuch hat der Zerlumpte keines. Da kann er es auch nicht verhindern, dass einige Tropfen auf den Boden fallen. Nun tritt wieder der Marqueur in Aktion.

»Was is 's denn? Was is 's denn? Das gibt's da net, so a Schweinerei. Schau'n S', dass S' weiter kommen.«

Der Junge steht gehorsam und lautlos auf und wendet sich dem Ausgang zu. Erst der Einspruch einiger »Strizzi«, die in dem Falle die besseren Menschen sind, bestimmt die beiden »Herren«, den »Poldl« und den Marqueur, den Jungen zur Wasserleitung zu führen, damit er doch die Blutung stillen könne.

»Vur an Jahr war 'r selber no a Griasler, den seine Läus' g'fress'n hab'n, und heut is 'r a so.«

Diese Charakteristik des »Poldl«, den die Kaffeesiederin aus Mitleid und wohl auch aus Geschäftsklugheit zum Geschäftsführer gemacht hatte, fällt an einem Nebentische.

*

Im Prater

Eine feine Familie. Gerade beim Eingang zum Riesenrad ist es. Eben ist uns der »Friseur-Schani« begegnet. Eckig, wie er daher gegangen, bleibt er auch vor uns stehen: die Hände in den Taschen der etwas zu kurz geratenen Hosen, deren Läufe nichts von den mächtig geratenen »Trittlingen« verhüllen.

Es sind zwei tüchtige Spreizen für den kurzen, gedrungenen Oberbau seines Leibes.

»Serwas Schani! … Wittiber?«

So begrüßt ihn der »weiße Karl«.

»A belei!«

»Wo hast denn dei Frau?«

»Da kummt s' ja eh.«

»Die ›scheanklete Mizzi‹ is jetzt dei Alte? Seit wann?«

»Eh scho' wieder seit drei Täg.«

Die Dirne streicht an uns vorüber. Die Nacht ist kühl. Vielleicht hat sie darum das Kopftüchel so fest vor die Stirn gezogen, vielleicht auch, weil ihrem Antlitz der Schatten zuträglicher. Ohne sichtbaren Gruß, ohne Erkennungszeichen hatte sie sich vorbeigedrückt. Der »Friseur-Schani« hätte auch keinen Blick für sie gehabt. Ihn quälten gerade ernste Berufssorgen.

Etwa drei Schritte von uns steht, mehr gegen den Venedig-Eingang zu, ein junger Leopoldstädter Elegant und liest im Lichte der Bogenlampe einen Brief, den ihm eben ein vor ihm stehendes Mädchen gereicht hat. Ein arbeitsloses Dienstmädchen der Kleidung nach. Der Elegant liest einige Zeilen, wendet den Brief, liest die Unterschrift und befragt dann mit ernster Miene das Mädchen. Ganz verschüchtert antwortet es. Meine beiden Freunde beobachten lauernd die Szene.

»Wer is's denn?«, fragt der Schani.

»Den Meier sei Suhn.« (Statt Meier nennt er den Namen eines Leopoldstädter Polizeiagenten.)

»Der? Was ›flebbt‹ denn der Beutel das Mensch? Geht's eahm was an?« Der Schani gerät in förmliche Erregung. »Weil er der Konfident von sein Alt'n is, eppa?«

»Dös is überhaupt a feine Familie«, tuschelt der »weiße Karl«. »In euchern Tschoch is 's jetzt eh aa haß, seit sei zweiter durt Marqueur is. Der macht 'n ›Zund‹. Seids g'scheit …«

Der andere wirft dem Wissenden einen fragenden Blick zu …

»Weg'n wem is denn nachher der ›Fleischhacker‹ in d' Krim (Kriminal) g'fahr'n? Dös is a feine Familie, der ane Bua macht 'n Zünder, der andere is Konfident und der Herr Vatter ›Kiewerer‹ …«

Der »Friseur-Schani« glaubt nicht recht daran. Er wendet seinen Blick zu dem Elegant, der noch immer die »Flebben« (Papiere) visitiert.

»Er is 's net.«

»Er is 's!«

Die Zweifel zu besiegen, macht der Schani nun eine plumpe Drehung und umkreist mit vorgeschobenem Kopf das Paar. Zwei-, dreimal. Dabei kommt er dem Elegant so nahe, dass dieser seinen Atem fühlen muss. Der sieht aber scheinbar nichts als den Brief, den er in Händen hält, den Ausweis des Mädchens, dass es ein Stelldichein im Prater hatte und darum noch nach zehn Uhr in so zweifelhafter Umgebung herumstreiche, oder vielleicht auch ein Beweisstück dafür, dass sie ehrlich arbeiten wolle, den Brief einer »Gnädigen« oder eines Dienstvermittlers.

Der »Friseur-Schani« stößt wieder zu uns: »Er is 's!« Von diesem Moment ab gibt es für ihn keinen Irrtum mehr. Er hat die Physiognomie dieses Feindes in sein Gedächtnis eingeprägt. Kann er auch als Konfident heute noch nicht direkt gefährlich werden, gut ist es doch, den Kundschafter zu kennen.

»Griasler.« Wir »griaseln« in der kleinen Zufahrtsstraße weiter. Ungefähr bei der Tanzbude Swoboda stoßen wir auf die Kerntruppe der Pratergarde. Etwa sieben »Schützer« stehen da beisammen. Der »weiße Karl« stellt sie mir unauffällig vor.

»Geh, Ferdl, reib' a Spurt für'n ›Luftschiffer‹. Und 'n ›bladen Anspanner‹ kannst aa ane geben.«

Vier, fünf Hände strecken sich nach den Zigaretten aus. Ich ziehe aber nur zwei aus dem Sack.

»Mehr hab i net.« Damit reiche ich sie hin.

Im Weitergehen macht mich der »weiße Karl« mit den beiden näher bekannt. Der »Luftschiffer« ist ein zeitweiliger Hilfsarbeiter in der aeronautischen Anstalt von *Silberer*, die er immer dann aufsucht, wenn er einen »Hackenweisl« braucht. Zu Wahlzeiten ist er christlichsozialer Gardist. Bei der Landtagswahl war er Agitator für den Herrn Viktor Silberer. In der übrigen Zeit lebt er nur von seiner jeweiligen »Frau«. Der »blade Anspanner« hat einen förmlichen Hang zum Grieslertum. Er hat sein Zeug. Wie es aber Abend wird, findet er sich im Prater ein. Die Aufregungen des Louisberufes mag er nicht missen. Das sind die Sensationen seines Lebens. Das Zeug überlässt er einem Kollegen vom Kutschbock, der das polizeiliche Fahrverbot hat, und teilt dann am Morgen mit ihm den Gewinn. Er selbst »schützt« seine Dirne. So erzählt mir der »weiße Karl« aus dem Leben dieser beiden.

»Wissen S', woher der Ausdruck ›Griasler‹ kommt?« Fast unvermittelt richtet er diese Frage an mich. Und ohne die Antwort abzuwarten, erzählt er mir von den »Griaslerbuam«, die darum so heißen, weil ihr Standquartier das Gasthaus der Frau Elise *Gries* im Prater war und noch ist. Dort, wo die »Künstler auf freier Bühne, auf freiem Theater« wirken, ist ihr Stelldichein.

Polizei und Strizzi. Wir haben eine kleine Runde gemacht und biegen nun wieder in die kleine Zufahrtsstraße ein, in der sich das Leben dieser Art konzentriert. In der Mitte der Straße steht ein noch junger Bursch, der früher bei der Grieslergruppe gewesen sein mag, und pfeift hell und klar in die Nacht hinaus:

Wie ein Hornsignal klingt's, das melodiöse Zeichen, dass Gefahr in Verzug ist. Die »Frau« ist gewarnt, sie weiß nun, dass es »heiß« ist, dass ein Polizist naht, der ernst zu nehmen ist, und nicht einer, der gegebenenfalls auch wegschaut. Sie mag sich danach richten.

»In dö Täg', is 's überhaupt wieder haß im Prater, so wie vur vierzehn Täg', wia der König von England da war. Jetzt ist wieder der ›Lehmann‹ zum erwarten, da hab'n m'r wieder a paar Täg' ka Ruah. Da werd'n wieder hübsch an in d' ›Hütt'n‹ und in d' ›Krim‹ fahr'n.«

Wieder ertönt das Warnungssignal. Da diesmal eine Begegnung mit der Polizei nicht auf meinem Programm steht, schlagen auch wir uns in die Büsche.

Neapolitanisches hinter dem Vivarium. Die dunkle Allee hinter dem Vivarium nimmt auch uns auf. Sie ist menschenleer. Wir bummeln dem Lichte zu. Beim Lachmeier vorbei, wieder gegen die Zufahrtsstraße, gedeckt von dem schwarzen Schatten der Nacht. Da kommt uns ein Paar entgegen. Die »scheanklete Mizzi« und ein Soldat von der Verpflegsbranche.

»Der Kren ist schon auf der Welt.«

»Zahlt denn der aa was?«

»Der ›Friseur-Schani‹ kann do net von der Luft leb'n. Natürli'!«

»Wann 'r s' aber blitzt?«

»Da kriagt 'r's dann mit 'n Schani z' tuan.«

Wir sind dabei einige Schritte vorwärts gekommen. »Da is 'r schon!«

Richtig kommt unser Freund von vorhin schon daher. Seine Fleischhackerhände baumeln ungelenk mit im Takt des Gehens. Wir lassen ihn vorbei, kehren aber um, um Zeugen der weiteren Entwicklung der Dinge zu werden.

Etwas Unerwartetes ist eingetreten. Das Paar war angehalten worden. Ein Herr in Zivil steht nun mit der »scheankleten Mizzi« und mit dem Soldaten in der Mitte des Weges und inquiriert sie. Wir mussten hart an ihnen vorbei. Da hören wir, wie der Fremde die Dirne fragt: »Und wo haben Sie den Herrn kennen gelernt?« Die Antwort der Mizzi entgeht uns. Wollen wir nicht auffallen, müssen wir weiter. Im Schatten einer Eiche entdecken wir die eckigen Konturen Schanis. Wir steuern auf ihn los.

»Wer is 's denn?«, fragt er fast atemlos den »weißen Karl«. »A Kiewerer?«

»I kenn 'n net. Vielleicht aner von der Oberhe.«

Der gedrungene Kleine macht eine heftige Bewegung. Plötzlich reißt er die rechte Hand aus der Hosentasche. Eine Messerklinge blitzt auf. Wie im Fieber knirscht er: »Wann m'r der Gauner ›mei Ban milli‹ macht, i stich 'n a.«

Wild rollen dabei seine Augen, seinen Leib schüttelt das Zittern der Erregung, noch tiefer über die Stirnfrisur, der er seinen Spitznamen dankt, drückt er den Hut. So steht er in Erwartung …

Karl erbarmt sich seiner und geht sondieren, so wie es der Schani früher mit dem Konfidenten getan. Er geht an der Gruppe langsam vorbei und auch wieder zurück. Erst in unserer Nähe beschleunigt er seine Schritte.

»Pack' ei dei ›Kandl‹!«, ruft er dem Schani zu. »Es is nur a ›Blitzableiter‹ in Zivil, der für sich a Frau brauchet.«

Tatsächlich behält Karl recht. Gleich darauf setzt das Paar seinen Weg fort, und der Wachmann in Zivil verschwindet im Dunkel der Gänge.

Wird es ihm glücken, seine Autorität in Liebe umzusetzen? An der Vivariumplanke gewiss nicht. Diese gehört jetzt dem Soldaten und der Dirne …

Der Brigittenauer-Rudl. Diese Szene hat meine Kenntnis von den Aufregungen und Gefahren des Strizziberufes so erweitert, dass ich meine Praterstudien abschließen kann. Wir wenden uns wieder der Gegend um den Praterstern zu. Dort haben wir noch eine artige Begegnung. Der »Brigittenauer-Rudl«, einer unserer Freunde aus dem Café in der Franzensbrückenstraße, ist gerade an der Arbeit. Er flaniert durch die Straßen, nach Beute spähend. Ist *er* auf dem Plan, dann wird es in den Gassen still. Mit dem Brigittenauer-Rudl bindet keiner gern an. Das ist eben sein Gewerbe: *anzubinden.* Sieht er wo eine Dirne mit einem schwächeren Strizzi, dann ist er hinterher, bis die Dirne in der Lage ist, ihrem Schützer den Verdienst zu »reiben«. In dem Moment tritt der »Rudl« auf den Plan. Er »packelt« den schwächeren Strizzi ab und nimmt ihm zuerst seine »Frau« und dann dieser das Geld weg. Hat er seinen »Schab«, dann mag die Dirne wieder ihrem Strizzi nachlaufen. Auf diesen Erwerb spielt der »weiße Karl« an, da uns jetzt der »Rudl« begegnet, einen Knüppel wie ein Viehtreiber unter dem linken Arm, die Hände in den Hosentaschen vergraben.

»Hast scho' was g'riss'n heut?«

»Stier is 's. Es traut si ja kaner mehr auffi. Entweder san s' in Prater oder sie ›stock'n‹ (sitzen) in die ›Tschoch‹.«

»Warum nimmst d'r denn net aa a Ban?«

»Mir bleibt eh scho' bald nix anders über! ...«

Armer Rudl!

Im Spielercafé

Kleinmonaco. In der Nordbahngegend ist ein Café, das zwei Gesichter hat. Eines für die ahnungslose Welt vor Mitternacht, das andere für die Stunden nach zwölf. Wir betreten das nette Café gegen halb zwölf Uhr. Es hat noch ganz das solide Aussehen eines kleinbürgerlichen, ruhigen Cafés. Eine Familiengesellschaft hat eine Ecke okkupiert. Sonst sind nur noch zwei Herren da, die nichts tuend an einem Wandtischchen gegenüber dem Billard sitzen. Ab und zu wechseln sie ein paar Worte. Der Cafetier und die beiden tadellos befrackten Marqueure sind höflich und zuvorkommend.

Gegen Mitternacht erhebt sich die Familiengesellschaft und geht. Fünf Minuten später hat das Café ein ganz anderes Gesicht. Nacheinander tauchen merkwürdige Leute auf. Man kennt sie als Typen der unechten Eleganz. Wenn das Wort, dass Kleider Leute machen, wahr wäre, dann müssten es die feinen, teuren Kleider, die diese Elegants tragen, zuwege bringen, den Zug ins Ordinäre zu verwischen. Das sind sie nun nicht imstande. Man kennt seine Pappenheimer auf den ersten Blick. Ihr ganzes Gehabe, ihre protzige Rohheit stempelt sie zu dem, was sie sind: zu besser gekleideten Strizzis, die freilich nicht selten auf die wienerische Anrede »Herr von« nicht verzichten mögen. Sagen wir es kurz: Es sind »Koserer«, so viel wie Hasardeure, auch Falschspieler, wenn es Not tut, Leute, die vom Spiele leben und, ist das nicht einträglich genug, von der Kuppelei oder Prostitution. Jetzt um Mitternacht gehen sie in die »Arbeit«. Und hinter ihnen zieht der Schwarm der Spielratten. Eine bunte Gesellschaft fürwahr. Mein Führer stellt sie mir auf Distanz vor:

»Seh'n S' dort den Dicken, mit der schweren goldenen Ketten? … Das is a Fleischhacker, den können S' jede Nacht da seh'n, trotz die schlechten Zeiten. Bis 'r sei G'schäft verspielt haben wird, wird 'r selber a Koserer werd'n.

Oder den da. Er kiebitzt grad' bei der Preference. Der mit 'n schwarzen Huat. Jetzt setzt er si nieder … Seh'n S' ihn?«

»Ja.«

»Das is der Gottl, der berühmte Retter vom Burgermaster.«

»Durt sitzt der ›Stefflbäck‹ und da hab'n S' den ›Anhandler‹ … Der jetzt eini kummt, is der ›Grazer Pepi‹. Den schau'n S' Ihna guat an. Das is der berühmteste Praterscheiber. Hirn hat kaner von alle dö. Was 'r beim Tag' auf der ›Rundl‹ (Kegelbahn) verdient, auf d' Nacht bröckelt er's wieder ein. Er glaubt halt aa, dass 'r aus zwa Staner zehne mach'n kann.«

Mittlerweile ist das früher so stille Café vielleicht von achtzig Personen besetzt. Durchwegs Männer. Marqueure, Spieler, Einspänner, Agenten, mehrere kleine Geschäftsleute tauchen in bunter Folge auf. Sie alle führt nur ein Zweck her, derselbe, der gleich geartete Naturen aus anderen Gesellschaftsschichten den Spielbanken in Monaco und Wiesbaden zutreibt.

Der Marqueur kommt zu unserem Tisch: »Zahl'n, meine Herren!«

»Ich habe nicht gerufen.«

»Aber Sö werd'n do zahl'n.« Er sagt es fast kategorisch.

»Wird denn gleich gezahlt?«

»Ja. In der Nacht scho'.«

»Dann is's was anders.«

Ich zahle also. Die Änderung im Tone ist mir nicht entgangen. Der früher zuvorkommende Marqueur ist nun kurz angebunden, unhöflich. Auch er hat zwei Gesichter. Eines vor Mitternacht und eines danach.

Die »Türkenbelagerung«. In meiner Beobachtung kann mich der Marqueur natürlich nicht stören. Wir haben unseren Platz glücklich gewählt: zwischen drei Feuern, die wir alle bequem beobachten können, ohne aufzufallen. In dem rechteckigen Lokal sind drei Ecken besetzt. Die beiden zur Linken und die eine Ecke zur Rechten. Wir sitzen in der Mitte. Es sind drei »Banken« in Tätigkeit … für die drei Schichten von Spielern, die hier zusammenkommen: eine Guldenbank, eine Kronenbank und eine Sechserlbank. Jede der »Banken« ist von Spielern und Kiebitzen, die nur ab und zu auch einen Einsatz wagen, umlagert. Die erste Reihe sitzt um den Tisch und dahinter stehen noch zwei, drei Reihen in drangvoller Enge. Besonders die »Sechserlbank« hat Zugkraft. Dorthin wirft auch der repräsentable Cafetier ab und zu einen Blick. Er muss sich erst Bahn schaffen, will er bis zum Tisch.

Jetzt versucht er es wieder. Sein Bemühen ist vergebens. Dichtgekeilt ist die Mauer. Wie sie alle die Hälse recken! Die Spannung scheint aufs Höchste gestiegen. Kein Laut dringt aus dem Knäuel. Fast atemlos folgen alle dem Spiel.

»Was is 's denn, meine Herren, das is ja schon wieder die reine Türkenbelagerung!«, ruft der Cafetier in den Haufen. Der rührt sich aber nicht. Unbeweglich fest steht die Mauer, in die höchstens der Warnungsruf des »Aufpassers« Bresche legen kann.

»Am Stoß.« Da kommt dann freilich Bewegung in die Reihen, nicht nur bei der »Sechserlbank«, auch bei den anderen beiden Banken, wo noch heißer um das »Glück« gekämpft wird. Der Aufpasser pendelt immer zwischen Tür und Straße hin und her. Der Vorgarten gibt ihm genug Deckung und erlaubt ihm doch einen weiten Ausblick nach beiden Seiten. Kommt Polizei, dann geht er ins Café hinein, ein Ruf, ein Pfiff, ein Lied, das er anstimmt, warnt seine Freunde und »Chefs«, die »Bankhalter«, und im Nu ist das Bild verändert. Aus den drei »Banken« sind drei Preferencepartien geworden.

Die »Koserer« kennen die Gefahr, die ihnen droht. Darum beugen sie ihr auch vor. Pointiert wird nur mit Zündhölzchen. Geld liegt keines auf den Tischen. Sie spielen am »Stoß«, ein Hasardspiel, bei dem auf die auf dem Tisch aufgelegten Figuren nach gewissen Regeln pointiert wird. Der »Bankhalter« hat die Karten in der Hand und legt Karte um Karte auf, die Spieler setzen Zündhölzchen auf die Karten, statt der Zwanzigheller-, Kronen- oder Guldenstücke.

Ertönt der Warnungsruf, dann sind im Nu die Zündhölzchen beiseite geschoben, auf die Erde gestreut und der Bankhalter gibt eine Preferencepartie aus, hinter der auch der »arbeits«hungrigste Polizist nichts sehen kann. So bleibt dank der geschickten Organisation nur die Gefahr, dass ein geprellter Spieler einmal seinem Unmut über den Verlust in einer polizeilichen Anzeige Luft macht. Diese Gefahr ist freilich gering – riskiert doch der Anzeiger auch seine Freiheit.

So geht es also allnächtlich hoch her in dem bei Tag so solid aussehenden Café und gar gegen Morgen ist hier das Rendezvous der weiblichen Lebewelt, die noch oder schon hoch im Kurs steht. Eine Wagenburg von Gummiradlern und Einspännern ist vor dem Café angefahren, und um vier Uhr morgens bei Geschäftsschluss blüht auch der Weizen dieser, nicht nur der Kokotten, die feine Witterung dafür haben, wo leichter Verdienst zu holen ist. Manch einer freilich schleicht dann auch recht trübselig heim. In seinem schweren Kopfe dämmert die Erkenntnis auf, dass er doch ein recht dummer Kerl gewesen ... Bei den meisten kommen Erkenntnis und gute Vorsätze zu spät. Morgen sind sie doch wieder da ... Der Spielteufel lässt sie nicht mehr los.

*

Herberge und Hotel Garni

Aufgenommen. Wenige Schritte, und wir stehen vor dem Eingang des Hotel Garni, Hofenedergasse Nr. 4. Zur Rechten in dem nicht allzu hell beleuchteten Flur ist ein Schalter. An dem drängen sich einige Nachtgäste. Wir stoßen zur Gruppe. Hinter dem Schalter sitzt ein gutbeleibter Herr vor einem Tischchen mit Geldlade. Wortlos legen meine Vormänner je zwei Zwanzighellerstücke auf das Schalterbrett. Der drinnen langt seine fleischige Hand durch das Gitter, das den Schalter sichert, und streift den Zins ein. Wortlos! Ein Blick sagt dem Aufnahme Heischenden, dass alles in Ordnung sei ... Alte Kunden, die wohl zur Not täglich die vierzig Heller aufbringen, die sich aber nicht zu zwei Kronen Wochenmiete für ein Bett aufschwingen können, oder welche, die mit solchem Wohnen verbundene Freiheit nicht mit der Geniertheit in einem privaten Quartier vertauschen wollen. Mein letzter Vormann hat die Miete nicht beisammen: Er bittet um Stundung:

»Herr von Wimmer, lassen S' mi heut durchrutschen. Murg'n bring i'n bestimmt.«

»San Sö net no was schuldi?«

»Na, i hab no allerweil mein Zins zahlt.«

»Ja, Leutln, dös därf net einreiß'n. Für heut gehn S' no. Aber murg'n bestimmt.«

»Bestimmt.«

Erleichtert geht der Schuldenmacher von dannen. Nun komme ich daran. Ich reiche als Neuer meine »Flebben« durch den Schalter, einen »linken Heimatschein«.

»Wie heißen Sie?« Prüfend sieht er mir ins Gesicht.

Mit möglichster Unbefangenheit nenne ich ihm den Namen, der auf dem Dokument verzeichnet ist.

»Wie alt?« ... »Wo geboren?« ... »Wohin zuständig?« So inquiriert er weiter, und ich lüge weiter. Es ist ein wahres Glück, dass ich den Schein so gut auswendig gelernt habe.

Es geht alles glatt ab; er trägt die Daten und einen Meldezettel ein, streift meine vierzig Heller ein und ruft mir eine Nummer zu. Dazu: Parterre. Den Heimatschein legt er beiseite.

»Das Dokument kriegen S' morg'n Früh beim Fortgehn.«

Der Kaffeekoch ist rasch fertig, und wir gehen gemeinsam in das Hinterhaus, wo er mich zurechtweist. Ich bin dem Parterresaal zugewiesen, er selbst schläft oben, im ersten oder zweiten Stockwerk. Das letzte Wort des Braven ist abermals eine Warnung: »Leg' d'r 's Geld unter'n Kopfpolster. Um siebene kumm i und hol' di ab.«

Wir schütteln uns die Hände – wie alte Freunde.

Im Schlafsaal. Ich öffne die braune Holztür zur Linken. Die ganze Nüchternheit des Massenquartiers umfängt mich. Ein lang gestreckter Saal. Links die Fensterfront mit ihren blindgetünchten Scheiben, rechts die öde Fläche einer licht gestrichenen Wand, darauf als einziger Schmuck eine kreisrunde

Küchenuhr und zwei Täfelchen, auf denen steht, dass die Besucher nicht auf den Boden, sondern in den Spucknapf speien sollen. Es ist nur einer da, irgendwo in einer Ecke. Und rundum um die Wände, auch längs der abschließenden Querwand, laufen Betten, die Fußenden gegen die Mitte des Saales gerichtet. Über jedem Bett ist eine Nummer auf die Wand patroniert. Ich suche die meine. Sie ist an der Fensterseite in der Nähe der einzigen Gasflamme, die den ganzen Raum erhellen soll. Ein kleines Tischchen in der Fensternische gehört zu meiner Nummer. Darauf mag ich, so wie es die anderen tun oder schon getan haben, meine Kleider legen.

Wir sind schon fast komplett. Nur einige wenige von den 26 Betten, die in diesem Saale untergebracht sind, sind noch nicht besetzt. Ein Betrunkener beherrscht das ganze Zimmer. Während er sich bei dem großen Mitteltisch, auf dem eine umgestülpte Bank liegt, auszukleiden beginnt, sucht er mit allen Schicksalsgefährten Händel. Erst ignorieren sie ihn ganz, dann fährt einer auf:

»Jetzt halt amal die Goschen, ›Bierschlederer‹, du bist net allan da.«

»Wer is a Bierschlederer?«

»Du! Was fragst denn erscht? Gib acht, dass d'r net dei ›Taxameter‹ abifallt.«

Die anderen lachen, der Trunkene aber wendet sich dem Beleidiger zu, der sich kampfbereit in seinem Bette aufgerichtet hat, wobei sein nackter Oberkörper sichtbar wird.

»I sag' d'r 's, spiel' di net mit mir!«, so droht der kleine Trunkene, indem er an das Bett herantorkelt. »I verdien' m'r mei Geld ehrlich! I kann m'r Gott sei Dank no mein' Branntwein kauf'n. Hansel spritzen tuast vielleicht du, merk' d'r 's, Gauner! Bist eh nix wia a ›Guat'n-Morg'n-Wünscher‹.«

»Wer bist denn nachher du? Na wart', i wer' dir an ›Guat'n-

Morg'n-Wünscher‹ geben! Murg'n geh i d'r nach. Aber wannst d' aus an Haus mit an ›Murrer‹ außakummst, dann bist scho verschütt' aa. Da wirst di aber nachher nimmer ›außageißeln‹. Dös sag' d'r i.«

Aus diesem lieblichen Duett lerne ich manches. Vor allem wird mir die Spezies der »Guten-Morgen-Wünscher« vorgestellt. Das sind Diebe, die sich als Spezialität den Besuch der Häuser am frühen Morgen zurechtgelegt haben, zur Zeit, da die Kleider geputzt werden. Da kommt der »Guten-Morgen-Wünscher« mit der unschuldigsten Miene von der Welt und betritt jeden Gang mit einem höflichen »Guten Morgen«. Ist gerade ein Mädchen auf dem Gang, das Kleider reinigt, dann geht er in das nächste Stockwerk, wo er vielleicht das Glück hat, gerade eine herrenlose Hose heraußen hängen zu sehen oder einen Rock – das Mädchen ist vielleicht gerade auf einen Augenblick in der Küche oder im Zimmer –, da hat er sich auch schon der Kleidungsstücke bemächtigt und hat sie in ein unter dem Rock verstecktes Schneidertuch eingeschlagen. Ehe noch das Mädchen zurück ist, ist er mit seinem »Murrer« verschwunden und trägt ihn schnurstracks zum »Passer« (Hehler), der für »zipfte Säure« immer Verwendung hat. Die »Guten-Morg'n-Wünscher« klopfen auch leise an die Türen, versuchen einen vorsichtigen Druck auf die Schnalle, stecken den Kopf zwischen den Türspalt und rufen ihren »Gut'n Morgen!« hinein. Kommt niemand, so gehört das erste beste Kleidungsstück ihnen. Dieser Gilde anzugehören, werfen sich die beiden gegenseitig vor, bis der Unwille aller anderen dem Streit ein Ende macht. Endlich tritt Ruhe ein, und wir können uns unseren Sorgen zuwenden.

Hakli därf m'r da net sein. Meine Sorge ist das Bett. Wie werde ich hier Ruhe finden? Ein Blick auf das schwarze, seit Wochen nicht gewechselte Leintuch, ein zweiter auf den speckigen kleinen Polster, der mit ganz zerbröseltem Stroh gefüllt zu sein scheint, versetzt mich in lebhafte Unruhe. Dass mein Bett in der Nähe des Lichtes ist, gibt mir einige Beruhigung durch den Gedanken, dass ich nicht gegen unsichtbare Feinde werden kämpfen müssen. Ich täuschte mich. Es war eine gar lichtscheue Brut, die sich mein Bett zur Heimstätte erkoren hatte. So oft ich mich im Laufe der qualvollen Nacht ihrer erwehren wollte, war sie verkrochen. Lange, lange sitze ich überlegend am Bettrand. Die Kleider habe ich abgestreift, nur die Stiefel habe ich noch an. Meine Nachbarn zur Rechten und Linken haben es sich bereits bequem gemacht. Sie haben alles, was sie am Leibe hatten, nebenan auf ihren Tisch gelegt und krochen splitternackt unter die Decke. Ein junger Jude sitzt entblößt auf seinem Bett und hält in Hemd und Unterhose Nachschau. Es findet darin niemand etwas Besonderes. Endlich löst mir der Widerwillen die Zunge. Ich wende mich zuerst an meinen Nachbar:

»Das is aber scho a Schweinerei, so a Leintuch.«

»Ja, Sie hab'n a Wechselbett, da schaut 's Leintuch nia sauber aus.«

»Wie oft wird denn frisch überzogen?«

»Alle drei Woch'n.«

»Und da liegt alle Tag a and'rer drin?«

»Wia's kummt. Hakli därf m'r da net sein!«

Rowton-Häuser in Wien. Das Kuratorium der Jubiläumsstiftung für Volkswohnungen in Wien beabsichtigt, auf einem Grundkomplex im X. Bezirk ein Männerheim nach englischem Muster, ein sogenanntes Rowton-Haus – Lord Rowton ist der Stifter dieser Häuser –, zu errichten. Darauf die Rede zu bringen, war meine vorgefasste Absicht. Jetzt bietet sich dazu

Gelegenheit, umso mehr, als auch schon einige andere auf unser Gespräch aufmerksam geworden sind. So gehe ich denn aufs Ziel los:

»Ja, da hab'n S' recht! Hakli därf m'r da net sein. Graus'n kann bald an. Da is unserans in England besser dran. Erscht neuli hab i in aner Zeitung von die Männerhäuser in London g'lesen. Da hab'n glei a achthundert Platz und jeder hat sei Bett zwischen zwa a'teilte Wänd' stehn und rein is 's a. Kummt aner 's erschte Mal, kriagt 'r a frisch's Bett, net so a dreckig's wia da. Und a Kastl kann 'r aa hab'n, wo 'r seine Sach'n einspiert.«

Ein junger Mensch, der schon ein Stück Welt gesehen haben mag, sekundiert mir:

»Und m'r muass si a net glei auf sei ›Stronz'n‹ (Bett) setzen. Da gibt's no an Rauchsalon, an ›Schmockingrohm‹, wia s' durt sag'n.«

»Und an *Lesesaal* aa« – ergänze wieder ich. – »Da gibt's Büacha und Zeitungen und an *Speisesaal*, da kriagt m'r beim Buffet was z' kaufen, und das kann m'r si' glei durt koch'n oder aufwarm'n. A warm's Wasser auf an Tee hat m'r aa allerweil … Dann is a *Waschraum* da mit achtzig Lavoirs, in dö m'r si' heiß's und kalt's Wasser aus der Pip'n lauf'n lassen kann, wia m'r will, und dö Handtücher werden alle Tag dreimal g'wechselt. Das san kane so Dreckhadern wia da auf der Roll. Schaut's euch nur das Glas an, was unter der Pip'n steht, wia dös scho gelb vor Schmutz is. Da draus soll ans trinken, und es därf an net graus'n.«

»Hast eh recht. Ja, wann m'r da reden wollt …«, pflichtet mir ein Lagerhausarbeiter bei.

»Und a Fuaßbad kannst aa alle Tag hab'n, und expate kannst in den Haus von sechse auf d' Nacht bis neune auf d' Nacht am nächst'n Tag bleib'n. Wannst d' unter Tags umziag'n willst, hast zwa Zimmer dafür, a Wäscherei hast im Haus, wo s' d'r dei ›Staud'n‹ (Hemd) oder deine ›Gatten‹ (Sacktücher) waschen kannst, und wer an Schuaster oder an Schneider braucht, find't 'n aa im Haus. Und für dös all's zahlst dreißig Kreuzer nach unserm Geld.«

Meine Freunde hatten aufgehorcht.

Das wär' was für uns!

»Ginget das net a in Wean?«

»Warum soll's denn net gehn!« … »Das wär' scho guat! …« »Aber in Wean mach'n s' ja so was net! … Dö hab'n ja ka Herz für unseran.«

So wirbelt es durcheinander.

»Na vielleicht do'. Die Jubiläumsstiftung, dö die Häuser in Bratensee baut hat, will, glaub' i, so was aa in Wean mach'n. Glaubt's ös, es wär' so a Haus zum Füll'n?«

»Sehr natürli! Dös hab i scho lang' g'sagt, dass m'r so was brauch'n«, sagt der Weitgereiste von vorhin.

»Es wär' no immer a G'schäft …« »Und wär's denn net mögli? Es wär' no immer a G'schäft. Schauts dös Haus an, was dös tragt. Der Herr *Offenhuber* is heut scho a stanreicher Mann und wird no alle Tag reicher.«

»Wem g'hört denn das Haus? Net'n Herrn Wimmer?«

»Na, dös is nur der Portier oder Administrator, wia's d' willst. Er verwalt's halt. G'hör'n tuat's an Herrn Karl Offenhuber, an Beamten von die *städtischen Gaswerk*. Der Alte is scho in Pension, aber der Junge is no bei der Gas. Den kannst alle Tag in der Fruah da sehn, da kummt 'r den Schab kontrollier'n, bevur 'r ins Amt geht.«

»Is das ganze Haus Herberg?«

»Na, vurn san no 19 Zimmer. Ans davon g'hört der ›blind'n Marie‹, die no 's Gnadenbrot hat, weil s' a alte Partei is, aber all's andere g'hört fürs G'schäft. Dös san 18 ›Stundenzimmer‹, wo a jedes einen Gulden 20 Kreuzer bis einen Gulden 40 Kreuzer kost't, je nachdem aner anzog'n is. Dö werd'n oft zwa-, dreimal in der Nacht vermiet't. An Soldaten nimmt 'r gar net.«

»Warum?«

»Weil der bis in der Fruah mit sein' Madl bleibt. Da hätt 'r nur *amal* den Zins.«

»Und wia is 's denn da in der Herberg?«

»Na, da is amal der Saal. Da hast 26 Bett'n um 20 Kreuzer. Das san jede Nacht fünf Gulden 20 Kreuzer. Für den Saal allan. Wann 'r Wohnungen draus machet, mehr als zwa Wohnungen mit Zimmer, Kuchl und Kabinett kriaget er net draus. Da hätt 'r im Vierteljahr 120 Gulden wann's gut geht und müasst no an Boden und an Keller dazuageb'n, und so hat 'r halt in *Monat* 156 Gulden, von dö er nur alle drei Woch'n die Wäsch für 26 Leintücher und das Aufwisch'n vom Fuaßboden mit Wasser und g'schlöscht'n Kalk wegzahl'n muass. G'rieben wird gar nie. Und was ihm halt dö zwa Hausknecht kosten fürs ganze Haus. Das is aber erscht a Saal. Jetzt hast im ersten Stock 28 und im zweiten wieder 28 Betten zu 20 Kreuzer und im vorderen Trakt im ersten Stock 28 Betten zu 25 Kreuzer und zwei Betten zu 35 Kreuzer und im zweiten Stock 28 Betten zu 30 Kreuzer. Rech'n dös z'samm, was da alle Tag' Zins z'sammkummt. Und rech'n 18 Stundenzimmer nur amal vermiet't, so hast dafür allan scho wieder 25 Gulden in d'r Nacht.«

So erzählt der Kundige, und ich berechne mir im Stillen den Profit des Herrn Offenhuber. Aus der Herberge allein resultieren täglich 65 Kronen Miete, das sind 5850 Kronen im Vierteljahr. Wollte er aus den Herbergsräumen Wohnungen machen, so bekäme er rückwärts sechs Wohnungen zu je einem Zimmer, einem Kabinett und einer Küche, die er kaum höher als mit 120 Kronen im Viertel bewerten könnte, und vorne vier Wohnungen mit je zwei Zimmern, Kabinett und Küche, die er höchstens um 200 Kronen im Vierteljahr vermieten könnte. Das gäbe zusammen einen Vierteljahrszins von 1520 Kronen. Die Umgestaltung des Wohnhauses in ein einziges großes Massenquartier bringt also über die normale Hausverzinsung eine *jährliche Mehreinnahme von etwa 17.000 Kronen*, wovon nur die Quote für Inventarbenützung, die Löhne für zwei Hausknechte und einen Portier und die minimalen Reinigungskosten abgehen. Die größte Post dabei sind die Leintücher. Die 30 Betten zu 30 und 35 Kreuzer werden alle acht Tage, die 110 Betten zu 20 und 25 Kreuzer alle *drei Wochen* frisch überzogen. Alle drei Wochen erwächst ihm also die Auslage für das Waschen von 200 Leintüchern. Für eines zahlt er kaum mehr als 10 Heller; er hätte also alle drei Wochen 20 Kronen Auslagen hiefür oder im Jahr 350 Kronen. Gewiss eine minimale Post gegenüber dem Riesenprofit. Die Meinung des »Weitgereisten«, dass mit einem Massenquartier noch immer ein Geschäft zu machen wäre, selbst wenn sie nach Art der Rowtonhäuser eingerichtet sind, dürfte also zutreffend sein. Übrigens verzinsen sich ja auch die Londoner Rowtonhäuser mit fünf Prozent.

Hotelgeheimnisse. »Aber da is ja jetzt eh no Gold geg'n früher, so lang no der *Wanek* Portier war, der si jetzt in Langenrohr bei Tulln zur Ruah g'setzt hat. Jetzt kann m'r wenigstens schlafen für sei Geld, aber früher und aa no untern Wimmer bis vur ganz kurzer Zeit war'n ja Krawall' jede Nacht, dass 's höher nimmer geht.«

»In der Herberge?«, werfe ich dem Weitgereisten dazwischen.

»Da weniger. Aber in Hotel. Wann der Loisl reden wollt' – du hast'n eh draußt g'seh'n, den schwarzen Hausknecht –, der kunnt was erzähl'n, wie viel ›Kren‹ er scho a'packelt hat oder ang'spritzt von oben bis unt'.«

»Weg'n was denn?«

»Na, wann aner dem Mensch nix zahl'n will. Die geht als ›Franke‹ (anscheinend solides Mädchen) im Prater spazier'n, reißt si' an Kren auf, der glaubt, sie geht ›aus Liebe‹ mit eahm, und kaum san s' im Zimmer, als sie schon an oder a paar ›Strupf‹ (Gulden) begehrt. Der gneißt's erst jetzt, dass 'r an ›Beinl‹ einig'flog'n is, und wehrt si. Da macht 's Mensch an Lärm und glei is d'r ›Loisl‹ da, der dem Gast sagt: ›Sö, da is a anständig's Haus. Da gibt's kan Krawall. Zahlen S' oder i wer Mode mach'n!‹ Will 'r trotzdem net zahl'n, dann gibt's Plesch, dass 'r net schauen kann, und dann hauen s' 'n außi. So war 's no unter'm Wanek. Unter'm Wimmer is der Herr Alois Maschek auf a and're Method' verfall'n. Z'erst wird der Gast g'wassert und dann erst trickert (getrocknet). Bei der Bassena hat 'r an Schlauch und will aner net zahl'n, wird 'r von oben bis unt' ang'spritzt oder er hängt ihm aa glei den Schlauch bei'n Halskragen eini und lassts Wasser laufen und die anderen halt'n ihn dabei. Nachher wird 'r no extra net sehr fein bis zum Tor begleit'. Sagt 'r dann draußt dem Wachmann was, so schupft der mit die Achseln und sagt höchstens: ›Dös geht mi nix an. Gehen S' aufs Kommissariat. I kann da nix mach'n. Jedenfalls wird was net in Ordnung g'wes'n sei'!‹ Dös is a Bandl. Aber d' meisten schenieren si, und so kummt sei Lebtag nix auf; aber jetzt soll 'r a Klag' hab'n, der Wimmer.«

»Is dös heut aa no?«

»Na, jetzt is 's scho längere Zeit net mehr g'scheh'n. Es muass do scho zund'n word'n sei. Aber früher hab'n s' so aa unseran behandelt. Der beste Beweis dafür ist der Kellner Josef G. (er nennt einen Namen), der is nach der Prozedur einige Tag' bei die ›Schwarzen‹ (Barmherzigen Brüder) g'leg'n. Die Herrn von der Wachstub'n in der Lichtenauergasse müass'n gar oft a Aug zuadruck'n. Wie oft is scho a ›Taxameterbruader‹ außag'watschent word'n, weil 'r 's Bett nass g'macht hat, und wia oft kriagt aner no Ohrfeig'n dafür, weil 'r si in a unrein's Bett hat leg'n müass'n. San in der Fruah aa no' Läus im Bett, dann kriagt 'r seine Watsch'n, anstatt dass s' auf Reinlichkeit schau'n tät'n. Da kunnt m'r bis in d' Fruah erzählen.«

Unser Kreis ist mittlerweile kleiner geworden. Einer nach dem andern war unter die Decke gekrochen. Die alten traurigen Geschichten, die Chronik dieses feinen Hauses kennen sie ja. Rufe werden laut, die uns immer energischer zur Ruhe mahnen.

Der Hausknecht kommt und reduziert das Licht. Die letzten kriechen unter den Kotzen, Schlafenszeit ist's …

Eine angenehme Nacht. Heute beißt es mich noch, wenn ich an die Schrecken dieser Nacht denke, und ein kalter Schauer fährt mir über den Rücken, wenn ich mir im Geiste meine »Jagderlebnisse« vergegenwärtige. Alles ruht … Auch ich schicke mich zum Schlafen an, ohne zu ahnen, mit welcher Vorsicht dieses Bett zu genießen ist. Schweigen ringsum! Die Schlafenden sind zu unbeweglichen dunklen Massen geworden, nur ich stütze meinen Kopf zuerst auf die Rechte, dann auf die Linke und dann sitze ich wieder wach in dem Marterbett. Ab und zu kommt ein nackter Mann an meinem Bett vorüber, geht zur Auslaufpipe über den Lavoirs und trinkt aus dem gelbschmutzigen Krügelglas oder er geht nackt, wie er ist, in den Stiegenraum, um die dort befindlichen Klosetts aufzusuchen. Dann kriecht er wieder unter die Decke. Zwei, drei kommen an mir vorüber, und alle sind nackt. Soll es unter den Kotzen wärmer sein, wenn man nackt ist? Ich vermag den Grund nicht einzusehen. Erst am nächsten Tage musste ich die Entdeckung machen, dass die Leute nackt schlafen, um sich vor den Läusen zu schützen, die sich sonst in ihrer Leibwäsche und in ihren Kleidungsstücken häuslich einrichten. Es war eine teuer erkaufte Erfahrung – ein nächstes Mal schlafe ich auch nackt.

Soll ich die Pein dieser Nacht mit ihrer Begleitung von stillen Verwünschungen und Flüchen, von Selbstanklagen und jeweiligem Wankendwerden wieder lebendig machen? Ich glaube, es besser mir und anderen ersparen zu sollen. Schließlich könnte auch ein wenig Jägerlatein mit unterlaufen. Genaue Daten über die Strecke kann ich nicht liefern.

Der Morgen traf mich in unbehaglichster Stimmung. Dumpf den Kopf, öd den Magen, so erwachte ich gegen fünf Uhr aus dem Halbschlummer, in den ich nach drei Uhr morgens verfallen war. Ich kleide mich als der Erste an. Zwei Lagerhausarbeiter und zwei andere, die irgendwo im Taglohn arbeiten, folgen meinem Beispiel. Vor ihnen noch verlasse ich das Haus, um mich durch ein Frühstück zur weiteren Beobachtung zu stärken. Bis um neun Uhr ist es mir ja gestattet, unter diesem gastlichen Dach zu weilen.

Der Morgen. Um halb sechs Uhr bin ich schon wieder zurück. Vorsichtig setze ich mich auf die Eisenkante meines Bettes, um das Weitere zu schauen und die Stunde zu erwarten, da mir mein Dokument wieder ausgefolgt werden soll. Nach und nach kommen die Schläfer auf. Um sechs Uhr wieder eine größere Partie, die die Arbeit ruft. Gegen sieben Uhr liegen nur noch zehn unter der Decke. Sind sie Arbeitslose oder Nichtstuer? Ich vermag es nicht zu unterscheiden. Einige von den Weggegangenen haben vor dem Verlassen des Saales ihr Bett in Ordnung gebracht. Andere überlassen das Ordnung-Machen dem Hausknecht, der sich um halb sieben Uhr von seinem Lager erhebt. Es ist etwas besser als die Herbergsbetten sonst. Ein mürrischer, unfreundlicher Morgen. Keiner hat für den anderen ein Wort, keiner einen Gruß. Auch nichts von dem lärmenden Getriebe des Abends ist zu merken. Jetzt sind sie alle nüchtern. Auch der »Bierschlederer«. Er ist übrigens der Einzige, der die Stille bricht.

»Das war gestern wieder a Patzen Rausch«, konstatiert er in richtiger Selbsterkenntnis, freilich so, als spräche er von einem Gewinn.

Um sieben Uhr eile ich ungeduldig in den Flur, um mein Dokument zu beheben. Aber der Schalter ist noch fest geschlossen. Es heißt, der Portier Wimmer sei beim Frühstück, er werde gleich kommen. In Wirklichkeit schläft er. Um halb acht Uhr läutet ihn ein elegant gekleideter Herr mit Aktentasche heraus: Herr Hugo Offenhuber, der Sohn des Besitzers. Er kommt, die Einnahmen dieser Nacht nach der polizeilichen Meldeliste zu kontrollieren.

Zwei Minuten später habe ich mein Dokument und ich eile von dannen, vorwärts getrieben von der Hoffnung, nun bald befreit zu sein von dem Andenken an dieses Massenquartier.

Arbeiter-Zeitung Nr. 258 vom 20.9.1903, Nr. 261 vom 23.9.1903 und Nr. 270 vom 2.10.1903

Im Zeichen der roten Laterne

Ein Tag bei der Rettungsgesellschaft[1]

»Die Rettungsg'sellschaft!« Die Leute bleiben stehen und schauen dem schwarzen Räderkasten nach, der durch die Straße saust. Das dumpf-rollende Pfeifsignal ertönt fast unausgesetzt, und eh man sich noch recht umgedreht, ist der Wagen schon wieder außer Sehweite. Fünfzehn Jahre schon ist unser Straßenleben um dieses Bild reicher, und doch bleiben immer noch die Leute auf der Gasse stehen, wenn der Rettungswagen naht. Die rote Laterne am oberen Rande der Brustwand des Wagens, die rotvioletten Kappen der Rettungsmänner auf dem Kutschbock müssen beruhigende Vorstellungen erwecken, sonst wäre das Interesse für den Rettungswagen kein so lebendiges mehr … man hätte sich an seinen Anblick so gewöhnt wie an den Anblick eines schnell fahrenden Fiakers. Während der aber eher beängstigt, beruhigt uns der Rettungswagen, durch die Vorstellung, dass er *so schnell fährt, um Menschen zu helfen*, ihnen in ihrer plötzlichen Pein *erste* Hilfe zu bringen. Und das ist in der Millionenstadt, wo tausend hilfsbereite Hände sich finden, nicht so leicht, erste Hilfe zu bringen, früher an Ort und Stelle zu sein, wie der oft im Nebenhause wohnende Arzt, und Minuten bedeuten oft ein Menschenleben. Eine Blutung, die eine Minute zu spät gestillt würde, kann schon Verblutung sein, ein Gift kann den vollen Effekt seiner Wirkung gerade in der Minute äußern, um die die Hilfe zu

1 Durch das Entgegenkommen des Chefarztes der Ersten Wiener Freiwilligen Rettungsgesellschaft wurde es einem Redakteur der »Arbeiter-Zeitung« möglich, den Rettungsdienst am 23. Dezember mitzumachen.

spät kommt, bei Erstickungsanfällen können Sekunden maßgebend sein. Dem bereits Erstickten bringt der Luftröhrenschnitt und die Einführung der Kanüle nicht mehr Rettung, und so gibt's Hunderte von Fällen, in denen nur raschestes Eingreifen Hilfe bedeutet.

Nach solchem Prinzip muss denn auch ein Rettungsdienst organisiert sein. Die Rettungsmänner vom Stubenring haben solchen Dienst. Es kann kaum ein ruhigeres Haus geben als die Zentrale der Freiwilligen Rettungsgesellschaft. In seinen Räumen wird fast kein lautes Wort gesprochen. Was die Techniker ersonnen haben, Verständigungsmittel ohne viel Geräusch zu schaffen, ist hier in Verwendung. Ein halb Dutzend verschiedener Glockensignale, die dem immer vernehmbar sind, den sie angehen, ersetzt die Kommandoworte, mit denen sonst weise gespart wird. Nur so ist es möglich, dass zwischen der telefonischen Meldung und Aufnahme eines Unfalls und der *Abfahrt des Wagens* selten *mehr als eine Minute* verstreicht. Zehn Ärzte machen abwechselnd Dienst. Vier von ihnen haben stets Inspektion, und einer dieser vier ist der »Führer«, das heißt der *Verantwortliche*. Er ist stets in der Nähe des Telefons. Jetzt klingelt's. In der nächsten Sekunde schon hat der Arzt die Hörschale am Ohr. Man hört nur ein halbes Telefongespräch: »Rettungsgesellschaft.« »Wo?« – »Gasse?« »Nummer?« »Wer meldet?« »Danke!« Während der »Führer« dies spricht, drückt er schon auf einen Knopf, der eine Klingel in Bewegung setzt, die die Ärzte und Diener verständigt, dass etwas los ist. Der Beamte steht bereits beim Tagebuch. Jetzt gibt der Führer das Hörrohr aus der Hand: »Dr. X. … – *Gegenmittelkasten – Irrengurten – Mariahilfer Straße zirka 100*; Vergiftung.« Der ausfahrende Arzt und die zwei Diener sind auch schon bei der Tür draußen, und ehe noch der Beamte ein Wort geschrieben, rollt der Rettungswagen schon beim

Tor hinaus, besetzt mit dem Rettungspersonal und ausgestattet mit den nötigen Rettungsmitteln. Der Führer sagt inzwischen noch dem Beamten an: »10 Uhr 25, Meldung Mayer und Sohn, Mariahilfer Straße Nr. …«, und wendet sich schon einem Ambulanten zu, der auf der Station erste Hilfe sucht. Der Beamte trägt nun in sein Buch ein: »P. N., 7625, 10 Uhr 25 melden Mayer und Sohn, Mariahilfer Straße Nr. … die Vergiftung eines anscheinend Irrsinnigen, Mariahilfer Straße zirka Nr. 100. Arzt: Dr. X. …; Diener: Y. Z.« Der Beamte hat diese paar Zeilen noch nicht geschrieben, und der Rettungswagen ist gewiss schon beim Schwarzenbergplatz, denn kaum zehn bis zwölf Minuten nach der telefonischen Meldung ist der Wagen schon vor dem Hause Nr. 100 der Mariahilfer Straße und verabreicht der Arzt dem Vergifteten auch schon die entsprechenden Gegenmittel, die er im »Gegenmittelkasten« mitführt.

Inzwischen arbeitet die »*Ambulanz*«. Ein Druckereihilfsarbeiter erschien mit einer Hautlappenwunde auf der rechten Hand, die er mit einem schmierigen, blutgetränkten Tuch umwickelt hat. Ein zweiter Inspektionsarzt und zwei der anwesenden Mediziner, die zu Studienzwecken auf der Station sind, sind um ihn bemüht. Der Mann im blauen Arbeitskittel wird zunächst aufgefordert, sich in den Operationssessel zu setzen. Der Sessel ist so eingerichtet, dass er bei Ohnmachtsanfällen der Hilfesuchenden sofort in ein Ruhebett umgewandelt werden kann, ohne dass der Hilfebedürftige aufzustehen brauchte. »Setzen Sie sich!«, sagt der Arzt. Ein Mediziner ergreift die verletzte Hand und befreit sie von dem schmierigen Tuch. Der Diener hat schon auf das kleine Operationstischchen die Eiterschalen gerichtet, der Arzt nimmt aus einem Glas die karbolgetränkten Wattepfropfen, und der zweite Mediziner macht den Schlauch des Irrigators los. Das alles ist das Werk weniger Sekunden. Die Wunde liegt bloß. »Wie ist Ihnen das geschehen?« – »Ich bin in die Maschine gekommen.« Weiter fragt der Arzt nicht. Der Irrigator ist in Funktion. In dünnem Strahl rieselt das Karbolwasser auf die Wunde, diese von der Fett- und Blutschicht reinigend, die sie verklebt. Die bereits gestillte Blutung beginnt wieder, die Wunde von innen heraus reinigend. Das ist notwendig. Eine Minute später beginnt das Verbinden. In kurzen Intervallen sagt der Arzt: »Kompresse«, »...formgaze« (das Wörtchen: »Jodo« wird erspart), »Battist« (hier erspart der Arzt die nähere Bezeichnung: Billroth), »Watte«, »Armschlinge«. Er sagt es ruhig, ohne Aufregung, ohne nervöse Hast, der Verletzte hört es kaum, und ebenso ruhig, aber rasch reichen die assistierenden Mediziner und die Diener das Gewünschte. In kaum drei Minuten ist das Rettungswerk vollbracht. *Nun erst* wird der Schützling gefragt. Wer er sei, wo und wie es ihm geschehen? Unser Patient ist Druckereiarbeiter bei der Firma *Reißer* in der Krugerstraße. Er hatte eine außer Gang befindliche Maschine geputzt und dabei den Zuruf des Maschinenmeisters, der die Räder in Gang setzte, überhört. So war er mit der rechten Hand in die Maschine geraten, und es war ihm in der ganzen Breite der oberen Handfläche die Haut aufgerissen worden, sodass die Fingergelenke fast bloßlagen. Das alles gibt er ruhig an. Der Beamte steht dabei und notiert, um die Eintragung vornehmen zu können. Der Arzt gibt ihm kurze Weisung, was er weiter tun soll. Eine Minute später verlässt der Verbundene die Station mit einem: *Ich danke schön, meine Herren.* Zwischen Kommen und Gehen liegen nicht ganz sechs Minuten.

Die erste Ausfahrt. Es klingelt wieder. Die Polizei-Inspektion Südbahnhof meldet eine – Ohnmächtige. »Herr Redakteur, wollen Sie mitfahren? « – »Ja.« – »Dann schnell.« – Wir sitzen im Wagen. Das rumpelt und rumort, dass man sein eigenes

Wort nicht versteht. Schreiend erklärt der Arzt die Einrichtung. Da der Rettungswagen nicht so leicht gebaut werden kann, dass leichte Federn und Gummiräder tauglich wären, muss auf andere Weise der Kranke gegen das Stoßen geschützt werden. Darum sind die Tragbahren so eingerichtet, dass sie am Plafond des Wagens aufgehängt werden können und während des Transportes frei schweben. Um aber auch hier noch die Stöße abzuschwächen, hängen die Tragriemen in dicken *Kautschukringen*, die die Verbindung mit den ins Wagendach geschraubten *eisernen* Haken herstellen. Ein *Sprachrohr* vermittelt den Verkehr mit dem Kutscher während der Fahrt. Da ist es nun eigentümlich, dass der auch ganz leise gesprochene Worte hört, die dem Sprecher im Wagen in Folge des Polterns der Räder ganz verloren gehen. Der Wagen ist vorn an der Lenkstange und im Innern mit elektrischem Licht versehen, das durch die Stellung eines kleinen Hebels aus- und eingeschaltet werden kann, wie man's eben braucht. Eine kleine Blechbüchse reguliert die Temperatur im Wagen. Es ist ein sogenannter Natron-Karbon-Heizapparat, der, einmal in heißes Wasser gesteckt, 24 Stunden lang Wärme ausstrahlt. Wo wir fahren, bleiben Leute stehen und sehen dem Wagen nach. In zehn Minuten hält der Rettungswagen vor dem Südbahnhof. Der Dienst habende Wachmann weiß noch gar nicht, dass etwas geschehen ist, aber die Gepäckträger weisen uns in die Ausfahrtshalle.

Dort ruht auf einer Bank ein Proletarierweib. Die Lippen sind braunrot, wie mit gestocktem Blut umrändert. »Sie hat sich in d' Zungen 'bissen«, sagt der Wachinspektor. Die Sanitätsdiener haben einstweilen die kleine *Sanitätstasche* geöffnet, die bei allen Ausfahrten mitgenommen wird – sie ist sehr handlich, mäßig im Gewicht und enthält doch so ziemlich alles, was man sich bei kleineren Unfällen als nötig denken kann: doppeltes Verbandzeug, Schienen für Brüche, Phiolen mit »Ge-

gengiften«, ein kleines Medikamentenkästchen, eine zweiteilige kleine Instrumententasche, eine Frottierbürste (für die aus dem Wasser Gezogenen), einen Esmarch'schen Schlauch zum Abbinden von Armen und Beinen bei Blutungen, Löffel, Trinkbecher, Cognac, Riechsalz, Kirschlorbeer, eine Spritze für Injektionen, einen Jodoformstauber, Sicherheitsnadeln, eine Uniformschere zum Aufschneiden von Kleidungsstücken und zwei Vormerkbücher – in jeder Seitentasche eines –, das alles ist in der kleinen Sanitätstasche untergebracht; und zwar so untergebracht, dass man's auf einen blinden Griff findet.

Der Arzt öffnet der Frau, die in epileptischen Zuckungen daliegt, die Lippen. »Ein epileptischer Anfall«, sagt der Arzt ruhig. Ohne dass er eine Anordnung getroffen hätte, haben die Sanitätsdiener bereits dem Tropfenkasten das Fläschchen mit Kirschlorbeer entnommen und auf einen Kaffeelöffel einige Tropfen gegossen. Der Arzt nimmt mit dem ruhigen Kommando: »Ein Glas Wasser« den Löffel und träufelt der Frau die Flüssigkeit in den Mund. Die Frau redet irre. »I hab den Zug versamt. Wie ich 'raufkomm', lieg' i scho' da«, erzählt sie. Der Wachinspektor will sie aufklären: »Reden S' net, Sie haben den Zug scho' no erreicht, aber im Waggon san S' z'sammg'stürzt. Wir haben Ihna do außitrag'n.« Für den Arzt ist dieses Zwiegespräch wichtig, denn er erkennt daraus, dass die Frau noch nicht ganz zum Bewusstsein gekommen. »Eine Kompresse.« Der Diener reicht ihm das Tuch, der Doktor reinigt die Lippen der Frau, die noch immer zuckt, wie wenn sie den Veitstanz hätte. Jetzt kommt das Wasser. Sie setzt das Glas an den Mund, stößt es aber zurück mit den Worten: »Pfui Teufel, das ist bitter!« Sie kann sich nun schon aufsetzen. Das Bewusstsein kehrt allmählich zurück. Schon eine Greisin ... ist doch die erste Regung ... Eitelkeit. Ihr Haar ist in Unordnung geraten. Sie ordnet es und entdeckt dabei den Abgang ihres

Kammes. »Wo ist denn mei' Kampl?« Ein Wachmann hält ihn mit den anderen Effekten in der Hand. Sie steckt sich das Haar auf, richtet sich das Tuch und, unterstützt von zwei Sanitätsmännern, geht sie ins Parterre des Bahnhofgebäudes. Sie wird zur Protokollaufnahme auf die Polizeiwachstube gebracht, wo sie sich allmählich erholt.

Das Mütterchen wird redselig. Sie ist 63 Jahre alt und die Frau eines Stationsdieners in Mödling, den nun seine 71 Jahre aufs Krankenlager geworfen haben. Ihr Sohn ist in der Südbahnwerkstätte beschäftigt, und dem führt sie täglich das Mittagessen von Mödling nach Wien. »*'s kummt ihm do billiger als in die Wirtshäuser*«, erläutert sie den ökonomischen Hintergrund der auffallenden Tatsache, dass sich ein *Wiener* Arbeiter von *Mödling* sein Mittagessen bringen lässt. »M'r soll si halt nia net tummeln. I bin so g'rennt, dass i no den Zug erwisch, mein Gott, unseran lassen die Herren im *Konsum bald lang warten. Wann die ›besseren Leut‹ kummen, dö gehn vor, und a alt's Arbeiterweib muass warten.* I hab's Ihna eh g'sagt, dass i in Zug versam – 's hat aber nix g'nutzt. Dann bin i halt so g'rennt, mit mein Korb, und wia i 'naufkumm, is' aus.« Der Arzt fragt das Weib: »Was haben S' denn gegessen heut?« – »*'gessen? Nix no, mein' Kaffee in der Fruah.*« – »Kummen S' a bissel her«, sagt der beim Schreibtisch sitzende Arzt. Er schreibt die Meldung der Gesellschaft an die Polizei. Und die Frau geht. »Na, es geht ja schon, Frauderl, glei wird's gut sein.« Das ist das Glück der Frau, denn sonst wäre die Polizei in Verlegenheit gewesen, wo sie untergebracht werden soll für die paar Stunden der Erholung. Die Spitäler nehmen Epileptiker nämlich nur dann auf, wenn der Betreffende im Moment der Übergabe ans Spital einen epileptischen Anfall bekommt. Sonst wird er abgewiesen. Auf der Polizei haben sie keinen anderen Raum zur Unterbringung solcher Kranker – als *die Pritsche im Arrest.* Und die Rettungsgesellschaft selbst ist auch in ihrer heutigen Zentralstation räumlich so beengt, dass sie kein *separates Krankenzimmer* einrichten kann. Im neuen Gebäude, das Ende April eröffnet wird, wird das anders sein. Da sind zwei Krankenzimmer eingerichtet für plötzliche Fälle, wo einige Stunden Erholung genügen.

Auf der Station der Rettungsgesellschaft wird ein merkwürdiges Buch geführt: das »*Simulantenbuch*«. Es enthält Namen und Adressen aller derjenigen, die so verelendet sind, dass sie ihren Lebensunterhalt dadurch erwerben, Anfälle von Epilepsie auf der Straße zu heucheln. Sie rechnen mit dem Mitleid der Vorübergehenden, die solchen armen Teufeln einige Kreuzer in den Hut werfen. Das treibt der Mann, bis der Rettungswagen in Sicht ist. Dann läuft er davon, oder sein »Anfall« ist vorüber. Es mag ein Gradmesser für das Elend sein, dass zirka hundert Arme zu diesem Erwerbszweig in Wien Zuflucht nehmen, um sich durchs Leben zu schlagen. Trauriges Brot!

Wehleidigkeit und Simulation war auch die Diagnose, die ein anderer Arzt bei einer zweiten Ausfahrt stellen musste. »*Mutter und Kind überfahren.*« So hatte die Meldung gelautet. Der »große Rettungskasten« wurde mobil gemacht, und fort ging's. Als der Wagen vor einer Möbelniederlage auf der Mariahilfer Straße hielt, wo die »Verletzten« einstweilen untergebracht worden waren, harrte schon eine große Menschenmenge des Kommenden. Die Mutter saß schreiend auf einem Sessel in einer Tapeziererwerkstätte. Das Kind neben ihr auf einer Kiste. »Na, wo fehlt's denn?«, fragte der Arzt. Die Frau, ein armes Maurerweib, die mit ihrem unehelichen Kind in Favoriten zu Bett ist, wies auf das Armgelenk. Der Doktor untersucht und findet nichts. Er drückt, und nun empfindet die Frau im Ellbogengelenk Schmerz. Der Arzt untersucht dort, findet wieder nichts, und so wird der »Schmerz« endlich ins Handgelenk verlegt. So wechselt der Schmerz, ohne dass der Frau etwas gebrochen oder verrenkt wäre. Dabei schreit sie fortwährend furchtbar. Das Kind ist heil. Der ganze Unfall reduziert sich auf eine leichte Kontusion. Der Arzt macht der Frau einen »Beruhigungsverband«, lässt einen Einspänner holen und schickt Frau und Kind nach Hause. Das Kind, ein lieber Bauxel, hat inzwischen Kaffee bekommen und ist glückselig über das »Glück« des Unfalls. In dem Fall hätte eine ganz *andere Rettungsgesellschaft* eingreifen müssen, um der hungernden Proletarierin zu helfen.

Geburtsort: Rettungswagen. »Alserbachstraße – Straßengeburt!« lautet eine nächste Meldung. Unterm Haustor Nr. 11 sind zwei ältere Zigarrenarbeiterinnen um eine junge Proletarierin bemüht. »Tragbahre!«, ordnet der Arzt an. Das Mädchen wird auf die Bahre gelegt, der Arzt untersucht die von Mutterwehen Befallene. »Gebärklinik!« Und fort geht's, nachdem eine aufhaltende Formalität erfüllt ist. Der Rayonwachmann will nämlich Name, Alter, Stand und sonst noch was wissen. Der Arzt erfüllt den Wunsch. Knapp vor dem Ziele, dem Tor der Gebärklinik, kommt das Mädchen noch im Rettungswagen nieder. Der Diener kommt zum Fenster. »Ausladen?« – »Hebamme soll kommen.« Eine halbe Minute später schiebt sich eine rundliche Frau in den Rettungswagen, um das »Christkindl« in Empfang zu nehmen. Das Kind war asphyktisch, leblos, es atmete nicht, und der Arzt klopfte dem kleinen Wesen mit der flachen Hand auf die Brust und schüttelte es, um es zum Leben zu bringen. Die Wöchnerin atmet erleichtert auf. Der Arzt kümmert sich nicht um sie. Er hat nur Augen für das Kind. Zwei Minuten, und der jüngste Proletarier beginnt zu schreien, leise erst, dann immer stärker. Er reklamiert zum ersten Mal sein Recht zum Leben, das ihm die Freiwillige Rettungsgesellschaft geschenkt hat. Wäre der Wurm nicht gleich in die Hände eines Sachkundigen gekommen, so wäre eine Totgeburt zu verzeichnen gewesen. Die Mutter empfindet dies. »Was is' denn?«, fragt sie. – »Ein Bub!« – »Geb'n S' m'r die Hand, Herr Doktor.« – Sie drückt dem Retter die Rechte und will sie küssen. Es ist eine ungemein rührende Szene. »A Bua! Der bringt si do leichter durch als a Madel, küss' d' Hand, Herr Doktor, küss' d' Hand!« Das Übrige geht rasch. Mutter und Kind sind dank der raschen Hilfe außer Gefahr.

Die Wachleute können nicht telefonieren. Der »Führer« kommt vom Telefon zurück: »So oft so ein Wachmann telefoniert, weiß man nicht, was los ist. Er schreit was hinein und läutet gleich ab.« 25 Minuten später klingelt's wieder: »Schlaganfall – Landstraße Hauptstraße Nr. 110.« Die Rettungsgesellschaft ist in sieben Minuten auf dem Platze. »Na, drei Viertelstund' brauchert's do nöt zu dauern.« Das ist der Gruß, der den Rettungsmännern wird. »Es ist eben erst telefoniert worden«, sagt der Arzt. Einer aus der Menge: »Vor drei Viertelstund' is der Wachmann schon zum Telefon!« Es war derselbe, dessen Meldung der Führer nicht verstehen konnte. Der Fall wickelt sich gewöhnlich ab. Tragbahre – Rudolfsspital – Übergabe – Rückfahrt. *Eine halbe Stunde nach der Ausfahrt ist der Rettungswagen wieder in der Station.* Dennoch wird es Leute geben, die meinen, dass der Wagen zur Hinfahrt allein drei Viertelstunden braucht. Es ist nichts anderes schuld, als dass die Wachleute nicht telefonieren können. Das könnten sie doch lernen. Wir meinen so.

So geht's fort. Jede Stunde bringt hundert neue Erfahrungen. Man müsste Bände schreiben, wollte man alles schreiben, was man sieht, hört, und was man erfährt und miterlebt. Wer erfahren will, wie das Volk lebt, siecht und stirbt, wer die Leiden der Proletarier intim studieren will, der studiere die Erfahrungen der Rettungsgesellschaft, denn mit Proletariern in erster Linie hat diese Institution zu tun. Er wird Dinge erfahren, die er sich sonst nicht erträumt, an deren Wahrheit er zweifeln würde, wenn er sie liest.

Arbeiter-Zeitung Nr. 355 vom 25.12.1896

Eine Stunde in der Wärmestube

Es war Mittwoch spätabends, als ich, von der Linzer Straße kommend, meine Schritte durch die Nobilegasse lenkte, um die am öden Ende der Straße gelegene Rudolfsheimer Wärmestube aufzusuchen.

Die zehnte Stunde war schon vorüber, und einsam und still lag die Straße. Dichter Nebel ballte sich auf der Erde, und aus den Kanälen stiegen in leichten Schwaden die warmen Dünste. Schaurig laut widerhallten die Schritte in der menschenleeren Straße. Da weiter oben weitet sich die Straße zur Linken und ein Feld, eine jener »Mistgstätten«, die im vorortlichen Wien noch immer zu finden sind, öffnet sich vor dem Blick. Weißer Schimmer liegt über den erfrorenen Gräsern und dem dürren Unkraut. Raureif! Hier zeigt er allerdings nicht seine entzückenden Bilder wie draußen im Wiener Wald oder an seinen Hängen im westlichen Wien. Es ist bitterkalt, und auch ich bin froh, dass mir ein schützendes Dach winkt, ich, der ich mit meinem warmen Überrock bekleidet bin, ich, der ich Handschuhe an den Händen habe und die Hände noch in den Säcken vergraben kann. Da hastet ein junger Mensch in dünnem Rock an mir vorüber. Er hatte es vielleicht eiliger als ich. In der linken Hand hält er ein Zettelchen.

Ich halte ihn an.

»Wollen S' in die Wärmestub'n?«

»Ja.«

»Was haben S' denn da?«

»Eine Polizeianweisung.«

»Na, dann werden Sie ja noch unterkommen.«

Wir legen gemeinsam das letzte kurze Stück, das uns noch

von der Wärmestube trennt, zurück. Ehe ich noch weiß, wie man hier Einlass begehrt, hat er schon an die Klingel gedrückt, und eine Minute später kommt einer der Aufseher heraus und empfängt uns. Zuerst den Obdachlosen, den ich vorgeschoben habe, und dann mich, den Unbekannten, der erst sein Vorhaben erklären muss.

»Ich will nur einen kurzen Blick in die Wärmestube machen, um zu sehen, auf welche Art die Menschen hier untergebracht sind.«

Der Aufseher heißt mich willkommen und führt mich ein.

Schlafkünstler. Hinter der Doppeltür öffnet sich die weite Halle der Wärmestube vor meinem Blick. Die erste Empfindung, die ich habe und die ich auch später im Laufe meines Aufenthalts nie recht loswerde, ist die, dass mich furchtbare Luft umfängt. Dann erst sehe ich die Menschen und die Dinge um mich.

Der Quere des Saales nach sind Bankreihen so gestellt, dass immer zwischen je zwei Bänken eine Lehne kommt, und auch längs der Wand ziehen sich Bänke hin, diese ohne Lehnen. Nur einige der Querbänke, die der Tür am nächsten sind, haben keine Lehnen, sie sind noch nicht voll besetzt. Auf allen übrigen Bänken sitzen Mann an Mann die Obdachlosen, 134 an der Zahl. Mann an Mann in drangvoller Enge durchseufzen die Nacht, für die ihnen kein anderes Obdach wird als dieser Notunterschlupf, den die Gemeinde Wien gar zu gern zur ständigen Einrichtung gestalten möchte.

Ja, die Wärmestuben als Obdachlosenasyle sind schon eine ständige Einrichtung. »Wir haben fast durchwegs ständige Gäste«, klärt mich der Nachtaufseher auf. »Es ist auch ganz begreiflich, dass es so ist, weil bei uns einer halt *jede Nacht bleiben kann*, im *Asyl für Obdachlose* aber nur *fünf Nächte* und im Werkhause nur *sieben Nächte*. Was soll er die übrigen Nächte machen? Da kommen sie halt zu uns. Ein Sitzplatz auf der Bank ist noch immer gescheiter als draußen herumzuirren oder im Kanal oder im Ziegelofen zu schlafen. War er einige Nächte bei uns, dann schaut er, dass er in den Ziegelofen kommt, wo er sich wieder einmal strecken und ausschlafen kann. Dann hält er es schon wieder aus. Wir haben Leute da, die seit der Eröffnung fast jeden Tag da sind.«

»Ja, aber wie schlafen denn die Leute?«

»Das sehen Sie ja, das sind halt *Schlafkünstler*; die können schlafen wie s' wollen. Hören Sie's schnarchen?«

Ein Nachtbild. Nun erst achte ich auf die Töne der Nacht, die die Stille des Saales unterbrechen. Will ich dem Schnarchen und Pfeifen glauben, das von da und dort an mein Ohr dringt, dann gibt es hier wirklich Schläfer. Ich sehe mich um. Gerade mir gegenüber sitzt einer, den ich schon irgendwo gesehen haben muss. Er teilt mit zwei anderen eine Bank, die vor die zweite geschlossene Tür der Wärmestube geschoben ist. Sein ganzes Aussehen ist das eines russischen Arbeiters. Eine kurze, helle Hose, die in Röhrenstiefeln steckt, und darüber ein langer Rock wie ein Kittel, der freilich in der Mitte nicht abgebunden ist. Auf dem Kopfe hatte er irgendetwas Schwarzes, eine Zipfelmütze, wie ich später sehe. Plötzlich weiß ich auch, wo ich ihn schon gesehen habe, diesen Typus. Es war in einer der Aufführungen von Gorkis Nachtasyl, wo einer der Akteure gerade diese Maske gewählt hatte. Der kroch aber auf den warmen Ofen hinauf und legte sich in dem russischen Nachtasyl der Länge nach auf den Ofen, um seine erfrorenen Glieder durchzuwärmen. Hier der Mensch hat nur die Bank, und auf der kann er sich nicht hinstrecken. Jetzt zieht er seinen Rock aus und schlägt ihn über den Kopf, um sich gegen die Geräusche und gegen das herabgedrehte Licht etwas zu schützen. Seine Bewegungen haben seinen Nachbar unruhig gemacht. Schlaftrunken steht der auf und macht einige Schritte in der Bankreihe, aber doch nicht so weit, dass er wieder zu seinem Platz zurückfindet. Der Russe wird unwirsch; er gibt ihm eine ziemlich unsanfte Wegweisung durch einen Stoß, dank dem der andere seinem Platze zutaumelt. Im nächsten Moment sitzt er, und der Russe hat wieder Ruhe.

Ein Offizier. Nicht weit von ihm, der zweite Nachbar zur Linken, ist ein *ehemaliger Offizier.* Sein kurz geschorenes Haar und sein ebenso gehaltener Vollbart geben ihm eher das Aussehen eines entlassenen Sträflings wie das eines Mannes, der einst die Uniform trug, die ihm den Eintritt zu Hoffesten sicherte. Was liegt bei ihm wohl zwischen damals und heute?

»So viel ich weiß, hatte er Schulden gehabt und quittieren müssen«, sagte mir der Aufseher, »und dann is er halt auf d' Rutschen 'kommen.« Über das Wie weiß er nichts zu sagen. »Er is a verschlossener Mensch; er red't net gern von seiner früheren Zeit; i hab's nur von an anderen erfahren, der in sein' Regiment 'dient hat und mit dem er da z'samm'kommen is. Er soll ka fader Kerl gewesen sein, so lang er noch den Sabel 'trag'n hat.«

In der Mitte des Raumes ist die rechte Wand durchbrochen, und es ist eine Anrichte vorgebaut, auf der die Obdachlosen und die anderen der Wärmestube ihre Suppe und ihr Stück Brot in Empfang nehmen. Dahinter ist der Koch- und Manipulationsraum der Bediensteten.

Wer da helfen könnte ... Neben dieser Anrichte ist eine besondere Bank, die die Aufseher, so weit es in ihrer Macht steht, sozial zu scheiden versuchen, für *solche reserviert halten,* die nach ihrer Meinung noch nicht unrettbar dem grausamen Schicksal verfallen sind.

Den Eckplatz hat ein *Comptoirist* inne, der erst vor einigen Tagen aus Graz zugereist ist und nun in Wien sein Glück versucht, das ihm in Graz nicht beschieden war.

Zur Rechten des Comptoiristen sitzt ein Mann, der seinen Winterrock ausgezogen und so zusammengelegt hat, dass er ihm als Polster dienen kann. Diesen Polster hat er auf seinen Schenkeln ruhen, und auf den Polster stützt er seine Arme, in denen er sein schlaftrunken schweres Haupt hält. In dieser Lage versucht er zu schlafen. Er ist ein gegenwärtig arbeitsloser *Agent*, der die Zeit der Arbeitslosigkeit benützt, um durch Hausieren mit Ansichtskarten einige Kreuzer zu verdienen. Wie viel ihm dieses Geschäft abwirft, beweist sein Obdach.

Der dritte in der Reihe ist ein seit Wochen arbeitsloser *Modelltischler*. Rasch hat ihn die Arbeitslosigkeit herunter gebracht, und heute hält er schon so weit, dass er sich *einem neuen Arbeitgeber kaum präsentieren kann*: Seine Schuhe sind zerrissen, von seinen Kleidern hängen die Fetzen; aber der Aufseher kennt ihn als nüchternen, braven Arbeiter, dem, wie er sagt, »nichts fehlt als a neue Schal'n«, dass er sich vorstellen kann.

»Haben Sie nicht die Möglichkeit, den Leuten eine *Kleideranweisung für die Kleidersammelstelle* zu geben?«

»Na, das können wir net. Ja, wenn das möglich wär', hätten wir schon manchem geholfen.«

»Und das wäre ja so leicht. Die Kleidersammelstelle könnte sich ja selbst überzeugen, ob ihre Beobachtungen auf Richtigkeit beruhen, und es wäre vielen zu helfen.«

»Ja, zu helfen wär' schon; aber wir können da nix mach'n.«

Frauen. Der größte Teil der Wärmestube ist von den Männern eingenommen. *Nur zwei Bänke sind für Frauen reserviert.* Eine ist leer. Die andere ist von zwei Frauen besetzt. Seitlich übergebeugt, den einen Arm als Polster unter den Kopf geschoben, so liegen die beiden Frauen mit den vermummten Köpfen gegeneinander.

»Die haben's gut. Die haben wenigstens eine halbe Bank für sich«, sagt der Aufseher. »Aber immer aa net; manchmal san auch a zehn Weiber da, und dann pickt auch ane an der andern, ganz so wie die Männer. In der Brigittenau drüben geht's stark mit die Frauen. Im ersten Jahr hab'n wir drüben oft dreißig, vierzig Frauen in aner Nacht g'habt. Da herüben is's besser.«

Ein 74-Jähriger. Plötzlich hebt sich in der Nähe des Offiziers ein Menschenklumpen. Ein silberhaariger Alter. In kurzen Schritten schiebt er sich durch seine Bankreihe durch und geht zum Auslauf der Wasserleitung, die an der einen Querwand angebracht ist. Ich gehe ihm nach. Ein Greis, dem Wien kein anderes Asyl zu bieten vermag als dieses – was hat es mit dem für Bewandtnis? Ich ziehe ihn in eine Ecke, und dort mit ihm lispelnd gewinne ich Einblick in das Leben dieses – *zuständigen Wieners.*

»Was sind sie denn?«

»Mein Gott, a alt's Leut bin i halt, was den andern im Weg is.«

»Wovon leben Sie?«

»Von meiner Pfründen.«

»Sie sind Pfründner?«

»Ja. Wiener Pfründner.«

»Was krieg'n S' denn?«

»Dreizehn Gulden.«

»Na, das is eh viel für Wien.«

»Da hab'n S' recht. Viel für Wien, aber zum Leben für mi is z'wen'g.«

»Warum gehn S' denn net in d' Versorgung?«

»Mein Liaber, dös fragen Sie nur, weil Sie net wissen, wie's in der Versorgung zuageht.«

»Na, gar so arg is da draußen net. Ich kenns ja auch und weiß, dass 's da draußen nicht so schlecht is.«

»Na, dann wünsch' i Ihna, dass a Weil draußen bleiben.«

»Was finden S' denn so schlecht da draußen?«

»Z'erscht die Kost. Die is net zum aushalten. In der Fruah a Suppen und a halb's Laberl Brot oder zwa Semmeln, z' Mittag a Suppen, a Rindfleisch und a Zuaspeis und dann für den ganzen übrigen Tag acht Kreuzer. Und am Freitag, wann's ›Scheiterhaufen‹ gibt, dann werd'n die Spatzen wutzerlfett. Von was woll'n S' denn da leben? Soll'n S' Ihna von dö acht Kreuzer das zweite Fruahstück oder a Jausen oder das Nachtmahl oder a Packl Vierer kaufen? … Na, da drinn soll aushalten wer will. I war g'nug lang drinn.«

»Aber Sie hab'n da drinnen doch Ihre Ordnung g'habt, Ihr reines Bett und schließlich Ansprach' mit anderen alten Leuten. Und Nachmittag haben S' ein bisserl spielen können …«

»Spielen? Hör'n S' m'r auf! Wann m'r net selber wo a paar Karten ausfecht't, von der Versorgung aus kriagt m'r kane. Fragens S' nur amal die Herren wann S' so guat san mit Ihna, was mit dem Billard und dem Klavier word'n is, was aner fürs Versorgungshaus geschenkt hab'n soll, und was jetzt in der Extrakantine für die Beamten steht.«

»Lieber Freund, das glaube ich nicht, dass das geschenkt worden ist; das wird halt für die Beamten angeschafft worden sein.«

»Na, und wenn auch, warum können denn wir Pfründner net a bisserl a Geselligkeit haben? Was soll m'r denn mit dem langen Tag draußen anfangen? Es is ja aner dem andern im Weg und aner is mehr zwider als der andere, und will m'r ausgehn, dann muass m'r sich wia a Soldat an Erlaubnisschein holen und muass zu seiner Stund' daham sein. Wissen S', das is nix für an Menschen, der die Freiheit g'wohnt war. Wann i a Versorgungshaus amal machet, das müasst ganz anders sein. Da müassten die alten Leut' a Freud' haben, dass da san. Aber in der Wiener Versorgung werden wenig a Freud' haben. Wann der Dr. Lueger kommt, is alles guat und schön draußen. Dem wischen s' schön die Augen aus, dem armen Bürgermeister …«

»Aber bedenken Sie doch, dass Sie hier in der Wärmestube übernachten und mit dreizehn Gulden leben, das ist doch noch viel schlimmer, da wäre doch die Versorgung Gold dagegen.«

»Dös is bei mir a Teifel! Lang mach' i's nimmer mit, und wenn i schon a'kratz', will i liaber heraußen sterben! Wenn S' amal 'nausgehn ins Versorgungshaus und Sie hör'n so die Leut' untereinander red'n, so werd'n S' hör'n, dass die meisten so denken!«

»Na, lass'n m'r's guat sein! Wir machen's ja jetzt nicht anders; aber ich mein' halt, es wär' viel g'scheiter, Sie möchten 'nausgehen!«

Der Alte beutelt abwehrend den Kopf und stolpert dann wieder zu seinem Platz zurück.

Luft. Je länger ich in der Wärmestube war, desto mehr wuchs in mir die Sehnsucht nach einer Zigarette, desto mehr bedrückte mich die verdorbene Luft, und doch war es erst halb zwölf Uhr. Wie mag es in diesem Raume um fünf Uhr morgens sein, wenn jetzt schon die Luft, trotz aller Vorsichtsmaßregeln, die gebraucht werden, so arg verschlechtert ist?!

Keiner der Obdachlosen darf *seine Unterkleider* ablegen, *auch* dann *nicht, wenn sie nass sind;* keiner darf sich seiner *Schuhe entledigen;* nur eines ist ihnen erlaubt: dass sie den Rock ausziehen und über ihren eigenen Kopf legen. Davon machen ziemlich viele Gebrauch.

Dieses Verbot des Ausziehens ist eine Vorsichtsmaßregel, um eine noch größere Verpestung der Luft hintan zu halten. Dennoch dünkt mich jetzt schon die Luft unerträglich. Der

Raum ist wohl hoch, aber immerhin, es sind ja mehr als 130 Menschen im Raum und bis gegen Mitternacht sind es mehr als 140, wenn die letzten Nachzügler mit den Polizeianweisungen eingerückt sind.

Der Polizei sind täglich zehn Plätze reserviert. Aber wie ich aus der Wochenvormerkung ersehe, wurden diese Plätze täglich überschritten: 15, 11, 17 und 13 Plätze nahm an den Tagen dieser Woche die Polizei für jene in Anspruch, die sich bei ihr obdachlos meldeten, und auch heute sind die reservierten Plätze bereits vergeben.

»Was tun Sie, wenn über die zulässige Zahl Menschen kommen?«

»Wir lass'n so lang herein, so lang überhaupt a Platz is. Wenn auf die Bänk' ka Platz mehr is, dann stellen mir a paar Kübeln auf und legen die Deckeln darauf von den leeren Konservenkisten, das gibt aa wieder a paar Sitzplätz'. Man schaut halt, dass m'r so viel als möglich unterbringt, gar dann, wenn's draußen so bitterkalt is wie heut.«

Zu den übrigen sanitären Vorkehrungen dieser »Asyle für Obdachlose« gehört auch noch das *Rauchverbot* und dann eine Tafel, *die das freie Ausspucken auf den Fußboden* untersagt. Zu diesem Zwecke sind in jeder zweiten Bankreihe Spucknäpfe aufgestellt, die allerdings den Schlaftrunkenen schwer zugänglich sind, weil sie nicht selten durch einzelne Schläfer unter die Bank geschoben werden.

Eine Vorkehrung in der Richtung, dass mit *Ungeziefer Behaftete* andere, Reine, nicht etwa infizieren, ist nicht möglich: die Wärmestube verfügt *weder über ein Bad* noch über einen *Desinfektionsofen* und die Beurteilung der Menschen, ob sie dem Ungeziefer verfallen sind oder nicht, obliegt im Ganzen dem allerdings geübten Blick des Aufsehers. Er versteht es denn auch so gut als möglich, *die wenigen Reinen von den vielen Unreinen zu scheiden.* Aber nicht immer kann ihm dies gelingen. Dass Unreine abgewiesen werden oder dass eine diesbezügliche Vorschrift darüber besteht, ist irrig.

»Wenn wir alle Unreinen abweisen wollten, dann hätten wir sehr viel Platz in den Wärmestuben. Nach meiner Schätzung *sind 90 Prozent aller unserer Schützlinge verunreinigt*«, sagte mir Tags darauf ein Funktionär des Wärmestubenvereins.

So ist also dieses Asyl auch in seinen sanitären Vorkehrungen auf das Primitivste eingerichtet, so eingerichtet, wie es eventuell bei einem Notbehelf möglich ist, wie es aber absolut ausgeschlossen sein muss bei einer ständigen Einrichtung.

Wenn ein Funken sozialen Pflichtbewusstseins in unseren Stadtvätern lebte, dann müssten sie die in der Anfrage der sozialdemokratischen Gemeinderäte an den Bürgermeister gegebenen Einrichtungen aufgreifen und sie binnen kurzer Zeit zur Wahrheit machen.

Der Wochenbericht der Wärmestuben. Die sechs Wärmestuben des Wiener Wärmestuben- und Wohltätigkeitsvereins wurden in der Zeit vom 10. bis inklusive 16. Jänner von 29.202 Männern, 17.291 Frauen und 39.801 Kindern, zusammen von 86.294 Personen bei Tag besucht. Bei Nacht suchten in der genannten Zeit 4641 Männer, 259 Frauen und elf Kinder, zusammen 4911 Personen (darunter 501 von der Polizei überstellte) die Wärmestuben auf. Allen Personen wurde Suppe und Brot unentgeltlich verabreicht. Durchschnittlich fanden also täglich 700 Obdachlose die oben geschilderte Unterkunft; darunter elf Kinder. Dann haben die Herren in der Rats- und Landsstube aber noch immer die Keckheit zu sagen, in Wien sei für die Obdachlosen vorgesorgt.

Arbeiter-Zeitung Nr. 18 vom 19.1.1908

Eine Nacht im Asyl für Obdachlose

Obdachlos! Ohne Mittel sich ein Obdach zu schaffen! Hungrig! Frierend in den leichten Kleidern – man sollte glauben, dass solches Elend keine Steigerung mehr vertrüge, und doch gibt es noch Schlimmeres, das fast jede Gemeinschaft mit Menschen ausschließt …

Es ist vier Uhr nachmittags. Der Dezembertag geht seinem Ende zu. In der Blattgasse unter den Weißgerbern stehen wir – dreihundert Männer, Burschen und Greise, in qualvoller Enge aneinandergepresst, einer dem anderen unsere Lebenswärme mitteilend, ein Haufen dunstender Leiber, und warten auf Einlass in das Asyl für Obdachlose. Obdach für die nächste Nacht, das ist unser Gedanke. Die erste Reihe steht hart am Trottoir, wir Rückwärtigen stehen auf der feuchtkalten Straße. Ich hatte Elendsmaskerade angelegt und mochte ganz stilgerecht aussehen. In den Füßen friere ich; doch das Gesicht glüht. Der Geruch des Elends umfängt uns. Mir verschlägt das Gemisch von Fuseldunst, Schweißgeruch und der Ausdünstung alter Wäsche und Kleider eine Weile den Atem.

Es wird Luft.

Ein Flügel des Asyltores öffnet sich. Eine Kappe auf dem Kopf, erscheint der Hausvater in der Türöffnung und ruft in die Menge: »*Karten wer hat!?*«

Ruhig, ohne zu drängen, treten etwa hundert Männer vor. Jeder weist eine kleine braune Karte vor, der Asylvater zwickt sie ein, die Gäste rücken an den Hüten und gehen dann in den hell erleuchteten Flur. Dann schließt der Verwalter wieder die Tür. Ich bin durch den Schub avanciert und stehe nun in der ersten Reihe. Zwei Wachleute gehen vor dem Haus auf und ab. Der eine ist guter Dinge. Er macht Späße. Im Hintergrund sieht er einen Elendsbruder. »A, Sö san schon wieder da, Sö Krawallmacher? … Is' nix mehr mit Stein? San s' schon wieder losgangen?« Der Angeredete lacht dem Wachmann breitmäulig zu – er quittiert damit die auszeichnende Ansprache, die einen Heiterkeitsausbruch der Wartenden zur Folge hatte.

Das Asyltor öffnet sich zum zweiten Male. Wieder ertönt der Ruf: »Karten wer hat!?« Einige melden sich. Nachzügler! Wir anderen stehen in banger Erwartung, ob noch ein Platz für uns übrig bleiben wird. »Zuag'raste! – Wer no' net herin war!«, ruft jetzt der Herbergsvater. Ein Ansturm gegen das Tor. Ich bin mitten im Haufen. Etwa zwanzig sind schon eingelassen. Schon lässt die Drängerei nach – da taucht der Verwalter den ersten zurück: »Weil's glaubt's, ös könnt's drängen, wer' m'r halt warten!« Er schlägt das Tor zu. Wir stehen draußen. Ich nun gerade gegenüber dem Tor. »Hinunter vom Trottoir!«, schreit der Wachmann und beginnt mit dem Ellenbogen »auszudrücken«. Alle weichen zurück. Wir in der ersten Reihe haben nichts Gutes: vor uns die Energie der Wachleute und hinter uns den Lebenstrieb der Obdachlosen. Einem dieser Rückwärtigen scheint es übrigens gut zu gehen. Mit ihm beginnt ein junger Mensch von etwa fünfundzwanzig Jahren, der bisher nur durch seine besondere Rohheit aufgefallen war, Händel. »Die Zuag'rasten«, so sagt er mit Rücksicht auf den lästigen Hintermann, »sollt' m'r alle außihau'n! Stöß net, sag' i d'r; mir scheint, dir geht's z' guat! Bist eh a so a Zuag'raster, der was uns 'n Platz wegnimmt.« Der Rückwärtige packt den schimpfenden Vordermann beim Hals. »Der kriagt scho' wieder 'n Krampf in die Finger. Hast scho' lang nix putzt. (Schreiend:) Fahr a, Böhm, sonst kriagst ane!« Der Wachmann mischt sich in den Streit: »Wannst net glei' a Ruah gibst, so fangst a Watschen, dass d'r dreimal vom Teufel tramt!«, ruft er dem Rückwärtigen zu. Und dann: »Mir scheint, das is eh aner, der außi[1] g'hört. Sö hab'n do' a Karten für außi! Wer'n S' schaun, das' weiterkumm'n!« Der Störer wendet sich langsam zum Gehen. »I wir d'r Füaß' machen, Fallot!« Der Wachmann geht nach rückwärts und schafft den Burschen weg. Die anderen lachen schadenfroh.

Die Tür öffnet sich. Vor der stämmigen, breit geratenen Figur des Asylvaters schiebt sich ein junger Mensch mit einem schwarzen Jacquetanzug durch die Tür. Er mag ein postenloser Kommis oder Comptoirist sein. Dafür spricht die abgeschabte Eleganz seiner Kleider. Er wagt es kaum aufzusehen und drückt sich scheu davon, wo er sich wieder in den Haufen der Wartenden einzureihen sucht. Der Hausvater steht in der Tür und erklärt den Vorgang. »*So* nimmt er's und wirft's nur weg.« Der Hausvater macht die Handbewegungen des Läusefangens.

Nach dieser Episode, die Anlass zu Späßen gibt, tritt der Hausvater auf die Straße und mustert einige aus. Es sind solche mit Karten und andere mit *Spitalzetteln*. Wieder nichts. Etwa hundert an der Zahl stehen wir noch in Erwartung draußen. Unsere Hoffnung, unterzukommen, sinkt. Wie viele soll dieses Haus noch aufnehmen?

Wieder tritt der Verwalter heraus. Aus dem Flur dringt das weißliche Auer-Licht so einladend auf die Straße. Ein junger Mensch in Radfahrdress wendet sich bittend an den Verwalter: »Am Donnerstag krieg' i a Arbeit!« – »Ja, wann's in Summer wär'«, ruft mein Nachbar zur Rechten, derselbe, der sich schon wiederholt durch seine Rohheit ausgezeichnet hatte, »da könnt'st in Prater in Chinesen 'n Kitt'l halten!« Gelächter. Und da der Verwalter auf die Bitten des Radfahrers nichts gibt und wieder im Haus verschwindet, ruft er dem Abgewiesenen zu: »Du kannst's no net guat, 's Leimsiaden, Bäck, den muasst

1 In die Filiale des Asyls im X. Bezirk.

lang zuareden und nach'n Essen, wann er guat aufg'legt is … (höhnisch lachend), du Radelfahrer!«

Wenige Minuten später steht der Verwalter wieder auf der Türschwelle. Ein altes, verlottertes Weib nähert sich ihm mit aufgehobenen Händen, demütig bittend. Sie lispelt einige für uns nicht hörbare Worte. Der Asylvater: »Hör'n S' m'r auf. Allerweil mit dem Baron. Dö G'schicht kenn' m'r scho'. Nix is'!« Die Alte schleicht fort. Der Rohe neben mir gibt auch da seinen Text drein: »Du Branntweinerin du, gehst eh in ganzen Tag papeln, Karneulli …« Er findet auch jetzt sein lachendes Publikum.

Dann ruft der Verwalter wieder sein eintöniges: »Karten wer hat!?« Es meldet sich niemand. Neue Hoffnung, doch noch unterzukommen, belebt uns. »Zuag'raste!« Endlich. Zwei Schritte, und ich bin an der Schwelle. Ich trete als Zweiter ein. Im Flur weist uns ein junger Bursch – ein Gehilfe des Hausknechts, wie ich später erfuhr – in eine kahle Kammer zur Linken. Wir sind im Ganzen unser fünf. Der Hausknecht, ein Mann in den Vierzig, kommt gleich darauf in die Kammer und beginnt die sehr peinliche Untersuchung unserer Wäsche. Es gab keinen Anstand. Der Hausknecht ist selbst ein Asylist, der für die zweimalige Einbrennsuppe, ein Mittagmahl in der Volksküche und für die Schlafstätte im Asyl diesen Dienst versieht.

Wir traten dann im Flur wieder an, der weiteren Weisungen gewärtig. Unser »Vater« ging zum Tor und öffnete es. Nun waren wir drinnen und die anderen draußen. Wir die Beneideten, die anderen die Neider. Ich sah hinaus auf die finstere, kalte, unfreundliche Straße. Matter, roter Lichtschein der Gaslaterne vor dem Tor fiel auf die Masse der Ausgesperrten. Ein düsteres Bild des Elends, in dem auch wir fünf einige Minuten vorher Statisten waren. So oft sich die Tür geöffnet hatte, hatten wir sehnsüchtig in den Flur geblickt, dessen Nüchternheit wohl keinen abschreckte. Allen bedeutete der Flur alles, was sie für die nächsten Stunden zu erreichen hofften … Asyl! Obdach! Teilnahmslos glitt der Blick des Herbergsvaters über die Masse. Für ihn sind die Menschen, die Obdach suchen, Nummern. Täglich 194. Er schloss das Tor.

Jetzt erscheint eine neue Gestalt im Bilde: ein kräftiger junger Mann mit Augengläsern, blond, derb in der Figur und im Auftreten. Es ist, wie es scheint, der Sohn des Verwalters. Ein Unteroffiziersmensch. Er ist so eine Art Profoss. Hauskommandant, wenn man will, ein Kontrollorgan. Er geht zu einer Tafel, die an den Türstock der Lauskammer genagelt ist, und kreidet uns an: 194. Alles besetzt. Sein Vater öffnet wieder das Tor: »Ka Platz mehr!«, sagt er zu den Wachleuten. Die sorgen schon für das Weitere, damit der Tafel an der Asylmauer Rechnung getragen wird, die Ansammlungen untersagt. Sie schicken die Obdachlosen fort. Als er wenige Minuten später wieder das Tor öffnet, ist die Straße menschenleer, düster … Die Elendsbrüder sind schon fort … Wohin? Kein Mensch weiß es, wo sie die Nächte zubringen, sie selbst auch nicht …

Der »junge Herr« kommt aus der Kanzlei. Er ruft uns zu: »Ihr Fünfe geht's auffi. Nr. 4! Ganz hint', da san fünf Betten leer.« Ich folge den anderen auf die Stiege. Sie nehmen zwei Stufen auf einmal, und dann geht es hastig durch eine Reihe von Sälen. In allen Bettgestelle und Menschen – sonst sehe ich nichts. Der Empfang ist gerade kein freundlicher. »Uje, Zuag'raste!«, ruft man uns in allen Zimmern zu und nach.

Wir haben uns bald untergebracht. Ich bin im Suchen nach einem freien Bett recht ungeschickt. Überall sehe ich Hüte auf den Betten, oder ich sehe Männer darauf sitzen. Nach zwei, drei Fragen habe ich auch ein Bett gefunden, das von allen verschmähte – knapp an das Fenster anstoßende. Bei jedem Bett sind zwei Stockerln, ein niederes und ein höheres, Sessel und

Tisch. Das höhere dient zugleich als Garderobekasten. Auf einer Wand steht: *Vor Taschendieben wird gewarnt.*

»Kann denn da auch was gestohlen werden?«, fragt ein etwa 35-jähriger Jude, ein Agent, Hausierer nach dem Aussehen. »San S' so guat«, sagt mein Bettnachbar, »da kommen oft Leut' 'rein, dö sechs, sieben Gulden in Sack hab'n und do' den Gattern a'wetz'n.« Dieser letztere Ausdruck ist eine Redensart aus dem Asyljargon. Er gilt den Bettstellen. Diese sind nämlich Eisengestelle, über die ein ziemlich dicht geflochtenes grobes Drahtnetz gespannt ist. Dieses Drahtnetz, am Kopfende im stumpfen Winkel ansteigend, ersetzt Strohsack und Matratze. Zwei Kotzen und ein harter Polster in blau gemusterter Ziehe sind die Bettausstattung. »Da kenn' i an, der geht beim Tag papeln, und auf d' Nacht zählt er am Gattern seine Netsch. An Guld'n zwanz'g Kreuzer bringt er alle Tag ham. Ja, es kummen a nobliche Gäst' da einer!« Der andere, der noch bessere Kleider trägt, sagt entschuldigend: »Glauben S' mir's, wann i no' a Sechserl g'habt hätt', i wär' net da hereingangen!« Damit geht er der der Straße zugekehrten Abteilung des Schlafsaales zu, wo er seine Bettstelle hat.

Der Gehilfe des Hausknechts kommt und wirft auf jedes Bett einen Blechlöffel, bei seinem zweiten Kommen schupft er aus einem Korb auf jedes Bett ein Stück Brot. Das ist die Kontrolle. Die Betten zählen, die Menschen nicht. Von denen könnte einer leicht in seinem Heißhunger zweimal nach Brot langen. Ich komme zu Atem. Luft! Wie wird das in der Nacht werden? Bett an Bett, im Ganzen 26, zwischen jedem nur ein Raum von einer Unterarmlänge. Dazwischen stehen die Stockerln. Hinter jedem Bett ist auf der weiß getünchten Mauer eine Nummer patroniert. Ich hatte 189 erwischt. Mein Nachbar Nr. 188 war ein junger Mann, gegen Ende der Zwanzig, gutmütig. Er kennt den Hausbrauch schon besser und klärt mich auch über die Stellung des Hausknechts im Asyl auf. Er spottet dabei. Nr. 191 hat Schmerzen in der linken Achselhöhle. Er kann den Arm kaum rühren. Er kleidet sich aus und klagt, dass er unter der Achsel zwei »Dibbeln« hat. Der 188er, mein Nachbar, geht zu ihm und untersucht ihn. »Da geh nur murg'n glei ins Spital. Zu d' Barmherzigen ... dö nehmen an jeden auf. *In Spital ... hast 'n schönsten Christbam!*«

Der Verwalterssohn bringt uns die Karten. Es sind kleine braune Karten im Format der Eisenbahnfahrkarten. Er reicht mir eine. Auf der einen Seite ist mit Tinte die Bettnummer geschrieben, auf der anderen ist eine Stampiglie abgedruckt:

Asylverein
20. Dez. 98
für
Obdachlose in Wien.

Die Karte ist einmal eingezwickt. Bis sie fünfmal durchlöchert ist, hat sie ihren Wert verloren. Sie gilt für fünf Nächte. Der junge Herr würdigt mich kaum eines Blickes, er und auch sonst niemand fragt mich, wer ich sei. *Es wird nach der Hausordnung kein Ausweis verlangt.* Darauf kommt später die Rede, und da werde ich aufgeklärt, dass man im Asyl vor der Polizei sicher sei. Anders im Massenquartier, wo man 20 Kreuzer zahlen müsse und weder vor der Polizei noch vor Ungeziefer Ruhe habe.

Nun weist der junge Herr auf einige Nummern: »Ös geht's Wasser schöpfen.«

»Hab'n alle Brot?« Einige melden sich. »Geht's 'nunter. Holts euch das Brot und bringts glei' die Suppen auffi.«

Dann haben wir wieder eine Weile Ruhe.

Von einem Nebenzimmer kommt ein Bursch herein. In der Rechten hält er ein Gilet. »*Um acht Kreuzer* a Gilet, billiger kann i's net geb'n!« Es findet sich kein Käufer, und der arme Teufel wird hinausgeschimpft.

Die Suppe kommt. Jeder fasst eine halbe Blechschale voll Einbrennsuppe aus. Es mag ein halber Liter sein. Bei der Gelegenheit wollen wir der Köchin ein Geheimnis verraten: In eine Einbrennsuppe gehört auch Salz, Schmalz und Kiem. Davon war wenig oder gar nichts zu spüren. Schließlich tut der Hunger weh, und ich löffelte gleich den andern meine Suppe aus, in die ich mir das Brot eingebröckelt hatte.

Der junge Hausknecht kommt und sammelt die Schalen ein. Es ist etwa halb sechs Uhr. Dann heißt es: Auf die Betten. Alles kleidet sich aus. Nr. 185 hat am rechten Oberarm eine eigroße, offene, eitrige Wunde. Sein Hemd ist ganz verklebt von der gelben Masse.

Es bildet sich um ihn eine Gruppe. »Was is Ihna denn da g'scheh'n?« – »Verbrennt hab i mi.«– »Wo denn? « – »Bei an Kessel. « – Die anderen haben ihn verstanden. Ich nicht. »Wie war denn das möglich?« – »No g'schlafen hab i, und da hat's durchbrennt.« – »San Sö in aner Fabrik?« – »Aber na, bei an Teerkessel hat er si' verbrennt«, ruft ein anderer dazwischen. Jetzt erst verstehe ich, dass die Wunde der Preis für ein Nachtlager des Obdachlosen war. Er hatte keinen anderen Unterschlupf gefunden, als irgendwo auf der Straße bei einem Teerkessel, dessen Wärme ihm die Nacht im Freien erträglich machen sollte. Dabei war er eingeschlafen und hatte sich verbrannt. Wir raten ihm, eine Spitalsambulanz aufzusuchen, damit er wenigstens ein Pflaster auf die Wunde bekommt. Er bleibt teilnahmslos. »'s wird scho' so a heil'n.«

Bisher war der Saal von zwei Auer-Lampen beleuchtet. Jetzt kommt der Hausknecht, verlöscht die Flammen und zündet in der Mitte des Saales eine kleine Hängelampe an. Die meisten haben sich ihr Bett zurechtgemacht. Auch ich habe bereits den einen Kotzen untergebreitet und den anderen als Decke gerichtet. Der Polster war schmierig. Ich wollte den Überzug wenden. Auf der anderen Seite war er speckig. Ich begnügte mich mit der schmierigen Seite. Als der Hausknecht kam, wickelte ich mich das erste Mal in die Decke. Ich sollte mich im Laufe der Nacht noch zwanzig Mal einhüllen, ohne meine Füße erwärmen zu können. Ich konnte viele meiner Schlafgenossen nicht begreifen, die splitternackt unter den Kotzen krochen.

Von Bett zu Bett spannen sich Gespräche.

»Hab'n die Mährer a an Konsul in Wien?«, fragte einer. Stille. Dann antwortet ein Anderer: »Na, an Konsul haben nur dö von Ausland.« Und nun begann er das Ausland aufzuzählen, in ununterbrochener langer Reihe: Bayern, Afrika, Spanien ... während die anderen längst schon über andere Dinge sprachen. Einem hatte sein Meister das Krankenbuch vorenthalten, und er holte sich nun Rat ein: »Du 88er, glaubst, muass 'r m'r 's geb'n?« ... Russland, Dänemark ... »Natürli, geh nur zur Krankenkassa hin« ... Italien, Frankreich ... »Vielleicht hat dei Master gar net ein'zahlt für di ...« Türkei, Schweden ... Nr. 190, der junge Blondkopf, wird lebendig. Er gibt ein Stück Lehrbubenrache zum Besten. Sein Meister hatte ihn mit einer Latte geprügelt, und er hatte ihn dann aus Rache angezeigt, weil der Meister schon vier Monate einen Gesellen beschäftigte, ohne ihn polizeilich und bei der Krankenkasse anzumelden. Dazwischen klingt es monoton ... Amerika, Belgien, Württemberg, Schweiz ... Als der Lehrjunge geendet hatte, erhob sich Gelächter. »Urndtli hat er blechen müass'n!«

Das Gespräch kam auf das im Asyl verabreichte Brot. Einige lobten es. Dann entspann sich ein kurzer Streit. »Es is wie's *Wärmestubenbrot*«, sagt der eine, darauf Nr. 186: »O na, ender wia s *Landesgerichtsbrot.*« Andere allgemein verständliche Vergleichungen stehen ihnen nicht zur Verfügung. Die Fachleute diskutieren noch eine Weile, dann wird es ganz ruhig im Saale.

»Wer d'rzählt denn a G'schicht'?«, fragt der 190er. »Jetzt

war's grad' so schön ruhig …« Allgemeines Schweigen. »A G'schicht' wird aufg'numm'n!« Aus einem anderen Saale hallt Beifallsklatschen herüber. Dort hat sich schon der Spaßmacher gefunden … »Pst! Pst!« »Also auf'passt!« Mäuschenstille!

Der blonde Lehrjunge macht den Anfang. Er erzählt eine Geschichte von zwei Brüdern, dem dummen und dem gescheiten, die eine Räuberbande überlisten. Bravo! Bravo!, ertönt es, als er geendet. »Dö war schön.« »Aber so recht 'was Grus'lig's sollt aner d'rzähl'n.«

Einer hustet gottsjämmerlich. »Na, na, so a Husten …«, meint sein Nachbar. Der aber: »I bin froh, dass i 's scho' a bissl verlor'n hab'. Macht's die Tür zua, es ziagt. So oft die Aborttür aufgeht, ziagt's als wia.« Sie ist an der Hoffront des Saales. Ich suche den Ort auf. *Mein nackter Fuß tritt auf kalte Steinplatten. Könnte da nicht eine Bretterdecke liegen?* Das kostet wenig, und es würde so viele arme Teufel, ohnehin Kranke, vor Verkühlung schützen. Die Ventilation im Abort ist eine gute, so dass es einem einen förmlichen Rückschlag gibt, wenn man wieder in den Saal tritt. Diese Atmosphäre! Es ist furchtbar. Wie wird das in der Nacht erst werden?

Das Husten lässt ein wenig nach. Es tritt wieder ein Moment der Ruhe ein. »Wer d'rzählt denn a G'schicht'?« In der Gassenabteilung des Zimmers meldet sich einer: Er eröffnet den Reigen der Kaiser-Josef-Geschichten, die nun in langer Folge erzählt werden, mit der lustigen Erzählung »Kaiser Josef und der Zuckerbäckerlehrling«. Darin kommt auch eine Kaufmannstochter vor. Als der Erzähler so weit gekommen war, widersprach ihm eine Stimme: »Das war den Grafen Kaunitz sei' Tochter!« – Der Erzähler: »Alsdann, i hab ausg'redt – wannst 's besser waßt, so d'rzähl' du weiter!« – Die Stimme: »Es war in Grafen Kaunitz sei' Tochter!« – Zweite Stimme: »Halt die Goschen. Lass'n weiter d'rzählen. D'rzähl' weiter!« – Der

Erzähler weigert sich noch eine Weile, sein Ehrgeiz ist verletzt – dann erzählt er aber die Geschichte doch zu Ende.

Ein Erzähler nach dem anderen verstummt, und alles lauscht dann folgendem Zwiegespräch:

Erster: Heut bist erscht losgangen? – *Zweiter:* Ja, ich hab ja nur achtundvierzig Stund' g'habt. – *Erster:* Weg'n was denn? – *Zweiter*: Es war nur polizeilich. I bin nur froh, dass s' mi net der Polizei überstellt hab'n. I hab g'schaut, dass i weiterkumm. Es is ja net zum Existier'n da drinn. Aner, der in Weisl[1] g'habt hat, hat fünf Monat' ausg'fasst. A and'rer is erst aus Stan kumma: in Untersuchung. Er is sieb'n Monat' g'sessen und hat si dabei 21 Gulden g'riss'n. – *Erster:* Mit was denn? – *Zweiter:* Zigarettenschachteln hat er g'macht. 60 Stück sechs Kreuzer; mehr als 180 hat 'r net machen därfen in Tag. War a net mögli g'wesen. Wia er außikummen is, hat er a sei *anders* Geld behob'n. Sie haben einbrochen g'habt und nachher 's Geld in aner Schachtel vergrab'n. 600 Gulden. Wie sie 's wieder g'holt hab'n, war die ane Seiten verfäult, und zwa Hunderter hab'n lauter klane Lickerln g'habt. Dö hab'n s' z'rissen und in Bach g'wurfen. – *Mehrere Stimmen* (zugleich): Dö hätten s' do austausch'n kinna! – *Eine Stimme:* 's Beste is, wann m'r a Geld vergrabt, dass m'r's in a Flaschl gibt. Da kann nix g'scheh'n. A meiniger Kamerad hat fünf Jahr g'fangt, aber sei Geld hat er do kriagt, wia er losgangen is.

Eine Weile geht dieses liebliche Gespräch fort. Es schlägt acht Uhr. Dann werden wieder Geschichten erzählt. Einer erzählt die Geschichte vom Grafen Monte Christo. Die ist gruslig genug. Sie wird allgemein gelobt. Von der Insel Iff, auf der der Graf von Monte Christo gefangen saß, kommt das Gespräch auf die Teufelsinsel und auf Dreyfus.

»Was für aner Partei g'hört denn der an? Is er a Deutsch-

---

1 Wienverweis

nationaler oder a Christ?«, fragt einer. Er wird aufgeklärt. Dabei wird von den Juden gesprochen, und wenn davon einmal die Rede ist, spricht man auch vom Lueger. Der Herr von Wien bekam keine schöne Nachrede. »*Zweitausend Sackeln im Werkhaus picken. Da sollt' er si' amal d'rzuastell'n und nachher dö Fisol'n fress'n.*«

Es wird noch viel raisoniert, erzählt, gehustet. Dann ist Ruhe. Es schlägt auf der Turmuhr der nahen Weißgerberkirche zehn. »Zehne is'. Wann nur dö Nacht scho' zu End' wär'!« Die Stimme findet Echo – unbehaglich liegende Menschen wälzen sich auf ihren Lagerstätten. Ich selbst wälze mich von rechts nach links und von links nach rechts. »Wenn's nur schon sechs Uhr wär'!«, so denke auch ich.

Die Nacht liegt über dem Saale. Ich lausche ihren Stimmen, dem Stöhnen meines Gegenübers, dem Husten aller, dem Seufzen und Schnarchen und Rasseln der Verschleimten. Bis drei Uhr höre ich alle Stunden schlagen. Dann finde auch ich kurze Ruhe. Dumpfer Schlaf. Um halb sechs Uhr bin ich wach.

Da wird es auch schon lebendig. Um sechs Uhr wird wieder die große Beleuchtung entzündet. Die Nachtlampe verlöscht. »Auf!« Der Verwalterssohn kommt mit einem Blechgefäß voll Wasser. Er geht seinem Privatvergnügen nach, indem er die anschüttet, die noch im Bette liegen. »I wir' euch Füaß' mach'n!« Auch im Asyl ist der Morgenschlaf der beste.

Im Parterre sind die Waschapparate. Eine lange Rinne und darüber Auslaufpipen. Seife gibt es keine, die sechs oder acht dreifach langen Handtücher sind durchnässt. Mir bleibt ein Fleckchen, so groß wie meine Handfläche. Im Flur putzen sich die Obdachlosen die Schuhe. *Für das Putzzeug entrichtet jeder*, wie mir gesagt wird, *dem jungen Herrn zwei Kreuzer*, obwohl es in der Hausordnung heißt, dass das Putzzeug nur dem Verwalter zurückzustellen ist. Von einer Gebühr ist keine

Rede. Ich eile weiter und in Sätzen auf die Stiege, wobei ich stolpere. »*D'rstöss' di!*«, ruft mir der junge witzige Herr freundlich schreiend nach. »Dank schön!«

Dann kommt wieder die Einbrennsuppe. Die Köchin hatte sich über Nacht nicht gebessert. Die Aussicht auf baldige Erlösung verschlägt mir den Appetit – ich mache Nr. 187 damit glücklich. Endlich ist es sieben Uhr.

Wir eilen die Stiege hinunter. Der Verwalterssohn hinter uns. Im Halbstock bleibt er stehen: »Dass 's alle um halber Fünfe da seid's!«, ruft er uns zu. Darauf der Verwalter: »Wann s' net da san, liegt a nix dran, san andere da.«

Das Tor wird geöffnet. Luft! Über Nacht ist es bitterkalt geworden, und ich eile, nachdem ich eine Einladung in die Wärmestube ausgeschlagen hatte, zu einem Bekannten in der Nähe, der meinen warmen Winterrock mir aufgehoben hatte. Die anderen aber zerstreuen sich in ihren dünnen Röcken und zerrissenen Schuhen nach allen Richtungen – tagsüber ein Wärmeplätzchen zu finden.

Arbeiter-Zeitung Nr. 355 vom 25.12.1898

Eine Hauptstreifung in der Brigittenau

»Verschüttet.« – Eine Nacht Polizeihäftling

In dem Artikel über das »Hotel zur Teppichklopferei« habe ich der Polizei bitter Unrecht getan. Ich schrieb damals in Beziehung auf die acht Höhlenbewohner der Großstadt, die ich im »Zweiercoupé« des »Hotels« besucht hatte, dass die Polizei sie ruhig verderben lässt, weil sie ihnen kein anderes Obdach als den stinkigen, überfüllten Polizeiarrest bieten kann, den diese armen Menschen noch mehr fürchten als ihr selbst gebautes Höhlenhaus. »Die Polizei lässt sie gewähren, und sie tut noch gut daran«, hieß es dort weiter, »dass sie so handelt, wenn sie nicht helfen kann. Aber wenn ein Funken sozialen Geistes in den Polizeigehirnen steckte, dann müsste die Polizei diese ihr längst bekannten Tatsachen in die Welt hinausschreien, immer und immer wieder bekanntmachen, um dadurch den *Wiener Magistrat* zu zwingen, diesem menschenunwürdigen Zustand ein Ende zu bereiten.« Darin, dass ich annahm, die Wiener Polizei könnte sozial richtig handeln, liegt das bittere Unrecht, das ich den Herren zugefügt habe. Sie scheinen das empfunden zu haben und nahmen – den Obdachlosen die Sache sehr krumm. Vergeblich suchte ich einige Tage lang in dem Polizeibericht eine Schilderung, die auf den Wiener Magistrat wirken sollte, vergeblich suchte ich auch nur ein Wort darüber zu finden, was die Polizei unternommen hat, um die Obdachlosen in menschenwürdige Verhältnisse zurückzubringen. Einer Behörde, deren Ausstellung seinerzeit der *Wohlfahrtsabteilung* angegliedert war, konnte man ja immerhin zumuten, dass sie ehrlich gemeinte Winke verstehen werde. Es kam anders. Die offiziellen Flöten schwiegen, also musste ich mich selbst wieder auf die Beine machen, wenn ich etwas über das weitere Schicksal der Brigittenauer Obdachlosen erfahren wollte.

Am Montagvormittag flanierte ich in der Brigittenau, um meine Freunde aus der Teppichklopferei zu finden. Bald trieb sie mir der Zufall in den Weg, und bald wusste ich auch, warum von den polizeilichen Aktionen nichts bekannt geworden war. Die Brigittenauer Polizisten hatten an den Obdachlosen furchtbare Rache genommen. Noch am Abend des 8. November, an dem meine Schilderung erschienen war, brach eine »Schmier« – so heißt in der Sprache der Vagabunden die polizeiliche Streifung – in das »Hotel zur Teppichklopferei« ein und begann den Feldzug gegen diese Abteilung des großstädtischen Lumpenproletariats. »Mit die Sabeln san die ›Putz‹ auf uns losganga …« »Der ›Polak‹ von der Jubiläumsbruck'n war der Anführer …« »Viere san bei die Coupé mit der Latern kumma, viere bei der Teppichklopferei und achte war'n in der Mitt'n. So san's einig'stürmt. ›Ös Gauner, ös ›Falloten‹ …‹ ›Steh'n bleib'n oder ich schieße!‹, hat der Polak' g'schrien, und der *Riemser* hat mi mit'n Sabel am Kopf g'haut'…« »Unser'n Hund, den ›Pst!‹, hab'n's für a Dacken g'halten und hab'n s' a mitnehma woll'n, aber der Hund is ihna davon…« »›In die Donau schmeiß m'r euch, ös Hund, dass amal d'rsaufts!‹, hab'n's g'schrien und alle Fetzen hab'n's außag'ramt und in d' Donau g'haut, ›dass's amal erfrier'n müass'n heraußt, dö Gauner …‹« So erzählen mir die Passagiere des »Hotels« im bunten Durcheinander ihre Erlebnisse in der Schreckensnacht. »Mei Bruader hat an *Ziegelstan am Kopf kriagt*, weil 'r net glei außi'ganga is.« Jeder weiß ein Detail, alle sprechen zugleich, der eine beschwert sich über den Wachmann Riemser, der andere über den Riedl, der dritte über den »g'flickt'n Meier«, der vierte über den »jüdischen Inspektor«, den »Vierauget'n«.

Arretiert wurden ihrer fünfundzwanzig. Und seither kommt die »Schmier« jede Nacht. Die Coupés wurden zugeschüttet, die »Betten« herausgestellt – dennoch suchen Nacht für Nacht die Obdachlosen dort Unterkunft. – »Wann is denn wieder a Streifung?« – »Murg'n ganz sicher.« – »Da werde ich mich mitstreif'n lass'n. Wollt ihr mir behilflich sein?« – »Ja, kummen S' nur, mir san bis um Neune beim …« Sie nannten den Namen einer Stätte, in der sich Hungrige, die nur wenige Kreuzer zur Verfügung haben, zusammenfinden. »Kummen S' nur. Aber geb'n S' Acht, dass S' kann Ziegelstan am Kopf kriag'n.« – »Vor der Polizei hab i ka Angst, nur *ihr* dürft in mir keinen Feind seh'n.« – »Da können S' ruhig sein. Mir g'hör'n zu Ihna.« – »Also abgemacht, um Neune beim …« – »Mir san durt!«

Schwierigkeiten. Ich war Dienstag um halb neun Uhr zur Stelle. Meine Kompagnie fehlte. Bis viertel zehn Uhr wartete ich geduldig, und dann ging ich zur »Teppichklopferei« hinaus. Äußerlich ist noch alles wie früher, wenigstens im Dunkel der Nacht, die mich umfängt. Nur einige Zillen mehr stehen außerhalb des lang gestreckten Schuppens. Unheimliche Ruhe umgibt mich. Deutlich vernehme ich das Fließen des Wassers. Sonst dringt kein Geräusch an mein Ohr. Es ist noch niemand da. Also zurück auf die Suche. Ich wandere die Treustraße hinab. Bis zur Othmargasse gehe ich vor, dann wieder zurück zur Teppichklopferei. So pendle ich zwei Mal hin und her. Keine Menschenseele begegnet mir. Nur an der Planke eines Holzplatzes glaube ich im Dunkel der Nacht zwei Gestalten zu sehen. Liebesgeflüster dringt zu mir herüber … Da ich zum dritten Mal zurückgehe, begegnet mir der einzige Passagier der »Teppichklopferei«, über den ich eine schlimme Äußerung seiner Elendskameraden in meinem Artikel mitgeteilt hatte. Der »Hausmeister«. Mein Feind?! Soll ich mich an ihn anschließen?

Ich ziehe die Krempe meines alten Lodenhutes noch tiefer in mein geschwärztes Gesicht und komme unerkannt an ihm vorüber. Er wandert in sein Quartier hinaus. Schon sinkt meine »Hoffnung«, mit dem Polizeiarrest heute Nacht Bekanntschaft zu machen, als ich im Dunkel zwei Gestalten auftauchen sehe. Ich berechne meine Schritte so, dass wir bei einer Laterne zusammenkommen. Wieder Fremde – aber sie sind »Bettgeher«. Sie sprechen gerade von dem kleinen Ranisch. Rasch entschlossen spreche ich sie an: »Is's wahr, dass der Ranisch a Quartier hat?« – »Weg'n was woll'n S' denn dös wissen?« – »I interessier' mi für ihn.« – Jetzt beugt sich der große Mensch etwas nieder und sieht mir scharf ins Gesicht: »San Sö vielleicht der Max Winter?« – »Ja … und Sie der Huber?« – »Na, der bin i net!« – »Das is ja übrigens all's ans. Ich hab die Absicht, mich heut Nacht verschütt'n zu lassen, weil ich g'hört hab', dass euch die Polizei jetzt jede Nacht am Hals kummt. I hab mi mit'n Rudl und mit'n Wenzl und mit no a paar andere z'sammb'stellt, und dö hab'n mi aufsitz'n lass'n.« – »Von mir aus können S' a ›Kiewerer‹ sein. I pfeif' auf mei Leb'n … Wo hab'n S' Ihna den z'sammb'stellt?« – »Beim …« – »Durt geht ja dö ›Platt'n‹ gar net hin.« – Jetzt mischte sich der zweite ins Gespräch. Ein kleiner Junge, der mir kaum bis zur Achsel reicht. »Dö sitz'n alle beim Auskocher.« – »Gehen S', helfen S' mir's such'n …«

Arretiert! Wir gehen über einige unverbaute Plätze der Klosterneuburger Straße zu. Der Rossfleischauskocher hat schon gesperrt. Auch ein zweites Lokal, wohin uns der Kleine führt, ist bereits geschlossen. Es ist ja auch schon zehn Uhr vorüber. Wir kehren um und wandern langsam wieder die Klosterneuburger Straße hinaus. Bei einer Laterne machen wir Halt, und der Größere von beiden zeigt mir seinen Werkhauszettel. Er ist am Samstag dem Werkhaus überstellt worden und nach achtundvierzig Stunden wieder losgegangen, nachdem er seine 4000 Sackln gepickt hatte. »Fix, dös stiert m'r's. Wann nur dö ›Hütt'n‹ net mehr war'. Mein' Platz hab i dadurch verlur'n. I hätt' mit'n ›Viertel‹ fahr'n könna, aber i kann mi do net von der Polizei zu mein' Herrn stell'n lass'n?!« Diese heilige Ordnung, die einen Menschen ums Brot bringt, weil Gesetz Gesetz ist, kann er absolut nicht begreifen. Ich lese eben den Werkhausschein, da kommt auf der anderen Seite der Straße ein Polizeiwachinspektor. »Der Totenhansl«, sagt der Größere meiner Begleiter, der *Huber*, wie ich nun auf dem Werkhausschein lese. Ich hatte ihn also doch erkannt, den Huber, den zweiten »Hausmeister« des Hotels »zur Teppichklopferei«. Der Inspektor geht uns vor und wir langsam hinterdrein. Plötzlich naht unser Verhängnis. Ein Rayonsposten bietet dem Inspektor willkommene Verstärkung. Einige Worte der Verabredung, und sie stellen uns. Der Inspektor hat den Hauptangriff, der Wachmann fällt uns in die Flanke. »Wo wohnen S' denn, Herr Huber?« – »Nirgends! Das wissen S' ja eh, was frag'n S' denn erst. Sö hab'n mi do um mei G'schäft bracht, in d' ›Hütt'n‹ außi, Sö ...« So schreit der Huber. Der Kleine steht gedrückt neben mir. – »Und Sie«, wendete sich der Inspektor mit etwas böhmischem Akzent an ihn, »wo wohnen Sie?« – »I bitt, i hab bis gestern in der Romanogass'n ...« – »Ist schon gut. Und Sie, Herr?« Damit wendet er sich an mich. Ich war bis dahin in der Mitte der beiden gestanden, die Hände in den Hosentaschen vergraben, den Rock offen, um den zerfetzten blauen Barchentjanker besser zur Geltung zu bringen. »*I verweiger Ihna die Auskunft.*« – »Was? ... Wie heißen Sie?« – »I verweiger Ihna d' Auskunft.« – »Wo wohnen Sie?« Der gute Mann ist ratlos. – »Er verweigert d' Auskunft«, sagt der Wachmann zu ihm. – »Nemmens S' den Herrn mit«, sagt der Inspektor und weist dabei auf Huber, »und den a«, damit meint er den

Kleinen … »und den Herrn a, weil er die Auskunft verweigert.« Ich war glücklich arretiert, schneller als ich es mir gedacht hatte.

In der Wachstube. Wir werden zunächst in die Wachstube des Kommissariatsgebäudes geführt. Beim Aufnahmstisch sitzt ein Wachmann und zählt eben das Geld eines Häftlings ab. »Zwa Guld'n vierz'g Kreuzer. Da könnten S' scho a Bett drum krieg'n.« Der Häftling steht mit weinerlicher Miene dabei. »Na, so a Schand'… weg'n nix arretiert …« Plötzlich wendet er sich zur Tür. »Ah, habts mi gern!«, schreit er noch, und draußen ist er. Der schreibende Wachmann springt vom Tisch auf, ein anderer, älterer, erhebt sich von seiner Liegestätte hinter einer spanischen Wand und kommt hervor. Sein Kollege ist schon bei der Tür draußen. »Was is's denn?«, fragt der alte Wachmann. »Palisiert is er«, sagt der Huber. »Und der Wachmann is ihm nach.« – »Wer war's denn?«, fragt der Ältere einen Wachmann, der auf dem Feldbett beim Fenster liegt. »Der Hibscher.« – »Na, der erwischt 'n scho.« – Nach dieser beruhigenden Mitteilung wendet sich der Wachmann an uns und beginnt unser Nationale aufzunehmen. Huber und der kleine Tischler – ein solcher war mein zweiter Kamerad – geben ruhig ihre Effekten aus dem Sack und legen sie in den Hut. Der Wachmann, der uns eingebracht hatte, wendet sich an mich mit seinem offenen Notizbuch: »Wie heißen Sie?« – »I hab Ihna 's scho g'sagt, dass i die Auskunft verweiger'.« – »Aber was soll i denn einschreib'n?« – »Das müassen *Sie* wissen.« Nun nimmt mich mit demselben Erfolge der ältere Wachmann ins Verhör. Mittlerweile ist auch schon der Inspektor gekommen, der uns angehalten hatte, und assistiert ihm. Beide bemühen sich vergeblich, mich zu bekehren.

Der Wachmann *Hibscher* kommt wieder zurück und schiebt den entflohenen Arretierten vor sich her. Mit sicherem Griff hält er ihn am Rockkragen. »I wer d'r geb'n a'pasch'n!« Er führt ihn ins erste Stockwerk zum Kommissär hinauf.

Eine »Goldkrone«. Meine Vernehmung hat durch diese Szene eine kleine Unterbrechung erlitten. Wieder beginnt das alte Spiel von vorn. Da ich absolut nichts sagen will, bestimmt mich der Inspektor zur Vorführung. Vorher werden meine Taschen durchsucht. Sack um Sack durchwühlt der Wachmann. Mein Haustorschlüssel, mein Taschentuch, mein abgebrochener Kamm, mein gesprungener Reklamespiegel und meine Zigaretten sind schon in den Hut gewandert. Der Havelock und Rock sind leer. Nun öffnet er den blauen »Janker« und durchsucht das Gilet. In einer der Taschen habe ich vorsichtshalber ein Goldstück aufbewahrt: 20 Kronen. Wenn alle Stricke reißen, soll diese Münze mich verdächtigen. Der Wachmann nimmt zuerst das Messer heraus, greift dann nochmals in die Tasche und zieht nun die funkelnde Münze heraus. Er traut seinen Augen nicht ... vielleicht hat der schlecht gezahlte Staatsdiener auch noch kein Zwanzigkronenstück in der Hand gehabt. Er hält es zur Petroleumlampe hin, die auf dem Tisch steht, der Inspektor beugt sich auch darüber, und endlich löst sich der Ausruf von seinem Munde: »*Eine Goldkrone!* ...« Langsam fasst er sich. »*Eine Goldkrone.* Sie kommen mit zum Herrn Kommissär.« Der Wachmann hat kaum Zeit, mir das Kleingeld aus der Hosentasche zu nehmen und es vor mir nachzuzählen. So eilig hat es der Inspektor. Der Flüchtling kommt zurück. Seine Unschuld hat sich herausgestellt. Er ist ein Opfer der Streifung und kann nun gehen. Er weint vor Zorn. »Was blatzt d' denn?«, ruft ihm der Huber zu. Das Weitere erfahre ich nicht mehr. Ich werde dem Kommissär vorgeführt.

Der Inspektor täuscht sich groß. Über die Stiege hinauf muss ich ins Kommissariat. Im Vorzimmer warte ich einen Augenblick, dann werde ich eingelassen. Der Kommissär – Herr *Blum* hat Dienst – mustert mich und beginnt dann seine Fragen: »Wie heißen Sie? – Wo wohnen Sie?« Auch ihm verweigere ich die Auskunft. »Also Sie wollen es nicht sagen?« – »Nein.« – »Warum nicht?« – »Weil i nix ang'stellt hab', dass mi *der* Herr arretieren kann. I bin ruhig 'ganga, hab niemand'n nix in Weg g'legt und bin mitg'numma wurd'n. I möcht' do sehn, ob m'r in Wien so mir nix dir nix arretiert werd'n kann, wenn m'r nach Zehne durch d' Klosterneuburgerstraß'n geht.« – »Was Sie da sag'n, is ja blöd!« – »Herr Kommissär, i bin höfli, i brauch' m'r das von Ihnen net sag'n z' lassen.« – »Das ist blöd. I sag's noch amal, das ist blöd. Was woll'n Sie denn erreichen damit, dass Sie nicht Ihren Namen sag'n?« – »I möcht' sehn, ob m'r an Menschen so arretieren kann.« – »Wissen S', was S' erreichen werd'n? Jetzt bleib'n S' über d' Nacht im Arrest und in der Früh werden S' dann dem *Erkenntnissamt überstellt. In einer halben Stund' wissen wir, mit wem wir's zu tun hab'n.«* – »Das is möglich.« – »Also Sie sag'n's nicht, wer Sie sind?« – »I hab Ihnen mei' Antwort scho geb'n.« – »Also gut. Führ'n S' ihn ab!«

Ich wende mich zur Tür. Da wirft sich der brillentragende Inspektor in die Brust und sagt zum Kommissär, indem er seine Finger bei jedem Wort gegen mich schleudert, um seinen Worten mehr Nachdruck zu geben: »*Herr Kommissär, wann ich mich nicht groß täusche, so hab ich den Fall schon vor sieben Jahr'n gehabt.*« Der Kommissär wiederholt seinen Befehl, und ich werde abgeführt.

Im Arrest. Im Parterre öffnet sich die Arresttür vor mir; der Wachmann Hibscher reißt die Riegel zurück, sperrt auf und schiebt mich hinein. Hinter mir fällt die eisenbeschlagene Tür ins Schloss. Ich bin im Polizeiarrest und warte der Dinge, die da kommen werden. Ich finde bereits drei Kameraden vor. Zwei schlafen auf der für vier berechneten Pritsche. Einer sitzt auf ihr, mit dem Rücken an die Wand gelehnt, die Füße mit den schweren Stiefeln hat er oben. Der andere Wandsitz ist frei. Auf ihm quartiere ich mich ein. Keine fünf Minuten später werden auch meine beiden Kameraden in den Arrest geschoben. Sie hatten mich bei dem Verhör, dem auch sie unterzogen worden waren, nicht verraten.

Das zweite und dritte Verhör. Wir haben uns noch nicht ausgesprochen, als schon wieder der Herr Hibscher in der Tür erscheint und mich zum Verhör holt. Die Sache fängt mich zu belustigen an, und ich schlage eine andere Taktik ein. Ich bleibe bei meiner Weigerung, Angaben zu machen, bringe dafür aber einen plausiblen Grund vor. – »Ja, warum wollen Sie denn nichts sagen?« – »Weil ich nicht weiß, was mit mir dann geschieht. Sie telegrafieren vielleicht wohin – ich weiß ja nicht, was Sie tun – und es wird dann weg'n mir wer im Schlaf gestört. Vielleicht hab ich Angehörige in Wien, die ich nicht *deshalb weil ich in der Klosterneuburgerstraße spazieren 'gangen bin*, in Aufregung versetz'n will.« – »Ich kann Ihnen nicht versprechen, dass ich nicht telegrafiere. Aber wenn Sie ein harmloser Mensch sind – es ist ja *möglich* –, dann sagen Sie's doch. Sie verschlimmern nur Ihre Lage. Zum mindesten müssen Sie bis morgen Früh im Arrest bleiben.« – »Ich werde mein Los mit *der* Geduld ertragen, die man unter solchen Umständen haben muss. Ich leide lieber selbst, als dass andere weg'n mir leiden. *Ich* bin nämlich rücksichtsvoll.« – Der Kommissär lächelt maliziös. »Sie fangen an, mich zu belustigen.« – »Das freut mich. Wie ich sehe, haben die Herren einen ziemlich anstrengenden Dienst, und ich bin glücklich (mit einer artigen Verbeugung), Ihnen eine frohe Stunde zu bereiten.« – Der Kommissär und ein Detektiv, der, an ein Stehpult gelehnt, hinter ihm steht, lachen. Verzweifelnd machte der Kommissär noch einen Versuch, und dann lässt er mich abführen.

Keine zehn Minuten später stehe ich abermals vor dem Inquisitor. Diesmal kommt er mir von der höflichen Seite. Von dem Menschen mit der blöden Verantwortung bin ich mittlerweile zu einem, der einen intelligenten Eindruck macht, und dann gar zu einem sehr intelligenten Menschen avanciert. Ich bedanke mich jedes Mal für das Kompliment, bleibe aber weiter der verstockte Sünder.

Auch ein Verdacht keimt nun schon in dem Kommissär auf. »Sie können ja ein harmloser Mensch sein. Warum wollen Sie also im Arrest bleiben? Haben Sie einen bestimmten Grund?« – »Sie kennen ihn.« – »Wann werden Sie sagen, wer Sie sind?« – »Vielleicht morgen Früh, wenn ich gut aufgelegt bin.« – »Werden Sie gut aufgelegt sein?« – »Das kommt darauf an, wie ich schlafe.« – Ein Lächeln umspielt die Mundwinkel des Kommissärs. »Ich habe einen bestimmten Verdacht, dass Sie ein Herr sind, den ich persönlich nicht kenne, von dem ich aber glaube, dass er im Stande ist, in solche Situationen zu kommen.« – »So?« – »Sind Sie der Herr?« – »Ich weiß nicht, wo Sie hinaus wollen, Herr Kommissär, aber ich bin mir keiner Handlung bewusst, dass Sie mich kennen müssten. Es ist möglich, dass mich die Polizei kennt, aber ich wüsste nicht, weshalb.« – »So, dann werden Sie es also nicht sein.« Nochmals und nochmals nimmt der Kommissär seine Versuche auf, mir vorzustellen, dass ich meine Lage nur verschlimmere. Ich bleibe aber verstockt. Endlich lässt er mich wieder abführen. Da ich in der Tür bin, ruft er mir zu: »*Also, machen Sie Ihre Studien!*« Verständnislos sehe ich ihn an, merke aber, dass es hoch an der Zeit ist, auf der Hut zu sein.

Ein alter Polizeiwitz. Die Tür ist hinter mir wieder zu, und ich beginne eben mit dem Huber zu wispeln, als ich draußen wieder Schritte höre. Schon sitze ich in meiner Ecke und »tunke«. Dabei denke ich an den alten Polizeiwitz, verstockte Sünder plötzlich bei ihrem Namen zu rufen, um sie zu entlarven. In dem Moment öffnet sich die Tür. Der Detektiv erscheint in ihrem Rahmen und ruft mit lauter Stimme in den Arrest: »Herr Winter!« Ich verrate durch keine Miene, wie sehr mich dieser Spaß unterhält, und tunke weiter. »Winter! Winter!«, ruft der Blondbärtige nochmals. Der Huber erhebt sich von seinem Lager und stößt mein Gegenüber auf der Pritsche an. »Haßt du Winter?« – »Ah lassts mi in Ruah.« – Der Geheimpolizist kommt nun in die Zelle und auf mich zu. Er rüttelt mich leise. »Schlafen Sie?« – »Na, muass i wieder 'nauf zum Kommissär?« – »Na, bleib'n S' nur.« Damit geht er. Nachdem wir uns sicher fühlen, wird der Huber lebendig. »Mit so aner alten Schmäh will Ihna der Kiewerer fangen.« Er lacht, und ich danke ihm für die Assistenz.

Ein hygienisches Gefängnis. Von da ab habe ich Ruhe, und ich kann mich mit Muße meinen Studien hingeben. Nur einmal noch versucht der Wachmann *Hibscher* mich herumzukriegen, da ich ihm aber sage, dass ihm doch nicht gelingen wird, was schon der Kommissär vergeblich gewollt hat, gibt er den Versuch auf und begnügt sich, mich nochmals zu durchsuchen, ob ich nicht vielleicht doch noch irgendwo eine Goldkrone oder sonst etwas habe. Ich konnte dem Manne den Gefallen nicht erweisen. Nicht einmal einen kleinen Dolch hatte ich mehr bei mir. Er hatte mich schon das erste Mal zu gründlich »ausg'stiert«, so gründlich, dass selbst meine Zigaretten zum Opfer gefallen waren. Meine Kameraden helfen mir aus. Zuerst mit einer ganzen »Drama« und dann, da absolut keine ganze Zigarette mehr aufzutreiben ist, mit Stümpferln, die sie vorsichtshalber immer sammeln. Kein »Tschick«, und sei er auch noch so klein, wird weggeworfen. Er wird »geköpft« – das heißt, es wird die Glut abgestreift – und dann wird er aufbewahrt. Mit dieser Ware werde nun ich versorgt. Da ich ein »Fluss« – Zigarettenpapier – bei mir habe, kann ich mir eine Zigarette drehen und mir doch ein wenig die Zeit vertreiben. Die Arrestluft beginnt bereits unerträglich zu werden, trotzdem wir erst unser sechs darin sind: einer, der den »Wienverweis« hat und bei den Franziskanern aufgegriffen wurde, als er um seine Suppe ging, ein junger Mensch, der die ganze Nacht wie eine Ratte schlief, ein Schwerkutscher, der sechs Stunden Arrest abzubüßen hat, und wir drei. Ich berechne mir den Luftraum. Acht Schritte lang = sechs Meter, zweieinhalb Schritte breit = zwei Meter und vier Meter zirka hoch, das gibt 48 Kubikmeter; der Arrest hat also nach dem Gefängnisluftmaß für vier Personen Raum – und wir sind unser sechs. Es sollte aber noch viel, viel schlimmer kommen.

Der verräterische Husten. Es mag etwa halb zwei Uhr sein, als wir den ersten Zuwachs bekamen. Ein grobschlächtiger Mensch wurde zuerst hereingeschoben. Er tobt und flucht: »Den Hund d'rwürg' i no … Der soll m'r nur eini kummen, der böhmische Fallot … An d' Wand pick i 'n an, den Gauner, den Galingdiab …«, so kommt es stoßweise heraus, dabei durchmisst er in großen Schritten die Zelle. Endlich macht er neben mir Halt, ergreift den Huber, der querüber liegt, bei den Füßen und schleudert die Füße gegen die Wand: »Brauchst du allan den Platz, Pülcher?« Dann kriecht er auf die Pritsche, nimmt von dem kleinen Tischler einen Teil seines Rockes, den dieser als Polster verwendet, und legt sich grollend nieder. Da knackt wieder der Schlüssel, und eine wahre Jammergestalt wird hereingeschoben. Der Fechtbruder, wie er im Buch steht. Der Große beginnt von neuem zu fluchen: »Da bist ja, böhmischer Fallot!« Der Angekommene drückt sich zitternd in eine Ecke. »I sag' d'r's, geh furt von durt, dass i di net siech … Gauner, Pülcher!« Da der andere jetzt ein paar Schritte macht, um einen anderen Platz zu wählen, hört man deutlich, wie in seinem Sack die Blechschale – der »Taxameter« – und der Löffel zusammenschlagen. Er zittert am ganzen Leib. Plötzlich springt der Große auf und stürzt sich mit einem Fluch auf ihn. Schon hat er ihn an der Gurgel … »Zu Hilfe! Zu Hilfe!«, kreischt der Angefallene kläglich. Ein Wachmann öffnet rasch die Tür. »I sag' Ihna's, Berger, wann S' ka Ruah geb'n krieg'n S' doppelte Ketten!«, herrscht er den Angreifer an. Der zieht sich knurrend zurück. Flehentlich bittet der böhmische Fechtbruder, ihn nicht im Arrest zu lassen. »Bleiben S' nur da, es g'schiecht Ihnen nix.« Der Große liegt schon wieder auf der Pritsche, grollt eine Weile fort und legt sich dann mit der Schmeichelei nieder: »Ah was, es steht m'r net dafür, weg'n so an böhmischen Griasler; aber mir soll no amal aner kumma! Verrecken lass' i eahm ehnder …« Jetzt mengt sich der Mann mit dem »Wienverweis« ein. »Hat er g'wamst?« – » Da hätt' i den Hund do glei d'rschlag'n. *G'huast hat 'r*, wie die Putz[1] vurbeikumma san. Sechs Woch'n hab i scho den schön' Platz g'habt und hab alle Nacht ruhig pfeiffen könna, und jetzt huast der Kerl.« – »*Ja, huasten därf m'r net. Das is bös!*« – »I hab'n scho' net zuhi lass'n woll'n, aber weil 'r so schön bettelt hat, der böhmische Fallot …« – »Wo habt's denn 'pfiff'n?« – »Bei an Gärtner!« – »Am Haufen?« – »Ja.«

Der Herr mit'n »Siphon«. »Wo hast denn *du* 'pfiff'n?« – »I? Mi hab'n s' weg'n Wienverweis g'schnabelt.« – »Ui je! Seit

1 Wachmann

wann hast d' denn 'n ›Siphon‹ anhänga?« – »Seit neun Jahr.« – »Hab'n s' di das *erste* Mal d'rwischt?« – »Na, scho's dritte Mal!« – »No, da kann scho' a schön's Schmalz außakumma.« – »'s letzte Mal hab i zehn Tag g'habt.« – »Da kannst dösmal scho' zwa Meter Schmalz[1] fass'n. Wer hat di' denn g'schnabelt?« – »A Putz. Scho' 's zweite Mal derselbe. Er is früher am Ballplatz g'stand'n. I bin eahm eh ausg'wich'n, den … und jetzt packt 'r mi bei dö Franziskaner. Dass dö Putz jetzt so oft 'n Rayon wechseln, hab i net g'wußt. Früher war dös amal anders.« Der böhmische Fechtbruder hat sich mittlerweile zu meinen Füßen auf den Erdboden gelegt und stimmt bald ein in das allgemeine Schnarchkonzert, das nun beginnt. Unerträgliche Misthaufenluft steigt von dem vor mir liegenden Menschenklumpen auf. Ich gebe meinen Platz einstweilen preis und drücke mich in die entfernteste Ecke.

Die »Passagiere« des »Hotels zur Teppichklopferei« sind der nächste Schub, der in den Arrest kommt. Sechs Mann hoch marschieren sie auf, an der Spitze mein Feind, oder doch der, den ich dafür hielt: der zweite Hausmeister des »Hotels«. Er tritt an die Pritsche heran und fragt, wer schon da sei. Der kleine Tischler sagt, dass der Huber in der Ecke liege. »Der Huaber? Wo hat denn der heut 'pfiff'n?« – »Nirgends. Auf der Gass'n haben s' uns z'samm'packt.« Das kann der »Hausmeister« gar nicht fassen. Er rüttelt den Schläfer auf und leuchtet mir dann mit einem Streichholz ins Gesicht. Ich hatte mich mittlerweile wieder auf meinen Sperrsitz zurückgezogen. Er wird nicht klug aus meinem Gesicht. Für mich gilt es nun aber zu handeln. War er mir wirklich feindlich gesinnt, dann konnte er Lärm schlagen und mich verraten. Ich mußte also mit ihm paktieren. Ich lege den Zeigefinger an die Lippen und ziehe ihn in eine

1 Zwei Monate Arrest

Ecke. Dort erzähle ich ihm meine Abenteuer und gewinne sofort seine Sympathie. Wenn er mir wirklich böse war, jetzt ist er mein Freund, der seine Zigaretten brüderlich mit mir teilt und mir behilflich ist, meine Studien fortzusetzen.

Von der »Hex« und anderen Sachen. Er verwickelt zuerst den »Einspänner« in ein Gespräch und dann horcht er alle Nachschübe aus. Der »Einspänner« erzählt, dass er erst am Samstag vom Bezirksgericht losgegangen sei. – »Weg'n was san S' denn g'sess'n?« – »Diebstahl.« – »Das erste Mal?« – »Na, 's dritte Mal. Aber immer nur wegen Teilnahme. In Summer war i sechs Monat beim Couvertmach'n.[1]« – »A weg'n Diebstahl?« – »Na, Einbruch. Aber schöner is durt no, wia da herin.« – »Geh', Hausmaster, i kräul aufi und mach 's Fenster auf. Dös is ja net zum Aushalt'n. In Stan hab i allani so a Quartier g'habt, wia mir da alle mitsamm'.« – Der »Hausmeister« hält ihm die Hand unter den Fuß und hebt ihn, elegant wie im Zirkus der Stallmeister die Kunstreiterin, in den Sattel. Ein Ruck, und er hat das Eisengitter umfasst, den Körper nachgezogen und nestelt nun an der Oberlichte des Fensters herum. Es ist eingerostet und kann nicht geöffnet werden, nur eine schmale Spalte bringt er auf. Wir sind also weiter verurteilt, diese stinkige Luft zu atmen. Schon sind wir unser sechzehn, und die Luft ist schon dick zum Schneiden. Ich glühe im Gesicht …

»Mi können's nimmer in d' Hütt'n[2] außistelln«, frohlockt der Hausmeister. »I hab zwa Monat Hausverbot.« – »Weg'n was denn?« – »Weg'n 'n Rauchen.« – »So? Is 's jetzt so streng?« – »Ja, wia aner raucht, kriagt 'r 'n Hausverbot. Mi können's murg'n scho' in Oderberger[3] setz'n, um halber Zwölf bin i wie-

1 Kuvertabteilung der Strafanstalt Stein

2 Städtisches Asyl und Werkhaus

3 Schubwagen

der frei.« – »Wann geht denn der Schub ab?« – »In d' Hütt'n geht um halber Neune 's Schiff.[1]« – »Mir hat 'r scho d' Hex[2] androht s' letzte Mal«, mengt sich jetzt wieder der »Einspänner« in's Gespräch; »jetzt därf i acht geb'n, sunst kumm i am End' a no in's Beiß[3], da is 's m'r in Kitterl[4] no liaber.« – »Mir können wenigstens net 'n Geist[5] krieg'n«, wirft nun einer dazwischen, der bisher geschwiegen. – »No, d' Hex hat scho' a ihre Mucken. G'schenkt bleibt kan nix. Ja wann m'r Lackböck tragerten und mit n' Zylinder spazieren gangerten, nachher war's was anders – aber uns hat glei' die ›Schmier‹[6] und der ›greane Heinrich‹[7].«

So lieblich gehen die Reden lange und lange fort. Die Neueingelieferten erzählen, wo und wie sie erwischt wurden – keiner von allen hatte ein anderes Verbrechen begangen, als dass er im Freien geschlafen hatte, weil er obdachlos war. Eine dreiköpfige »Platten«[8] hatte auf einer Wiese in einer mit Stroh gefüllten Grube gepfiffen. Einer von ihnen hat einen gebrochenen Fuß, der nicht ordentlich ausgeheilt zu sein scheint. Er hinkt. Die anderen beiden sorgen für seinen Unterhalt – das heißt, sie teilen ihren Branntwein mit ihm. Die Platte, mit der ich Rendezvous gehabt hatte, wurde nicht erwischt.

Das Geständnis. Es ist mittlerweile halb sechs Uhr geworden, und es scheint mir die Zeit gekommen, um zum Geständnis zu schreiten. Unsere Zahl ist auf *zwanzig* angewachsen. Vier

1 Schubwagen
2 Polizeiaufsicht
3 Haus, Arbeitshaus
4 Gefängnis
5 Wienverweis
6 Polizeiliche Streifung
7 Schubwagen
8 Kompanie von Leuten, die im Freien schläft. Platt machen = im Freien schlafen

liegen auf der Pritsche, vier sitzen darauf, drei haben es sich am Erdboden so bequem wie möglich gemacht und wir übrigen neun stehen in qualvoller Enge. Der »böhmische Fechtbruder« will nicht aufstehen und nimmt uns den Platz weg mit seinem plumpen Körper. »Geh', spuck eahm ins G'sicht!«, ruft einer *dem* zu, der dem Fechtbruder am nächsten steht. Der befolgt sofort die Aufforderung. Der Schläfer setzt sich nun auf und zieht die Füße ein. Den Speichel wischt er sich mit dem Ärmel aus dem Gesicht. Dann tunkt er weiter ... Diese Szene gibt mir den Rest. Ich »pumpere« an die Tür. – »Was woll'n S' denn?« – »Wecken S' mir den Herrn Kommissär auf, ich will ein Geständnis ablegen.« – »Wia haßen S'?« – »Sag'n S' nur, der Unbekannte.« – Er schlägt die Tür zu und geht – in die Wachstube. Fünf Minuten warte ich noch, dann klopfe ich wieder: »Um Sechse kummen S' zum Herrn Kommissär 'nauf.« – »Führen Sie mich sofort vor.« – »*Hängen S' Ihna auf!*« – »Sie, Herr Wachmann, merken Sie sich, was Sie gesagt hab'n.« – Das wirkt. Wenige Minuten später stehe ich vor dem Kommissär.

»Sie wünschen?«

»Mein Nationale will ich angeben und einige Beschwerden vorbringen.«

»Wie heißen Sie?«

»Max Winter.«

»*Also doch!*« Der Kommissär schlägt mit der Hand auf den Tisch auf, kann sich eine Weile gar nicht fassen und der Geheimpolizist hinter ihm ebenso wenig. »Also doch! Eigentlich haben wir Sie schon erwartet.«

»Sehr schmeichelhaft.«

»Ich habe mir schon beim dritten Verhör gedacht, *entweder sind Sie ein raffinierter Verbrecher oder der Max Winter.*« – »Besten Dank für das Kompliment ... Übrigens habe ich Ihren

Verdacht gemerkt.« – *Der Detektiv:* »Aber, dass Sie so gefasst waren und sich nicht gemeldet haben, wie ich Sie angerufen habe? Da hätt' ich nicht mehr gedacht …«

»Aber bitt' Sie, auf einen so alten Polizeiwitz soll ich hineinfallen!« Wir lachen alle.

»Und Ihre Beschwerden, Herr Winter?«, fragt der Kommissär.

»Die erste betrifft den Arrest. Wir sind unser *zwanzig unten bei einem Luftraum von 48 Kubikmetern.* Das ist unmenschlich, zum Ersticken! Nur vier können liegen. Die meisten stehen zusammengepresst wie Heringe. Dieses Obdachlosenquartier ist eine Schande für Wien … Dann muss ich mich über *den* Herrn (auf den Wachmann weisend) beschweren. Er hat mir vor fünf Minuten den Rat gegeben, mich aufzuhängen, als ich verlangte, vorgeführt zu werden.«

Der Wachmann leugnet.

»Na, lassen Sie's gut sein, Sie haben es gesagt, aber lernen Sie daraus, dass auch im Arrest Menschen sind.«

Der Kommissär: »Fast lauter notorische Vagabunden.« – »Aber doch auch Menschen, und es ist furchtbar, sie so zugrunde gehen zu lassen.«

»Haben Sie noch eine Beschwerde?«

»Nein.«

»Ich danke Ihnen. Sie sind entlassen.«

»Wenn ich nun aber doch der raffinierte Verbrecher bin, was dann?«

»Nein, nein, Sie sind schon der Richtige!«

Ich war entlassen. Als ich von meinen Kameraden beim Guckloch Abschied nehme, rufen sie mir zu: »Jetzt san m'r scho zwaazwanz'g!« Es hatte also jeder nur *2,4 Kubikmeter Luftraum bei dem Mangel jedweder Ventilation.* So sieht es in dem

Asyl aus, das *Polizei und Magistrat* den Obdachlosen bieten. Hab'n da die »Bettgeher« nicht recht, wenn sie lieber in der »Teppichklopferei« übernachten?!

Hängen S' Ihna auf – Herr von Winter! Der Wachmann, der mir früher den Rat gegeben hatte, dass ich mich aufhängen solle, ist nun die Liebenswürdigkeit selbst. Er übergibt mir mit Zuvorkommenheit meine Effekten, ersucht um meine Unterschrift im Aufnahmsprotokoll, und da ich mich zum Gehen wende, reicht er mir die Hand zum Abschied: »I hab die Ehre, Herr *von* Winter.«

Mit einem Lächeln auf dem Munde eile ich in den nebligen Morgen hinaus.

Arbeiter-Zeitung Nr. 315 vom 16.11.1901

In der Eiskammer von Wien

Wen in diesen Tagen sein Weg über die Reichsbrücke führt, der kann da unten im Bereich der Alten Donau Bilder von ganz eigener Art schauen. Jetzt eben sind einige hundert Proletarier daran, die Eiskammer von Wien zu füllen. Beim Schützenwirt an der Kagraner Reichsstraße verlassen wir den elektrischen Wagen und wandern zur Rechten einer Straße entlang hohen hölzernen Häusern zu, die wir schon vom Wagen aus gesehen haben. Diese Häuser sind die Vorratskammern der Wiener Eiswerke, die von der Sohle bis nahe unter das Dach mit einer einzigen riesigen Eismasse ausgefüllt werden, um dem Bedarf der Millionenstadt an Natureis das Jahr über genügen zu können. Die Vorsorglichen, die freilich auch über einen Eiskeller verfügen müssen, decken allerdings jetzt schon ihren Bedarf für das ganze Jahr. Aber gar vielen fehlen die Einrichtungen, um größere Eismassen das Jahr über aufbewahren zu können, und für den Bedarf dieser wurden diese sechs hölzernen Häuser, die in eins verwachsen sind, erbaut, und für diese werden sie in jedem Winter immer von neuem gefüllt, vorausgesetzt freilich, dass ein so gutes Eisjahr ist, dass die Gewinnung der *Million Zollzentner Eis*, die im Innenraum des Hauses Platz finden, möglich ist. Heuer ist ein solches gutes Eisjahr und es könnte, wie jetzt die Dinge stehen, die Eiskammer wohl noch ein zweites Mal gefüllt werden. Gute »G'frier«, aber nicht allzu strenge Kälte während des größten Teiles der Eiscampagne und dazu kein Schnee. Die Riesenflächen Eises, die sich auf dem alten Donaubett bilden, von der Kagraner Brücke bis hinunter zum ehemaligen Stürzl-Wirt, müssen nicht erst vom Schnee befreit werden, ehe der Pflug über sie fährt und ehe sie in die großen

Eisflöße zersägt werden, die dann, in immer kleinere Teile zerhackt und zerschnitten, schließlich in den Kanal schwimmen, der das Eiswerk rückwärts abschließt.

Doch eilen wir nicht den Dingen voraus. Wir haben uns eben in der Kanzlei die Erlaubnis zum Besuch des Werkes erwirkt und klettern, geführt von dem Platzmeister, die steile Treppe an der vorderen Holzwand des Hauses hinauf, bis dorthinauf, bis wohin gegenwärtig das Eis reicht. Und das sind heute etwa 30 Schuh über dem Erdboden oder, wenn wir unser jetziges Maß nehmen wollen, zehn Meter. Nachdem wir uns die Schuhe gewissenhaft abgeputzt haben, treten wir durch eine niedere Tür, eigentlich eine größere Fensterluke, in das Innere. Wir setzen sofort den Fuß auf Eis. Vor uns und zu unseren beiden Seiten dehnt sich eine einzige riesig große, von Eisblöcken gefügte Fläche, die mit jeder Minute, während der wir das eigenartige Schauspiel verfolgen, das sich uns nun darbietet, wächst. Von der gegenüberliegenden Wand schießen über Treppen, die bis zu unserem Standpunkt abfallen, Eisblöcke von neun Zoll Mächtigkeit und etwa von der Größe einer Quadratelle. Jeder Block ein Zentner und Block um Block schießt über die glatte Schleife herab und längs der Schleife stehen die Eisarbeiter, die mit ihren Zughaken die Blöcke dirigieren und schließlich dorthin bringen, wo sie sie haben wollen. Immer wieder wächst die Fläche der Höhe nach um neun Zoll, weil immer wieder auf die eisige Unterlage eine neue Schicht gebettet wird. So wächst der Eisberg in dem Hause, und er wird, noch ehe diese Zeilen dem Leser vor die Augen kommen, seine volle Höhe erreicht haben: zwölf Meter in den vier mittleren Häusern, dreizehn Meter in den beiden Anbauen zur Rechten und Linken. Flink geht den Eismännern die Arbeit von der Hand. Mit unendlicher Geschicklichkeit handhaben sie die Zughaken und bringen die Blöcke immer dorthin, wo sie sie haben wollen. Die Zwischenräume, die dadurch entstehen müssen, dass die einzelnen Eisblöcke ja nicht haarscharf abgekantet werden können, müssen – soll das Eis haltbar sein – möglichst dicht ausgefüllt werden, um der Luft den Zutritt zu wehren. Diese Tätigkeit heißen die Eisarbeiter das »Verzwickeln«. Sie bedienen sich dabei spitzer Eishacken, mit denen sie sehr geschickt die etwa entstandenen Zwischenräume ausfüllen. Ist die Normalhöhe erreicht, dann werden drei Fuß Stroh in leichten Lagen über das Eis gebettet, um die obersten Schichten gegen den Luftzutritt zu schützen. Der ganze Bau aber ist ringsum mit gleichfalls drei Fuß dicken Isolierwänden, deren Zwischenräume mit Sägespänen ausgefüllt sind, umschlossen. Die Entnahme des Eises im Sommer erfolgt während der Nachtstunden und immer in der Weise, dass stets eine ganze Schicht weggearbeitet wird. Dies ist nötig, weil sonst die Isolierung litte.

Am Kanal. Doch kehren wir wieder zur Erde zurück und schauen wir, *wie denn das Eis gewonnen wird.* Wir gehen um das Haus herum und stehen bald an der rückwärtigen Front der Eiskammer, durch welche die Eisblöcke den Weg in das Innere nehmen. Auf einem Balkengerüst, das ziemlich stark von der Sohle des Schwemmkanals bis hart unter den First der Eishütten ansteigt, ruhen acht Züge eines Paternosterwerkes, die, rollenden Trottoirs gleich, auf ihren durch vorstehende eiserne Rippen gebildeten Treppenabsätzen die Eisblöcke zur Höhe tragen. Unten am Kanal aber stehen an jedem Zuge zwei Arbeiter und schieben die Blöcke auf die rollende Welle. Von einem ganzen Heer anderer Arbeiter werden ihnen diese Blöcke zugeschwemmt. Diese anderen stehen auf kleinen Stegen, die den Kanal überqueren, und bearbeiten mit ihren Stichhaken so lange die Eisblöcke, deren hier immer zwei noch miteinander verbunden sind, bis aus dem einen großen Block zwei kleinere werden. Sie lassen die schweren Stichhacken so lange auf die vorgerissene Trennungsfurche niedersausen, bis aus dem einen Block zwei geworden sind. Gehen wir der Strömung des Kanals entgegen, so sehen wir die Blöcke, besser die Blockfamilien, immer größer werden. Zunächst schwimmen uns Blöcke entgegen, an denen wir die vier künftigen Teile vorgerissen sehen, dann kommen achtteilige, schließlich bei der ersten Brücke sechzehnteilige und bei der zweiten zwanzig- und noch mehrteilige. Je näher sie dem Paternosterwerk zukommen, desto kleiner werden die Eisblöcke; je weiter man sich vom Werke entfernt, desto größere Kolosse schwimmen einem entgegen. Bei der ersten Brücke ist es die Aufgabe der Arbeiter, den Block der Länge nach in der Mitte zu teilen. Ist es frisch kalt und scheint nicht die Sonne auf die Eisflächen, dann ist es keine harte Arbeit. Einige »Pecker« mit den Stichhaken, und das schwimmende Eisfloß teilt sich in der Mitte. Leuchtet aber die Sonne zu dieser Arbeit, dann wird das sonst so spröde Eis zähe und die Arbeiter haben rechte Mühe, die Teilung vorzunehmen. Bei der zweiten Brücke kommen *auf den Eisflößen Menschen heran geschwommen.* Ihrer zwei stehen auf dem Floß, das von zwei anderen, die an den Ufern gehen, mit Hilfe langer Schwemmhaken durch den Kanal bugsiert wird. Die zwei, die auf dem Eisblock stehen, *aber durchsägen ihn.* Mit langen Stichsägen durchschneiden sie stehend den Block, scheinbar mühelos.

»Da muaß m'r nur den richtigen Zug haben«, sagt mir ein »Schneider«, »dann is 's ka Kunst.«

Mein Mann scheint den richtigen Zug zu haben, denn er raucht bei seiner Arbeit gemütlich seine Pfeife.

Eispflügen. Endlich sind wir den Kanal entlang zu seiner Einmündung gekommen. Hier erst bietet sich uns das grandiose

Schauspiel der Eisgewinnung dar. Hier sind die Eisflöße noch zehnmal so groß, wie die, welche wir im Kanal gesehen haben, und es wimmelt auf ihnen von Menschen, die nichts zu tun haben, als den schwankenden schwimmenden Grund unter ihren Füßen mit Sägen und Hacken zu bearbeiten. Sieht man eine Weile zu, dann glaubt man es selber dem Partieführer, dass dieses Durchsägen so starken Eises eigentlich gar nicht gefährlich ist. Aber für den ersten Moment kommt es einem doch ein bisserl »entrisch« vor, wenn man auf dem schwimmenden Eisblock zehn Menschen sieht, die keine andere Tätigkeit haben, als die große Fläche, auf der sie ja sicher stehen mögen, in viele kleine zu zerteilen.

Aber schließlich überwindet man dieses Gefühl, denn die Technik der Eisgewinnung hat uns noch eine besondere Überraschung vorbehalten: *das Eispflügen.* Da wir im Werk das erste Mal dieses Wort gehört hatten, konnten wir uns keine rechte Vorstellung davon machen, wie denn das eigentlich sei. Aber jetzt, da unser Blick hinausfliegt, auf die unendliche Eisfläche, die sich, von den kahlen Auen begrenzt, so weit dehnt, so weit unser Blick nur reichen kann, gewahren wir weit draußen, nahe dem anderen Ufer des alten Donaubettes, zwei Gruppen, die sich aus der Ferne wirklich so ausnehmen wie pflügende Bauern. Über das grundgefrorene Randeis nehmen wir unseren Weg zu ihnen. Schon während des ganzen Weges konnten wir hart hinter der offenen Rinne, durch die das Eis vom »Stürzl« her geflößt wird, das Werk der Pflüger sehen. Die ganze riesige Eisfläche ist in gleich große Quadrate, die die künftige Stückgröße des Eises haben, eingeteilt. Diese Einteilung der Eisfläche der Länge und der Quere nach in ellengroße Quadrate ist die Arbeit des Pfluges.

»Früher amal«, sagt mir der Partieführer, »hätt' m'r zu der Arbeit wenigstens zwanzig Leut' braucht, und die hätten's net so schön g'furcht wia der Pflug. Die ganzen Riss, was S' da sehn, san gestern und heut Vormittag g'macht word'n. Zwa Pflug, zwa Pferd und vier Arbeiter, und früher san zehne an so an Pflug g'hängt und hab'n do nix füribracht.« Einige Minuten später sehen wir die Pflüger hart vor uns. Ruhig trotten die Pferde, deren je eines vor einen Pflug gespannt ist, über das Eis, und der Pflugführer reißt mit den fünf Messern, die an der einen Längskante des Pfluggestells angebracht sind, die neue Furche. In der alten Furche aber läuft eine Schiene, die dem Pflüger die Richtung gibt. Ein ganz einfaches Instrument und doch so sinnreich und so wohltätig für die Menschen! Ohne Plage und mit weit geringerer Gefahr als früher einmal werden die Furchen gezogen. Hält die Decke das Pferd, dann kann sich der Mensch ruhig darauf wagen, er wird nicht fürchten ein Eisbad nehmen oder ertrinken zu müssen.

Gefahren. Ein alter ehemaliger Beamter der Eiswerke sagt mir dann später, dass seines Erinnerns nach *noch nie einer von den Arbeitern des Werkes ertrunken ist.* Ins Wasser ist wohl schon manch einer gefallen, aber bald hatten ihn seine Kameraden wieder herausgefischt oder er hatte sich selbst »herausgewurschtelt«; aber auch diese Eisbäder hatten nie schlimme Folgen. Jenseits des Kanals steht die Wärmestube des Werkes, und wer schon einmal hineinplumpst, der mag sich hier austrocknen. Die meisten aber, zumal jene, die nicht sehr weit wohnen, laufen, und sei die Kälte noch so groß, schnurstracks nach Hause und stecken sich auf einige Stunden ins Bett, so lange, bis ihre Kleider – einen zweiten Anzug haben diese armen Leute selten – wieder trocken sind. Am nächsten Morgen, ehe der Tag noch graut, sind sie schon wieder auf den Beinen, um ihrer Arbeit zu obliegen, wenn die ersten Strahlen des Lichtes das Arbeitsfeld treffen.

Anders die Akkorder. Das sind jene, die ohne die Hilfsmittel der modernen Technik, aber wohl ausgerüstet mit ihrer großen Geschicklichkeit und ihrem noch größeren Wagemut, das Eis auf eigene Faust gewinnen und sich dann am Abend für jeden abgegangenen Eiswagen an der Kasse des Werkes eine Krone auszahlen lassen. Denen passiert es wohl ab und zu, dass sie in der Hast und Wucht ihrer Arbeit, in dem Eifer, möglichst viele Wagen zu beladen, ins Wasser fallen, und für manch einen von diesen gab es keine Rettung mehr. Vor den Augen seiner Kameraden versank er in der freigewordenen Wasserfläche und erst viel später konnte man seinen Leichnam zu Tage bringen.

Akkorder. Auch heute arbeiten Akkorder, und zwar an dem Strande, der in der geraden Richtung vom »Fischerwirtshause«, rechts von der Kagraner Brücke liegt. Ein schwacher Arbeitstag.

»Heut geht ka Fuhrwerk net«, meint ein kleiner stämmiger Kerl, dem ein fescher blonder Schnurrbart im Gesicht sitzt. Sie machen eben eine kleine Arbeitspause. Die Frau eines Arbeitsgenossen hat ihnen das wärmende Nass gebracht: einen »brennheißen Schwarzen«. Sie schenkt jedem sein Häferl voll und räsoniert dabei, dass es eine Art hat. Weil wenig Fuhrwerk kam, hatten die Männer die Mittagspause ein wenig ausgedehnt, und da so eine Ausdehnung ohne einen guten Tropfen schwer denkbar ist, hatten sie dem Weine mehr zugesprochen, als es dem Nachmittagsverdienst zuträglich sein mochte. Sie haben freilich den Trost, dass heute kein Fuhrwerk geht. Keines, damit meinen sie, dass sie nur für etwa fünfundvierzig Wagen Eis zu gewinnen haben werden. Die Frau aber, die sorgsam darüber wacht, dass die Männer, wenn sie sich schon so plagen, auch etwas Ordentliches von der Plage haben sollen, sieht die Geschichte mit anderen Augen an. Und so räsoniert und schimpft sie halt über die »Lackeln, die gar net zum G'schäft schau'n«, und einer dieser wetterharten Männer nach dem anderen entschuldigt sich in aller Form bei der braven Frau, die das »Gerstl« gern für alle zusammenhalten möchte. Auch ihr hünenhafter Mann, der jetzt noch draußen mitten auf dem Eise ist und den mittlerweile seine Kameraden beschuldigt haben, dass er der »Verzahrer« sei, entschuldigt sich. In seiner Art freilich.

»I wir euch glei geb'n, nachher bin ich der Verzahrer. Aber soll m'r an Wein stehn lassen, wann er an hing'stellt wird?«

Jetzt kommt der kleine Blonde auf mich zu und hält mir sein Häferl mit dem »Schwarzen« mit den einladenden Worten hin: »Is g'fällig a Schlüpferl?« Ich lange zu und kann gleich darauf der Frau das Kompliment machen, dass sie eine gute Kaffeeköchin ist. Wie Lob alle Menschen versöhnlich stimmt, ganz besonders aber die Frauen, so wird auch diese Frau unter der Einwirkung des Lobes milder gestimmt und bald darauf macht sie schon ganz »freundliche Nasenlöcher«, wie der eine sagt.

Der Blonde sucht mich ganz zu gewinnen und auf diesem Umweg die Frau. »Sö lassen g'wiss aa kan Wein stehn? Und a Hausmaster kann ja an Wein zahlen, der is ja ka so a notiger Beut'l wie unseraner. Der braucht kann Zins zahlen und kann Geld ins Wirtshaus tragen.« Gegen die Treffsicherheit dieser Beweisführung war ich machtlos. Ich stimmte ihm also zu. Die Frau hatte mittlerweile auf dem eisigen Boden neben uns einige Stückchen Kohle entdeckt. Weiß der Himmel, wie die hingekommen sein mögen! Aber die Frau hatte sie kaum erspäht, als sie sich schon nach dem Schatz bückte und ihn in ihrer Tasche verschwinden ließ. Ein Kilo Kohle war's ja doch, und eine Frau, die unter so harten Verhältnissen wie diesen zu schaffen hat, lässt nicht zwei Kreuzer auf der Straße liegen …

Mittag. Der größte Teil der etwa 400 Eisarbeiter, die während der Campagne da unten beschäftigt sind, findet sich mittags beim »Fischerwirt« zusammen. »Der is noch der solideste von alle«, sagt mir ein frisch gewonnener Freund auf dem Weg dahin. »Da kriag'n S' um ihna Geld no wenigstens was. A saures Hirschenes um 14 Kreuzer, a g'hupfter Teller voll, dazu a Laberl oder a ›Eckhaus‹, zum Schluss noch a Supp'n.« Auch diese ist zum soliden alten Preis zu haben. Dazu noch ein »Krügerl« Bier und der Eisarbeiter hat die Grenze dessen erreicht, was er für ein Mittagessen ausgeben darf. Höchstens dass es dann noch auf eine Kurze langt oder auf zwei ungarische Zigaretten. … Genüsse, die nicht immer Genüsse sind. Das Gros der Eisarbeiter, die fast alle im Verband der Handels- und Transportarbeiter organisiert sind, rekrutiert sich aus dem Heer der Lagerhausarbeiter. Sommer und Winter sind sie am Wasser. Nicht immer mit gleichem Ertrag für ihre saure Arbeit. Sind sie im Sommer kommunale Tagarbeiter, dann müssen sie schon von einem hervorragenden Rechenkünstler abstammen, wenn sie mit ihrem Lohn ihr Auslangen finden sollen. Im Winter sind sie auf Zufallsarbeiten angewiesen und nur während der Eiscampagne können sie, wenigstens während einiger Wochen, auf eine ständige Arbeit rechnen. In ihrer Mehrzahl sind sie für diese Arbeit mit *drei Kronen entlohnt.* Nur die wenigen Arbeiten, die Qualifikation erfordern oder doch Übung, sind etwas besser bezahlt. Die »Schneider«, das sind jene, die auf den schwimmenden Eisflößen das Eis zersägen, haben drei Kronen 60 Heller, die Partieführer vier Kronen. Alle diese Löhne sind bereits der Ausdruck der Organisation. Im vorigen Jahre noch wurden den gewöhnlichen Helfern zwei Kronen 40 Heller bezahlt und auch die anderen waren schlechter daran. Wirklich verdienen können bei der Eisarbeit nur die Akkorder, die in der Lage sind, mit einer Doppelpartie von acht Mann manchmal auch 300 Wagen zu laden. Freilich müssen sie dann tüchtige »Schrödler« haben. Schrödler, das sind jene, welche die von den »Hackern« gewonnenen großen Flächen abschroten oder »abaschrödeln«, wie sie sagen. Zu jeder Partie von je vier Mann gehören ein Hacker, ein Schrödler und zwei Zieher. Ihre Aufgabe ist es, die »Schrödeln« mit den Zughaken ans Land zu ziehen und dort in solche Stücke zu zerteilen, dass sie verladen werden können.

Die Reservearmee. Die Verladearbeit ist Sache des Kutschers. Er nimmt sich in der Regel dazu einen *Auflader*, deren er immer welche unter einem Schuppendach des »Fischerwirtshauses« findet. Das ist die Reservearmee da unten, jene, zu der sich auch der Obdachlose gesellen wollte, der sich vor vierzehn Tagen etwa nach einem Marsche von Brünn nach Wien hier die Füße abfror, als er nachts durch die Straßen irrte, ohne ein Obdach finden zu können. Jeder der Auflader bekommt für jede Wagenladung ebenfalls eine Krone. Die muss der Kutscher zahlen, der im Übrigen dem Werke für die Fuhre Eis vier Kronen zu erlegen hat. Kommt ein neuer Wagen an, so umschwärmen ihn die hungrigen Auflader, und der Kutscher hat oft schwere Mühe, aus diesem Haufen Hungriger einen herauszufinden, ohne dass den anderen »hart g'schieht«. Wer dieses Häuflein Arbeitsloser unter dem offenen Dache beisammenstehen sieht, zusammengeduckt wie hungrige Spatzen, die in der Tenne kein Körnchen finden, der hat ein neues Bild davon gewonnen, wie erfinderisch die Arbeitslosen sind: wie erfinderisch und zugleich wie aufopfernd! Keine Mühe scheuen sie. Den ganzen Tag über stehen sie in der Kälte, oft notdürftig bekleidet, fast immer mangelhaft ernährt, und nur wenn einer, der das Glück gehabt hat, eine Fuhre laden zu dürfen, ein »Frackerl« Schnaps zum Besten gibt, dann bekommen sie die falsche Wärme in den Leib, die ihnen ausreichendes Essen echt gäbe. »Aber wer nicht arbeitet, soll auch nicht essen!«, sagte dieser Tage das »Deutsche Volksblatt«, als es über die Not der Obdachlosen sprach. Die da unten möchten arbeiten, sie setzen sich Tag um Tag schlimmster Unbill aus, nur in der Hoffnung, Arbeit zu finden, aber wer näher zusieht, weiß, wie oft sie in diesen Hoffnungen getäuscht werden. So kann dem, der nur will, ein Besuch der Eiswerke während der Eiscampagne nicht nur Bilder liefern, wie die Menschen allen Gefahren zu trotzen und beizukommen verstehen, er kann nicht nur schöne landschaftliche Szenerien schauen, die umso schöner, umso prächtiger sind, wenn sich der Raureif über die Auen legt, er kann auch soziale Bilder von unerbittlicher Härte schauen.

Arbeiter-Zeitung Nr. 32 vom 2.2.1908

Im Champagnerlokal

Eine Faschingdienstagstudie aus der Kärntnerstraßengegend

»Die Leut' müssen doch noch Geld haben …«, meinte der Baumeister um vier Uhr früh, zu der Stunde, da das »offizielle Programm« zu Ende war und die Champagnergeister die vordem so gesitteten Menschen entfesselten. Es waren nicht mehr die drei- bis vierhundert Menschen in dem hohen Spiegelsaale mit der Rokokodecke, in deren Mitte Ambretten mit einer Schaumweinflasche – Marke Veuve Cliquot – tanzen. Die Logen, die sich um das Viereck des tiefer liegenden Saalgrundes reihen, von matten Glühlampenbogen überbaut, waren wohl noch voll besetzt, aber der Mittelgang, früher beängstigend schmal, war nun zum Tanzfleckerl erweitert und man tanzte.

Faschingdienstag! Heute kannst du noch lustig sein – morgen schon streue Asche auf dein Haupt, und dann kannst du wieder mit der silbernen Tasse in der Stephanskirche absammeln gehen als Klingelbeutelmann der guten Gesellschaft, was namentlich frisch gewonnenen »Katholiken« so gut zu Gesicht steht wie die rot leuchtenden Pelargonien, die sie am Tage des Todes ihres Oberhirten im Champagnerlokal im Knopfloch tragen. Gute Gesellschaft! So nennen sie sich selbst – lassen wir ihnen ihre Selbsteinschätzung und schauen wir ihnen zu, den vordem so gesitteten Menschen und den nun so entfesselten.

Erst die Sitte – dann die Entfesselung. Ordnung muss sein. Halten wir uns an sie. Also die Sitte – der Alltag mit seinem

Einerlei: Man trägt jetzt ausgebauchte Monocles. Auch der alte Herr, dem der silberne Vollbart bis zur Magengrube niederwallt, hat in ein Auge so ein Glas geklemmt. Er ist sichtlich gelangweilt und gibt dies dem übervollen Saale deutlich kund. Er bohrt in der Nase. Sein Blick überwacht den Eingang, in dessen gerader Fortsetzung er seine Festung gebaut hat. Im Hintergrund einer Loge, hart am Mittelgang. Ihm kann nichts entgehen. So dreht er beobachtend seine Pillen und lässt sie auf den Teppich gleiten, der den Boden des Logenaufbaues deckt. Unschuldige Geschosse. Sind sie verschossen, schürft er wieder in dem breit geratenen Bergwerk, das zwischen wohlgenährte Wangenhügel, über denen es wie rosiger Hauch liegt, gebettet ist. Es ist erst zwei Uhr, also noch nicht Zeit, ans Vergnügen zu gehen. Erst die Arbeit! Und er ist ein gewissenhafter Arbeiter. Nun aber kommt Leben in ihn.

Die Plattnase gibt das Zeichen. Wie neckisch der Blumenmoritz, der industriöse Nachfolger der »Turfkarolin« früherer Jahrzehnte, heute ist! Sein gelbes Ledergesicht mit den Schlitzaugen hat er für heute in den richtigen Rahmen gepasst. Ein schlampig sitzendes Geishakostüm mit breit ausladender Masche in der Gegend des Kreuzbeines umhüllt seinen Leib, der sonst im Gesellschaftskleid, dem Smoking, steckt. Aber heute ist ja Faschingdienstag, da muss man seinen Gönnern, die einem das Automobil, hohe Preise und vielleicht auch Zinsen zahlen, schon einen besonderen Spaß bieten. So hat er denn unter seine senkrecht abfallende platte Nase noch ein paar Härchen geklebt. Die bärtige Geisha – welch köstlicher Einfall, welche Herablassung des Feldherrn in diesem Schlachtgetümmel. Und er ist der Feldherr, der Blumenmoritz. In der Linken trägt er die Geschosse. Zehn Veilchenbuschen von der Größe einer Fleischhauerfaust. Ella – hopp! Und schon saust Buschen um Buschen durch die Luft hin zu der »Auffangerin«, einer niedlichen Rokokokokette oder Rokokokokotte, wie man will, die mit Schwung in den Linien und leichter Bewegung wie tänzelnd in ihrer Eckloge die Buschen auffängt. Ihre schwarzen Augen blitzen dabei unter dem weißen Haarwall der Perücke so siegessicher und lustig hervor, als wäre es wirklich Huldigung, die ihr da dargebracht wird. Damit ist die Blumenschlacht eröffnet und – das Geschäft. Ein solcher Buschen kostet zwei Kronen. Schon ist die Geisha verschwunden und die Auffangerin gibt nun die Huldigung an andere weiter – treffsicher allen gefüllten Börsen. Der Blumenmoritz arbeitet nun. Wirklich im Schweiße seines Angesichts schleppt er Haufen von Blumen herbei, die Frühlingsgrüße von der französischen und italienischen Riviera: meterlange Mimosenzweige zu sechs und acht zu einem Strauß gewunden (Ladenpreis eines Zweiges ein bis zwei Kronen), bewurzelte Maiglöckchen in Moospackung, tellergroße Rosengewinde, weiße Fliederzweige mit dem zarten Blattgrün, langstielige Remontannelken mit dick und breit ausladenden Köpfen in Sträußen zu hundert und zweihundert gewunden (Ladenpreis für ein Stück dreißig bis fünfzig Heller), Narzissen und Levkojen, und nun fliegen die Noten aus den Brieftaschen in das kokett umgehängte Ledertäschchen der bärtigen Geisha, und die Blumen sausen durch die Luft – zehn, zwanzig, fünfzig Kronen, hundert Kronen ein Wurf. Im alten Wien haben »Kavaliere«, um ihren Angebeteten zu »huldigen«, Guldenzettel als Fidibusse zum Anzünden der Pfeife verwendet. Was waren sie für Stümper!

Längst hat der weißhaarige Bergwerksbesitzer seine Arbeit eingestellt und sich dem Vergnügen zugewendet. Die erste Tat war, dass er ging und zehn Veilchenbuschen zu einem winden ließ und ihn der Dame in der Loge, die ihn bisher gedeckt hatte, überreichte. Bravo und Händeklatschen! Die weiße Perücke auch dieser Dame – es muss irgendwo ein Rokokofest gewesen sein, denn der Haarschnee auf den Häuptern der jungen Schönen überwiegt im Saale – neigt sich leicht zum Danke. Der Alte aber verschwindet wieder und kommt mit zehn Rosensträußen. Mit diesen nimmt er in der Nachbarloge Platz zwischen dem Hauptmann und seiner Maske – der einzigen im Saale, die Gründe zu haben glaubt, ihr Antlitz nicht preiszugeben. Die drei sind gute Freunde. Der Alte gehört so wie zu ihnen und nimmt kaum Notiz von ihnen. Die Rosen gehören auch nicht der Maske. Wieder einer anderen Rokokoschönen, die in der Saalecke zu Füßen der Musik sitzt. Buschen um Buschen fliegt zu der anderen hin. Sechs, acht und zehn Rosen in einem – nur immer nüchtern rechnen: Ladenpreis einer Rose dreißig, fünfzig Heller, eine Krone, je nach der Art. Zehn Buschen fliegen hinunter, einige wieder zurück und dann wieder in den Saal. Der Alte ist mitten drin im Vergnügen.

Der Saal hat ein anderes Aussehen bekommen. In die Kälte der Spiegeldekoration ist da und dort ein duftiger Farbenzusammenklang gefügt. Auf den Logenbrüstungen bauen sich Berge von Blumen, und der Moritz schwitzt. Die Schar der Kellner aber schleppt Eiskübel mit Champagnerflaschen, und gedämpft knallen die Pfropfen. Fünf Kübel zugleich schleppt da einer und hinter ihm der andere mit den Flaschen (Preis einer 22 Kronen). »Rund tausend Flaschen sind heute getrunken worden«, schätzt später der Baumeister. 22.000 Kronen in Schaumwein. Aber das hat ihn noch nicht zu der Äußerung veranlasst, dass die Leute doch noch Geld haben müssen …

Die Musik spielt. An jedem zweiten Tische ist ein Vaterlandsverteidiger. Schlecht sieht es jetzt mit den Augen unserer Offiziere aus: Rund dreißig vom Hundert müssen ein Auge mit dem Glas bewaffnen (Modeschöpfung 1913: ausgebaucht). Eine einzige Neuheit: Ein Alpenjäger trägt ein Mattglasmonocle. Es kleidet ihn jedenfalls besser als die Hermelinstola mit eingefügter Pointlacearbeit, die er jetzt um seinen Rücken schlägt. Diesen Besuchern trägt die Musik Rechnung. Zuerst marschiert der Prinz Eugen auf, der edle Ritter, und wird genau so wütend beklatscht wie die Kunst der »Auffangerin« vorhin und wie des Bergwerkbesitzers erste Regung, an dem Vergnügen Anteil zu nehmen und die Arbeit stehen zu lassen. Es sind auch ungarische Offiziere da. Also Rakoczymarsch. Dann schaut der Vater Radetzky »aba«, und ernst meint es die Musik, wenn sie nun hinausgeigt in den Saal: »O du mein Österreich.« Sie sind nicht wie üblich aufgestanden, umso wütender haben sie alle geklatscht, die Goldhaube dort, der Reiher hier, die indischgelbe Pleureuse neben der schottischgrünen mit den grünsamtenen Schuhen und ebenso die lachsrosa Stange, die ihren Schlepp zum Knoten gebunden hat und ihn doch noch meterlang nachschleppt durch die champagnernasse, von Blumen und Zigarettenresten und Bonbonhüllen besäte Mittelstraße des Saales. Ein teurer Besen – so eine Schleppe. Er ist ja schließlich aus Seide. Auch zwei Semmeln liegen in der Straße, eine hat ein Regierungsrat achtlos mit dem Fuße beiseite geschoben, und auch ein Krapfen liegt da.

Die Stimmung hebt sich. Längst sind die Kämpfer zu schweren Geschossen übergegangen. Was Veilchen, was Reseden, Maiglöckchen! Große Buschen her! Gläser müssen klirren! Das gibt Stimmung. Und sie klirren, die Gläser. Bald da, bald dort, wo so eine Mimosenbombe einschlägt, und dann kreischen die, denen gehuldigt wurde, denn das Geschoss streut nach allen Seiten hin die Gläser und ergießt den Schaumwein auf die Kostüme. Die Schneider wollen auch leben und die chemischen Putzereien. Auch die Herrenschneider! Vergebens tupft der Herr Regierungsrat seine schwarze Hose mit der Serviette ab – es nützt nichts. Fleck bleibt Fleck! Und die Glasmacher sind in Nöten! Also tschin, tschin – Glas um Glas zerschellt auf dem Parkett. Ein Kellner schleppt zwei Gläsersäulen herbei. Ein Glas ins andere gesteckt. Vielleicht hundert Gläser. Wir werden s' noch brauchen heute. Gehuldigt wird nun nach dem Gewicht. Zehn Mimosenbündel zu je vier, fünf Zweigen (Ladenpreis für einen eine bis zwei Kronen) werden von der Plattnase einer Dame auf den Tisch gelegt. Zehn Kilo Mimosen. Wer gibt mehr? Kavaliere heraus!

Und sie rücken aus. Der Sekt hat seine Schuldigkeit getan. Der mittlere Saalgang wird breiter – die Tische rücken zurück –, ein scherbenbesäter, schwimmender Tanzboden. Einen ungarischen Tanz geigen sie auf, und da unten tanzt ein Frack Solo – ein wackeliger Frack, auf Tischen sitzend seine Freunde, um ihn besorgte Kellner, ihn im Falle zu fangen. »Schneller …«, diktiert er der Musik. Schneller! Und im Wirbel dreht er sich und klappt die Fersen zusammen und schlägt sie auseinander und stützt die Handballen an die Schläfen. Schneller! Schneller! … Nun bringt er den Geigern Tempo bei. Ein Griff in die Tasche, und die Rechte schwingt eine Fünfzigkronennote … Schneller! Schneller! Jetzt rasen die Geigen, und es rast der Tänzer! Ein Sprung vor, er zerknüllt die Note und schleudert sie den Musikern zu. Der Primgeiger aber erniedrigt sich und klaubt die Note auf und spielt dann weiter … Rasend, bis es den wackeligen Frack wie ein Stück Holz hinstreut … Bis dass er steif wie ein Besenstiel … Wieder auf den Beinen. Den Zwicker bringen sie ihm, sie klopfen und wischen ihn ab, und dann geht er zum nächsten leeren Tisch und wirft die Gläser auf die Erde, wo sie klirrend zerschellen, und setzt sich auf den so frei gewordenen Tisch, um zu verschnaufen. Da naht sich ihm der Oberkellner und lispelt ihm etwas zu. Der aber greift in den Sack, nimmt einen goldenen Crayon heraus, schiebt den Bleistift vor und hält ihn wortlos dem Kellner hin …

Der versteht. Aufschreiben! Wir sind zahlungsfähig.

Da war es, wo der Baumeister sagte: »Die Leut' müssen doch noch Geld haben.«

Aber toller und toller wird's. Eine Grüne und eine Rote führen den »Bärentanz« auf, eine groteske Gliederverzerrung, der Bergwerksbesitzer wirft Riesenbuschen, der junge Baron – er könnte auch was anderes sein – wird plötzlich toll, rennt zu der Logenbrüstung und erklettert sie wie ein Affe, steigt über den Tisch und springt in den Logenraum hinunter, dem Kavallerieoberleutnant die Schöne im Silberkleid zu entreißen, die auf seinen Schenkeln sitzt, aus der Loge nebenan aber werfen sie Glas um Glas ins Parkett. Tschin! Tschin! Tschin! Und Kreischen und Lachen, Klatschen und Klirren, Musik und tollster Lärm durchtoben den Raum. Da gewinnt wieder die Musik die Oberhand. Es ist so etwas Schönes um den Patriotismus – wie Öl auf stürmische Wogen fällt der Radetzkymarsch in dieses Tollhaus der entfesselten Champagnergeister. Da, was ist das? Ein Paar stellt sich zum Reigen, und es tanzt den Radetzkymarsch, den Prinz Eugen-Marsch und zum guten Schluss auch das: »O du mein Österreich! «

Das war der Augenblick zum Gehen.

Arbeiter-Zeitung Nr. 39 vom 9.2.1913

II.

Der Rechercheur auf Reisen

Karpfen

Ein Ausflug ins Königreich Schwarzenberg

Der gebackene Karpfen am Weihnachtsabend gehört mit zu den unentbehrlichsten Bedürfnissen des Wieners. Ein »heiliger Abend« ohne einen Karpfen ist keiner. Fast mehr noch als der Christbaum gilt dem Wiener an diesem Tage der Karpfen. Das wissen die Händler und Fischer, und sie sorgen tüchtig vor. Wochen vorher schon ist eine ganze Armee abseits vom großen Verkehrsstrom der Stadt fieberhaft tätig, in der letzten Woche vor dem Weihnachtsfest Tag und Nacht, nur um für dieses eine Bedürfnis vorzusorgen. Eine ganze Armee: die Teichwirte und ihre vielen hundert Helfer, die Fischer und Händler und die endlich, die alle Güter der Großstadt zuführen. Nach den Veröffentlichungen des Magistrats werden alljährlich zur Weihnachtszeit etwa 200.000 Kilo Karpfen auf den Markt gebracht. Erst diese Ziffer lässt uns die Unsumme von menschlicher Arbeit ahnen, die daran gewendet werden muss, ehe nur dieses eine Bedürfnis der gefräßigen Großstadt befriedigt ist.

Es sind einige Jahre her, als mir ein Zufall Gelegenheit bot, in dieses Mysterium einen kurzen Blick zu tun. Einer meiner Freunde, Einkäufer eines Großhandlungshauses, lud mich dringend zu einer Spritzfahrt nach *Frauenberg* ein, wo er etliche Waggons lebender Fische übernehmen sollte, und er schilderte mir die ganze Manipulation in so lebhaften Farben, dass ich ihm nicht widerstehen konnte. So führte uns denn eines Tages in der dritten Dezemberwoche eine Kalesche auf hart gefrorener, stellenweise schneeverwehter Straße von Budweis weg gegen *Frauenberg* zu, einem der vielen Sitze des Fürsten Schwarzenberg.

Es war bitterkalt und trotz Decken und Schneehaube waren wir froh, als wir endlich innerhalb der weiß-blauen Gemarkung dahin fuhren, die das Gebiet der Herrschaft Frauenberg umgrenzt. Eine Viertelstunde später waren wir am Ziele, bei den größeren *Fischhaltern*, ein ganzes System von kleinen Teichen, in denen alljährlich im Herbst die Marktware bereits sortiert gesammelt wird, um bei eintretendem Bedarf bequem gefangen werden zu können.

Bequem! Das ist hier eigentlich ein unerlaubtes Wort. Mich schauderte, als ich in einem der vielleicht dreißig kleinen Teiche zwei Männer bis zu den Hüften im Wasser waten sah. Zwei Hünen von Gestalt wohl, bis zum Gesäß in Leder steckend, Brust, Nacken und Bauch von einem ledernen Schurz umhüllt – aber dennoch … *mitten im Wasser* stehen sie und ziehen ein Netz mit halbkreisförmiger Öffnung durch den dichten Schwarm der Fische, der sie umgibt, dem Ufer zu. Wir verzeichneten damals sechs Kältegrade und ein eisiger Nordost drang uns fünffach umhüllten Stadtmenschen durch Mark und Bein und machte unsere Glieder erstarren. Die beiden Riesen aber da zogen mit nassen Händen die zappelige Zentnerlast des Netzes dem von einer dicken Eiskruste umrankten Ufer zu und warfen dann die paar hundert Karpfen Stück um Stück den Trägern in die Tücher, die diese am Ufer über kreisrunden Körben aufgelegt hatten. Fünfzehn, zwanzig – je nach der Schwere der Karpfen – einem Trägerpaar, und um jedes Stück mussten die beiden ins eisigkalte Wasser langen und jedes Stück zählten sie. Jeden, dwa, tri, ctyri, pet, sest … in unendlicher Wiederholung immer bis fünfzehn oder zwanzig.

Kaum ist ein Trägerpaar abgefertigt, steht schon wieder das andere da, spreitet den tropfnassen Sackleinenfetzen über den Korb, lässt sich die 40 bis 50 Kilo Fische zuzählen und klimmt dann den eisglatten Damm hinauf, auf dem im Triangel eine

Hebelwaage hängt. An dem waagrechten eingeteilten Hebel das Schiebegewicht, der unten durchlochte Bottich als Gegengewicht. Trägerpaar um Trägerpaar schüttet in ihn aus den Tüchern die lebende Last, der Fischmeister schiebt den Hebel, sein Gehilfe neigt das Fass, und nun beginnt wieder das Zählen von vorhin. Wieder wird Stück um Stück in das Tuch gezählt, 20, 25, 27, und dann reichen die beiden Träger das Tuch den Fuhrbauern hinauf, die auf ihren langen Wagen schon die zum Lebendtransport bestimmten Lagen, längliche Fässer, die oben mit einer rechteckigen Öffnung versehen sind, vorbereitet haben. Durch die Öffnung werden nun die Karpfen geleert – Spiegel- oder Schuppenkarpfen, je nachdem sie der Markt verlangt. Der menschliche Gaumen ist ein recht merkwürdig Ding: Während der Wiener auf den Schuppenkarpfen schwört, kommen auf den Prager Markt fast ausschließlich Spiegelkarpfen, deren etwas dickere, spiegelglänzende Haut nur von vereinzelten großen Schuppenpartien bedeckt ist. Die Spiegelkarpfen sehen etwa aus wie alt und schäbig gewordene Schuppenkarpfen. Im Geschmack sind beide von einander wohl kaum zu unterscheiden. Dennoch diese geteilte Vorliebe.

Endlich also hat der arme, oft gezählte und gewogene Karpfen seine vorläufig letzte Station erreicht, die Lage. In dieser tritt er in großer Gesellschaft seine Reise in die Welt an. 50 bis 100 Karpfen, je nach der Größe, sind in die Lagen von etwa 300 Hektolitern Rauminhalt gepfercht. In diesem Gefängnis müssen sie während der Reise ausharren, bis sie endlich in die letzten Gefängnisse kommen, in die Kalter der »Donaufischer«, in die Bottiche der Händler und in die Körbe und Netze der Hausfrauen.

Während ich so schaue und schaue, übernimmt mein Freund als erste Partie 6000 Kilo, gezählt und gewogen, bis der hereinbrechende Abend dem Eifer aller eine Grenze setzt. Die Fische müssen mit dem Nachtzug abgefertigt werden, um am Morgen in Wien zu sein, sonst müssten sie auf der Strecke gewässert werden. Da heißt es, beizeiten zusehen. Die Ochsen sind wohl sichere, aber langsame Transporteure, und vor die meisten Wagen sind Ochsen gespannt. Also vorwärts! Schon setzt sich im Abenddämmerschein die lange Kolonne in Bewegung. Wir aber finden uns in einer gemütlichen Ecke zusammen. Nach den ungewohnten Strapazen eines solchen Tages sitzt man doppelt gut und gern auch doppelt lang. Wir hatten es auch not. Um elf Uhr nachts sollten wir ja wieder zu den Einsetzteichen hinauswandern, um die zweite Partie zu übernehmen, die mit den Morgenzügen die Fahrt in den Großstadtmagen antreten sollte.

Bis dahin hatten wir also Muße, die uns der Fischverwalter in angenehmster Weise dadurch kürzte, dass er uns manchen Einblick in das Mysterium der Teichwirtschaft bot. Von der Größe dieser Schwarzenberg'schen Betriebe kann man sich nicht gut eine Vorstellung machen. Die eine Schwarzenberg'sche Herrschaft »Frauenberg« allein zählt an *hundert* Teiche – jetzt vielleicht noch mehr. Die Herrschaft *Wittingau* verfügt über 300 Teiche, das heißt sie hat, Russland eingeschlossen, die größte Teichwirtschaft Europas. Der jährliche Absatz von Frauenberg allein beträgt 1000 Meterzentner oder 100.000 Kilogramm. Was zählt es da, wenn das Fischfutter 30.000 Kronen jährlich kostet? 100.000 Kilogramm Fische repräsentieren einen Verkaufswert von wenigstens 130.000 Kronen. Dabei werden die sterilen Mulden, die zu Teichen umgewandelt werden, mit der Zeit fruchtbares Land, und »übersömmert« einmal ein Teich, um dem Boden wieder neue Kraft zuzuführen, dann hat wieder der Landwirt seine Freude. Da gibt es reiche Fexung und obendrein sind durch die Wühlarbeit des Menschen und der Wurzeln dem Boden so viel neue Kräfte zugeführt, dass er im nächsten Sommer dem Teichwirt die schönsten Resultate sichert, zumal wenn der Boden auch gedüngt und mit Kalk versetzt worden ist. So ein im Winter tüchtig ausgefrorener und im Dienste der Ökonomie »übersömmerter« Teich ist dann der beste *Ansetzteich*, das heißt der Teich, in dem die für den nächsten »heiligen Abend« bestimmte Ware den Sommer über aufgemästet wird. Was nicht der also präparierte Boden liefert, dafür sorgt der Teichwirt. Wohl finden die Karpfen in solchen Teichen Milliarden von mikroskopisch kleinen Krebstierchen, die neben vegetabilischen Stoffen ihre Hauptnahrung bilden; aber damit wäre noch nicht genug getan. Um der im Sommer ganz gehörigen Fresslust der Karpfen Genüge zu tun, füttert der Teichwirt noch künstlich, und zwar mit tierischen und vegetabilischen Stoffen, mit einer geschroteten Hülsenfrucht und geschrotetem Mais sowie mit *Fleischmehl.* Es wird wohl niemandem der Appetit auf den Weihnachtskarpfen vergehen, wenn er hört, dass der Herr *Wambacher* in Neu-Erlaa der Lieferant des Fleischmehls ist. Seine Anstalt zur Verwertung tierischer Abfallprodukte erzeugt unter anderem auch aus den zum menschlichen Genuss ungeeigneten und darum konfiszierten Fleischsorten, die ihm zur Vertilgung übergeben werden, das *Fleischmehl.* Diese Fleischstücke werden getrocknet und dann gemahlen. Ein anderes Fleischmehl liefern die brasilianischen Prärien. Sie nähren die Büffel, die Büffel werden zu Fleischextrakt verarbeitet und die nach dem Extraktionsprozess übrig bleibenden Fleischstücke werden zu Fleischmehl zerrieben. All dies aber wird dem Karpfen angelegentlich als Mastkur empfohlen und damit er beim Fressgeschäft ja ungestört bleibe, setzt ihm der kluge Teichwirt auch eine hohe Obrigkeit ein, die alles sofort mit dem Tode bestraft, was die edlen Karpfen in dieser Beschäftigung etwa stören, oder gar, was Futterkonkurrent werden wollte. Diese hohe Obrigkeit ist der *Hecht.* Es tut mir leid, einen alten Irrglauben zerstören zu müssen. Der Hecht im Karpfenteich soll nicht die Karpfen »aufmischen«, beunruhigen, im Gegenteil, er soll ihm die ganze Konkurrenz wegfressen, und zwar nicht nur das minderwertige Geschlecht der Weißfische, sondern auch die gefräßige illegitime Karpfenbrut. Damit sich aber die hohe Obrigkeit nicht einmal vergesse und mit ihrer scharf bezahnten Goschen nach einem Karpfen schnappe – die Hechte würden es ganz gern tun –, setzt der Teichwirt zu großen Karpfen immer nur kleine Hechte. Wollen sie leben, müssen sie den Schwächeren nach dem Leben trachten, und das sind die Weißfische und die junge Karpfenbrut. So wachsen beide zur fetten Marktware heran: der behäbige Karpfen und der Sausewind Hecht.

Wenn er aber die Brut wegfrisst, wo nimmt der Teichwirt im nächsten Jahre die Karpfen her? Antwort: aus den *Brutteichen*. Im Ansetzteich soll der Karpfen fett werden, ob Milchner oder Rogner – im Brutteich dagegen können sich die ungleichen Paare ausleben. Es ist nicht uninteressant, was der Teichwirt über das *Liebesleben der Karpfen* erzählt. Im Herbst, wenn die Ansetzteiche ausgefischt werden, da steht der Fachmann kundigen Blickes dabei und wählt aus den Tausenden und Abertausenden Fischen, die durch seine Hand gehen, etwa dreihundert der schönsten und prächtigsten Exemplare aus, um mit ihnen die Zucht fortzusetzen. Den Winter über zehrt der im Sommer so gefräßige Karpfen vom eigenen Fett. Er verliert diese Zeit über vier bis fünf Prozent seines Gewichtes; so wenig darum, weil der Winter für ihn auch die Zeit der Ruhe ist. Von den Zuchttieren werden nun im Frühjahr jene ausgewählt, die die Fastenzeit am besten überdauert haben. Diese – etwa hundert – genügen, um reichlich neues Material zu gewinnen. Die Milchner und Rogner werden ungleich ausgesetzt: drei Milchner, zwei Rogner. Hier finden sie sich nun zu inniger Lust zusammen, und lieben, wie nur Karpfen lieben können.

Der Rogner streicht, umschwärmt von den Milchnern, durch das niedere Gras auf dem Teichboden und legt den Rogen ab. Hintennach ist schon der Milchner, der die Milch auf den Rogen spritzt und ihn also befruchtet. Am neunten Tage ist die junge Brut da und wird nun der Hut der Mutter überlassen, bis sie für die *Streckteiche* reif wird. Das ist auch wieder eines der Geheimkapitel der Teichwirte. »Aus dem Karpfen können Sie machen, was Sie wollen, ebenso ein Aquariumsfischchen, das nach Jahren noch so klein ist wie beim Einsetzen in das Aquarium, dann wieder einen zehn Kilo schweren Fisch. Er wird nur nicht so groß gezüchtet, weil er in dieser Schwere als Marktware nicht in Betracht kommt.« So leitete der Verwalter das Kapitel über die Streckteiche ein. Sie heißen so, weil dort die Karpfen gestreckt werden, das heißt, man lässt sie unter gedeihlicher Förderung heranwachsen. Den Winter über kommen sie in die *Kammerteiche*, tiefe Teiche mit stets frischem Wasserdurchzug, der das Ersticken unter dem Eise verhindert.

Damit ist die Kette geschlossen, der Lebenslauf des Karpfen gezeichnet vom Schlüpfen aus dem Ei bis zum Profit bringenden Marktfisch. Freilich haben wir jetzt auch schon einen kleinen Einblick in die Größe dieses Fürst Schwarzenberg'schen Geschäfts.

Eins blieb mir noch nachts vorbehalten, zu erfahren: die *Höhe des Lohns* der Schwarzenberg'schen Teichsklaven. Im gemütlichen Gespräch weicht der Verwalter dieser Frage nicht ungeschickt aus. »Ich habe es mir zum *Prinzip* gemacht, meine Leute *sehr gut zu bezahlen* – aber ich fordere auch das Menschenmögliche. «

Mir fielen die beiden watenden Riesen ein. »Wie das die Menschen nur aushalten können!«

»Die? Die geniert gar nichts. Die darf gar nichts genieren. Leicht ist die Arbeit nicht. Ich selbst stehe nur dort und schreibe und überwache; aber ich bin am Abend hundemüde … trotzdem ab und zu einige Stunden Büroarbeit dazwischen kommen, wo der Körper wieder ruht … Aber die müssen gerade in diesen Stunden auf die Bahn mit den Transporten … Ja prächtige Leute … Ich bin auch stolz auf mein Korps …«

»Und der Lohn? «

»Das ist alles im Akkord. Bei mir wird die Leistung bezahlt. Ich fordere das Höchste … Es ist auch nicht leicht, bei mir unterzukommen. Zur Teicharbeit taugen nur absolut gesunde, feste Menschen.«

»Das haben wir gesehen …«

»Ja … Jeder muss eine Profession können: Maurer oder Zimmermann, darüber muss er sich ausweisen … Dann prüfe ich ihn, ob er lesen, schreiben und rechnen kann, und dann nimmt ihn erst der Arzt in die Arbeit. Aber gründlich. Nicht so wie beim Militär, bei einer Assentierung.«

»Und werden solche außergewöhnliche Leistungen wie in diesen Tagen separat entlohnt?«

»Gewiss. Die Leute bekommen ›Diäten‹.«

»Auch für heute Nacht? Wir werden bis drei Uhr, vier Uhr zu tun haben. Wie viel bekommen die Leute? «

»*Einen Gulden.*«

»Die, die im Wasser stehen?«

Unser Gespräch verstummte. Einen Gulden für diese Arbeit, für dieses unausgesetzte Opfern der Gesundheit? Und dem Fürsten fallen in diesen Tagen Zehntausende mühelos in den Schoß! Es ließ mir keine Ruhe.

Als wir eine Stunde später wieder draußen beim Übernehmen waren, kam mir in einer Pause der Arbeitshast, des Fangens, des Tragens, des Wiegens und Zählens einer in den Wurf.

»Wie viel haben Sie Taglohn?«

»*Vierzig Kreuzer.*«

»Was sind Sie?«

»Jetzt Fuhrmann. Sonst alles.«

»Und die dort im Wasser?«

»Das sind *Dienstleut'* – denen geht's gut, die haben *dreihundert Gulden im Jahr und Wohnung.*«

»Für diese Arbeit! Sonst nichts? Was bekommen sie für die heutige Nacht?«

Er weiß es nicht und ruft einen anderen her, einen der Riesen.

»Was bekommen Sie Diäten für heute?«

»80 Kreuzer.«

Und der Verwalter hatte von *einem Gulden* gesprochen. Hatte er sich geschämt, diesen Schundlohn, den er knapp vorher als »sehr gut« bezeichnet hatte, einzugestehen?

»Wie viel ›Diäten‹ machen Sie im Jahre? «

»35 fl., höchstens 40 …«

Alles in allem hat also der körperlich erlesene Mensch in Diensten des Schwarzenberg 335 bis 340 Gulden Jahreslohn, das sind *28 Gulden monatlich.* Dabei ist er noch ein Gegenstand des Neides der anderen, die körperlich weniger erlesen *mit dem ortsüblichen Taglohn von 80 Hellern* vorlieb nehmen müssen.

Der Fürst aber, der allein aus diesem Artikel seines landwirtschaftlichen Gemischtwarenhandels Zehntausende jährlich Profit zieht, hält im Herrenhause Reden, worin er sich zu der Annahme berechtigt glaubt, »dass unsere Verhältnisse nicht gar so rückständig sind«. Ich meine, der Fürst kann sich leicht über Rückständigkeit informieren. Verhältnisse, die die Menschen zwingen, für solche Schundlöhne ihre Gesundheit zu opfern; Verhältnisse, die die Menschen zwingen, »den reichsten Kavalier Österreichs«, den König des Böhmerwaldes noch mehr zu bereichern, sind rückständig. Dabei ist der Fürst ja nicht allein der größte europäische Karpfenhändler. Dieser Gerngroß unter den Großgrundbesitzern handelt ja auch mit Holz, mit Käse, mit Milch, mit Butter, mit Wildpret, mit Nutzvieh, mit Christbäumen, mit Bier, mit Graphit, mit Steinen, mit Schiefer, mit Ziegeln, mit Brettern, kurz mit allem, was dem neunundzwanzigsten Teile Böhmens, der ihm gehört, nur abzuringen ist. Und überall stehen dem Millionenprofit beschämend niedrige Löhne und wahnsinnig überspannte Anforderungen an den Körper des Sklaven und an seine Leistungsfähigkeit gegenüber.

Ab und zu da hineinzugucken ist also ganz nützlich.

Der Wind pfeift und heult um uns und peitscht uns Eisnadeln ins Gesicht. Immer unerträglicher wird die Kälte. Selbst der Verwalter in seinem Pelz friert. Die Sklaven aber stehen im Wasser. Der Flackerschein der Laternen vergrößert ihre Leiber riesenhaft. Gebückt über das vollgefüllte Netz, greifen sie in die zappelige, schwänzelnde Masse von Fischleibern und werfen Stück um Stück in die Tücher und zählen und zählen, und die Träger keuchen zur Waage, und der Fischermeister wiegt, und sein Gehilfe zählt, und der Verwalter zählt …

»Sedm a dvacet!«, ruft der Fischereimeistergehilfe.

»Siebenundzwanzig!«, wiederholt der Verwalter und notiert die Ziffer mit steifen Fingern in seinem Notizbuch und dazu das Gewicht. Wehe, wenn dem Herrn ein Stück verloren ginge – eins von Zehntausenden!

Der Wind pfeift und heult, sie aber stehen dort im Sturm und Schnee und zählen und zählen.

Arbeiter-Zeitung Nr. 355 vom 24.12.1905

Der Arlberg im Schnee

Nun ist auch wieder auf dem Arlberg die schneelose, die schreckliche Zeit vorüber, und schmunzelnd steht der Wirt in der Gaststube und gibt Erfahrungssätze und Erinnerungen von sich. »Wenn's a Schnee gibt, da geht a G'schäft, da könn' s' trompete de Luite.« Trompete … dabei macht er zum besseren Verständnis die flinke Bewegung des Schnapssäufers, der ein »Stamperl« hinunterstürzt.

»Vor zwei Jahre bei de großen Schneefall hat de Bahne sechzigtausend Krone ausbezahlt, da ist a G'schäft gange. So fünf, sechs Tage lang. De Bahne hat guten Lohn bezahlt. Vier Krone im Tag.«

»Drei Kronen ist der landesübliche Tagelohn …«, ruft ein seltsames Gemisch von Spießer und Beamten dazwischen, das sie mit Herr Doktor ansprechen. Es hat die Beine weit unter den Tisch gesteckt und die Hosen so hinaufgeschoben, dass man das Unterzeug sieht. Das aber reizt die Neugierde. Draußen hat es schon einen halben Schuh Schnee geworfen, und der Herr Doktor sitzt da ohne Socken. Das nackte Bein wird ober dem kurzen Schaft der Schuhe sichtbar. Das nackte, behaarte Bein. Eine gesunde Natur … denkt man, aber man kann es nicht glauben, schaut und schaut, und richtig, es war eine Täuschung. Der Herr Doktor trägt fleischfarbene Socken und diese haben sich – nicht stramm befestigt – so eigenartig gefaltet, dass dieser andere Eindruck hervorgerufen wurde.

»Ja, drei Krone, aber die Bahne zahlt vier Krone – sonst gäb's kine Luite. Da is a Geld zu hole. Oft von einem Haus gehe viere, fünf auf die Strecke.«

»So wird für die Leute zum Nutzen, was für die Bahn ein

Schaden ist«, philosophiert der Doktor; der Wirt aber tritt zum Fenster und schaut mit dem Wohlbehagen der Vorahnung guter Geschäfte dem Schneetreiben draußen zu.

Just das richtige Wetter für eine Arlbergfahrt.

Im Bahnhof zu Landeck schieben zwei beschneite Pelze ein unbeladenes Lowry so schwer als wären darauf Zentnerlasten. Schritt um Schritt stapfen sie im Schnee vorwärts. Schon aber ist der Eilzug da, und schnaubend nimmt er seinen Weg zur Höhe. Tief unten Vians. Hier oben auf der Höhe des Bahnkörpers ist die Welt zu Eis erstarrt. Hart an der Bahn Betonfestungen, dem abbröckelnden Fels eine Stütze zu geben; daneben die Arbeit der Natur, die Felsen zu spalten. In dicken Kloben hängt grünes Eis über den Stein. Das Steilgerinne des Lattenbaches auch erstarrt, hier blank gefegt das Eis, dort der Schnee zu kleinen Wechten gehäuft. Im Tale die Sanna. Wir sehen nichts von ihr. Die ganze Welt liegt im dichten Flockenwirbel. Erst hinter Wiesberg fällt unser Blick ins Tal – die sechsundachtzig Meter hinunter von der Trisanabrücke. Aber der Schnee hat die Schauer der Tiefe überwunden. Wie das Stück einer aus Tragant gebauten Landschaft im weihnachtlichen Schaufenster eines Zuckerbäckers liegt der Steg in der Tiefe und das silberne Gerinne. Ein Riesenspielzeug. Sekunden, und der Zauber ist vorüber. Tunnel um Tunnel. Dazwischen Ausblicke. Nadelwald kriecht die Steilhänge hinan. Der Schnee ist ein strenger Zeichner. Keine Einzelheit geht ihm verloren, und er malt weiß in das Düster der Felswand, die den Hintergrund darstellt. Hoch oben vom Grat niederwallend schier haushohe grüne Zapfen, zum Eisschleier verwoben, der niederwallt. Wenn sie sich lösten und niedergingen? Niedergingen auf die roh gezimmerten Baracken der Italiener, die hier hart am Geleise, mitten im Schnee mächtige Quadern behauen, sie später dann zu Futtermauern zu fügen, deren immer mehr den Felsen vermählt werden, sie zu stützen, die Menschen und ihr Werk zu schützen.

Seit 1880, da die Arlbergbahn gebaut wurde und mit ihr der mehr als zehn Kilometer lange Tunnel, sind nie die Italiener in diesem Gebiet verschwunden. Wie vor dreißig Jahren, so sind sie auch heute noch hier, und wie vor dreißig Jahren ist ihnen auch heute noch die roh gezimmerte, oft fensterlose Bretterhütte mit Holzpritsche und Strohsack mehr als schlechte Unterkunft. Wenn nirgendwo, so wären hier transportable Baracken das Mittel, wichtigen Helfern in oft unwirtlicher Bergwildnis wenigstens einigen Schutz und einige Behaglichkeit zu gewähren. Aber das geht seinen Amtstrott weiter. Waren es vor dreißig Jahren rohe, feuergefährliche Bretterhütten, Brutstätten allen Ungeziefers und oft schrecklicher Krankheitserreger – warum sollen es heute wasch- und heizbare Baracken mit Doppelwänden und Fenstern sein, die man heute da, morgen dort aufstellen kann? Die Italiener würden solches doch nicht zu schätzen wissen.

»Wissen Sie denn wie tief dieses Volk noch in Unkultur steckt?« Das ist es höchstens, was man zu hören bekommt. »Die verlangen sich nichts anderes, und sie wüssten mit Besserem nichts anzufangen, als es zu versauen.« Wie oft schon wurden solche Reden, richtiger Ausreden, laut.

Unkultur! Gebt ihm Kultur! Auch der italienische Proletarier lechzt danach. Auch er ist über seine Unkultur der Arlbergzeit schon hinausgewachsen. Was habt ihr damals geflucht und gelacht zugleich über seinen Teufelsglauben. Erinnert euch an das Geschichtchen, das die technischen Mithelfer am Werke – viele leben ja heute noch – gewiss auch euch erzählt haben. Nach einem der vier Bauwinter trug es sich zu, die die österreichischen Tunnelbauer da oben in Eis und Schnee verbracht haben. Über die Arlbergstraße fuhr ein Bauer mit seinem Wägelchen. Schon war die Straße frei. Da krachte es hoch oben in den Wänden, und vor sich her eine Schneewolke treibend, die das Licht des Tages verfinsterte, kam sie hernieder mit dröhnendem Getöse, die Lawine, und schon war es um Ross und Wagen und um den Bauern geschehen. Im Bachgerinne fand der mordende Flockenhaufen sein Bett. Aber einer hatte es gesehen, das Fuhrwerk und den Bauern – vorher und dann nimmer. Er lief und holte Hilfe. Mit langen Stangen bewehrt und mit Schaufeln kamen die Italiener herbei, den Verschütteten zu retten. Wohl gab keiner mehr was für ihn, aber das hemmte nicht ihren Eifer. In Kolonnen rückten sie vor, das Lawinenfeld abzusuchen. Mit ihren Stangen stocherten sie in den Schnee, die Lage des verschütteten Fuhrwerks zu erkunden. Stunde um Stunde verrann. Die letzte Hoffnung war geschwunden, einen Lebenden zu bergen. Da plötzlich ergreifen die Italiener die Flucht. Alle mitsamt, wie von Höllenschrecken gepackt. »Diabolo!«, hatte einer geschrien, der eben noch seine Holzstange tief in den Schnee gebohrt hatte. »*Diabolo! Der Teufel hält die Stange!*« Und schon hatten sie Reißaus genommen. Mit Mühe gelang es den Ingenieuren, sie zurückzutreiben und sie zu veranlassen, gerade an dieser Stelle einen Schacht in den Schnee zu teufen. Tiefer und tiefer drangen sie, der Stange folgend. Und nach Stunden fieberhafter Arbeit waren sie bei dem Teufel, der die Stange gehalten hatte, bei dem Bauern, der so unter den Innenraum seines Wägelchens zu liegen gekommen war, dass er einige Bewegungsfreiheit gehabt und die Stange erfasst hatte, als sie in greifbare Nähe kam. Die von Aberglauben, Hexen-, Wunder- und Teufelsgeschichten erfüllten Italiener aber hatten, diese Möglichkeit nicht ahnend, den »Gottseibeiuns« im Schnee vermutet. Heute wäre auch das anders. Die Wunderglaubenprediger sind auch in Italien nicht mehr Alleinherrscher, und namentlich der Wanderarbeiter aus den sonnigen Gefilden ist ein weltkundiger Mensch.

Indes wir diesen alten Geschichten nachhängen, hat sich das schnaubende Ungetüm mit der Pflugschar vorn, wie der Kiel die Wellen teilend, durch den Schnee gebohrt, und höher und höher ins Stanzertal dringen wir. Strengen! Wir übersetzen wiederholt die Ro'anna. Schwerer hängt der Schnee auf den Fichten und Tannen. Aus dem strengen Zeichner ist ein Modelleur geworden, der alles ringsum in weiche Formen gießt. Die Einzelheit geht unter, die Hauptlinien sind nur noch da; schwer beugen sich Äste und Zweiglein nieder unter der Last, und weiße Linien sind längs der Strecke in der Luft gezeichnet, dicke, weiße Strähnen, wollig umsponnen, und es schneit und schneit.

Ein Hochtal. Hier ein Holzplatz. Ihrer vier schleifen mitten im Schneewirbel Stämme zu Tal. Endlich haben die Holzknechte ihre Schneebahn. Hat lange gedauert im heurigen Winter – auch auf dem Arlberg, der im Oktober seinen ersten und, nachdem längst alles wieder aper geworden war, jetzt seinen zweiten Schnee bekommen hat.

Pettneu, St. Anton! Da sind wir also. »Jetzt wer'n s' kema, die Schifahrer«, sagt der Kondukteur; »sie hab'n eh scho überall Schnee g'suacht und war nirgends koaner. Höchstens ganz af der Höh'.« Kommen? Sie sind schon da.

»Ski Heil!«, schreit eine Gruppe Wintersportler den Ankommenden entgegen, und »Ski Heil!«, hallt es wider. Alle behost – auch die Damen. Nicht die weiten Türkenhosen der Radfahrerinnen, nein, wirkliche Hosen und Wadenstutzen und feste Schuhe – so, wie es sich für einen gehört, der den winterlichen Bergeshöhen ihre Reize abgucken will. Gegenüber dem Bahnhof das elegante Hotel Post. Große Gesellschaft. Schon auf den zwanzig Schritten zum Hotel lernt man seine Leute kennen. Da stapft so eine Behoste durch den Schnee, und da sie an dir vorbeikommt, lässt sie ihren Geist leuchten. Übermütig laut sagt sie zu den anderen (um etwas zu sagen, wenn es auch so gar nicht passen will): »Dreckich und eckich ist die Welt, wie man zu sachen pflecht.« In den Bergen wohnt die Freiheit – und von der muss man doch Gebrauch machen.

In der angenehm warmen Glasveranda des Hotels haben sich Frankfurt und Wiesbaden, München und Stuttgart ein Stelldichein gegeben. Durchwegs Deutsche. Der Semmering der Frankfurter Börse. Zum zweiten Mal reden Beine. Was sich draußen in klobigen »Goiserern« gibt, das tritt hier in Lackhalbschuhen auf, und der kurz geschürzte Rock gibt die schwarz-grün-gestreiften Strümpfe neidlos der Bewunderung preis. Lesesaal. Musikzimmer. Billard. Speisesaal. Kellner im Frack. Weit hinaus über die Kultur transportabler Baracken ist die Arlbergkultur für den Reichtum gediehen.

Draußen läuft sie auf Bretteln und saust auf Rodeln und Bobs zu Tal. Gegenüber dem Bahnhof von St. Anton ist der Hauptübungsplatz. Ein Dutzend wohl steigt auf Skiern zur Höhe und fährt wieder ab in sausendem Laufe, und mit ihnen springt der Roland vom Adlerwirt, der prächtige Bernhardiner, den der Wirt vom Hospiz in St. Christoph geholt hat, durch den Schnee den Hang hinauf, den Hang hinunter, bellend und springend, sich überkugelnd, im Schnee versinkend, aber immer gleich wieder munter auf den Beinen. Einsam ist die Arlbergstraße und doch längst bereit, die Gäste zu empfangen. Alle Tafeln sind schon an den Wegrand gestellt, die zum Winterbetrieb gehören. »Links Rodel- und Bobbahn – rechts Nutzfuhrwerk.« Dann die zweite: »Die Straße über den Arlberg ist gegenwärtig nicht passierbar.« Wenn sie noch gangbar schrieben, dann wüsste man, dass sie für Fußgeher Beschwerden bietet. Schlitten fahren, und da wir weiter schreiten, gleitet auch schon lautlos der erste Skisportler an uns vorbei. Ein Alpenrosenzweiglein hat er zwischen den Zähnen, das Siegeszeichen von der Höhe. Ein zweiter und ein dritter folgen. Ein Bergführer auf Bretteln. Er hält im Lauf inne. Ob der Herr noch nach St. Christoph wolle, fragt er. Die verneinende Antwort beruhigt ihn. »Alles voll oben. Kein Platz. Morgen vielleicht wieder.« In dem 1800 Meter hoch liegenden Hospiz ist Platz für dreißig Gäste. Und alles voll. Die winterlichen Berge haben sich doch schon dauernd ihre Freunde gesichert. Man versteht es. Einige Tage da oben in freier Bergeshöhe, inmitten der starren und doch so vielgestaltigen Winterherrlichkeit … es müsste gesund machen und neue Kraft geben. Wieder bist du allein. Einsam ziehst du deinen Weg.

Da grüßt's dich von fern her
Wie Schellenklingen,
Näher kommst du.
Getäuscht ward dein Ohr,
Es zwitschern und singen
Die Meisen im Tann
Und picken an den Zapfen.
Nur weiter stapfen
Durch knietiefen Schnee.
Nur auf der Höh
Ist Schweigen ringsum.
So hast auch du dein Arlbergerlebnis.

Zurück! Den Schnee von den Schuhen klopfen und wieder in das rollende Gefängnis, das dich durch die finstere Röhre führt, und dann hinunter durchs Klostertal dem Ländle zu, über das Frau Holle auch ihre Flocken gestreut. In voller Schneeblüte grüßt dich der Obstgarten Vorarlbergs, und du kannst dich kaum satt sehen an so viel Schönheit …

Die Wirte aber lachen: »Wenn's a Schnee gibt, da geht a G'schäft; da können s' trompete de Luite.«

Arbeiter-Zeitung Nr. 18 vom 19.1.1913

Auf dem Triester Fischmarkt

In der Weihnachts- und der Osterwoche gibt es auch in Wien einen Fischmarkt, der sich sehen lassen kann. Die böhmischen Teiche und die Donau schicken dann ihren Reichtum an Fischen dem millionenfachen Magen der Großstadt, der seinen Karfreitagsfisch so wenig missen lassen will wie den Weihnachtskarpfen, ohne den sich ein heiliger Abend in Wien schwer denken lässt. Der »bachene Karpf« dünkt dem Wiener unentbehrlicher als das grüne Bäumchen, das mit seinem Lichterglanz das Fest symbolisiert. In ganzen großen Eisenbahnzügen werden die Fische nach Wien gebracht, gepfercht in Wassertonnen und begleitet von Kundigen, die den zappeligen Todesopfern während der Fahrt Wasser nachfüllen, auf dass sie frisch und munter zu Markte kommen. Nur der frisch abgeschlagene Karpfen gilt ja dem Wiener als vollwertiger Fisch. Mag sein, dass die Wiener Köchinnen damit recht haben, obzwar es nicht gut einzusehen ist, warum nicht auch Karpfen in Eis verpackt ein gutes Gericht abgeben könnten wie so viele andere Fische, die von weither auf den Markt der Großstadt kommen, die wochenlange Reisen zu Schiff und Bahn hinter sich haben, ehe sie in den Seefischhandlungen zum Verkauf kommen. Das sollen indes die gelernten Köche untersuchen – sicher ist, und das lehrt wohl jeden die Erfahrung, dass die Seefische nichts von ihrem Geschmack verlieren, geht auch die Reise wochenlang. Dennoch ist der Wiener nur schwer für den Seefisch zu erobern – er kennt ihn viel zu wenig. So kommt es, dass sich auch die größten Wiener Fischmärkte nur der Masse nach sehen lassen können, dass sie aber keine Abwechslung dem Auge des Beschauers bieten – Karpfen,

Karpfen, nichts als Karpfen … Verirren sich manchmal ein Hecht, ein Wels, eine Schleie, ein Aal auf den Verkaufstisch, so sind sie fast schon wie Wundertiere angestaunt.

Wie ganz anders der Fischmarkt in Triest, der österreichischen Seestadt! Da gibt es alle Tage was zu sehen, und besonders gegen Ende der Woche vom Donnerstag ab, da ist der Markt überreich beschickt mit all dem krabbelnden und zappelnden Getier, das die Adriafischer aus den Tiefen holen, und das Auge weiß nicht, wohin es sich zuerst wenden soll, und das Ohr nicht, auf welchen Anpreiser seiner Ware es zuerst horchen soll.

Vor dem Markte ein kleiner Menschenzulauf. Eine istrianische oder dalmatinische Barke hat soeben köstliche Last gebracht. In länglichen offenen Kisten, zu zwei und drei verpackt, dazwischen einige Eisstücke, werden Thunfische zur Marktwaage geschleppt. Die Fischer unterhandeln mit dem Großhändler, der, umgeben von zwei Vertrauensmännern, die Fischer auf sich einreden lässt. Ab und zu entschlüpft ihm ein Wort. Eine Ziffer. Der Preis, den er zahlen will. Lebhafte abwehrende Bewegungen der anderen, der Hinweis auf die Frische und die Schönheit der Fische – aber der Händler würdigt die stacheligen Riesen, die, drei Viertelmeter lang, auch kürzer und länger, in die Kisten gepackt sind, keines Blickes. Er hat schon Tunfische gesehen. Die zwei Vertrauensmänner – Angestellte seiner Firma oder Kompagnons – haben für ihn die Augen. Während der eine schier interesselos feilscht und von der Überladung des Marktes spricht, lassen die anderen keinen Blick von den blauschwarzen Kerlen, die vor ihnen in den Kisten ruhen. Da neigt der Händler zu dem einen das Ohr und der wispelt ihm etwas hinein, dann zu dem zweiten Vertrauensmann, auch der wispelt, und im nächsten Moment streckt der Händler den Fischern die Hand hin. Der Handel ist geschlossen. Nun packen hurtige Hände die Stachelbewehrten an und schleppen sie zur Waage. Ihrer acht türmen sie übereinander. Der Händler kontrolliert das Gewicht. 165 Kilo. Und wieder füllt sich die Waage und wieder, bis alle Kisten leer.

Und drinnen in der Halle schreit sich schon ein frischer Junge, ein kaum fünfzehnjähriger Geschäftsführer für seiner Mutter Stand heiser: »Tonino! Tonino! Vera Tonino!« Die Käuferinnen anlockend. Tunfisch! Tunfisch! Wahrhaftig Tunfisch!

Mit leeren Kisten und voller Brieftasche ziehen die Fischer ab und steuern wieder hinaus ihrem Dorfe zu, ihrer Insel im dalmatinischen Gewässer, hoffnungsgeschwellt dem neuen Fang entgegen. Wenn sie guten Wind haben, können sie übermorgen vielleicht schon wieder hinausziehen zum Fang. Einer oben im Leuchtkorb über dem Meere, am Ende einer schiefen Leiter. Sie ist an der Spitze der weit ins Meer hinaus springenden Landzunge in die Erde gerammt. Die anderen sind draußen in ihren Barken, bereit, den Schwarm der Tune zu umkreisen, der, zur Laichzeit aus den Tiefen herauskommend, scharenweise an die Oberfläche steigt und, angelockt von dem Lichte der Blendlaterne, dem Strande zuschwimmt. Die Boote hinterher und immer enger schließt sich der Kreis, und von den Booten gehen die Netze nieder, unsichtbar den zum Lichte Strebenden. Da gibt es so wenig ein Entrinnen wie aus der Tonare, einem Netzlabyrinth, in das die Fische getrieben werden, bis sie in ihrer Not in die letzte und festeste Kammer schwimmen, in die Totenkammer. Die gefüllte Totenkammer wird nach oben gezogen, und dann beginnt ein fürchterliches Morden. Die »Kälber des Meeres«, wie man die Tunfische wegen ihres guten, im Geschmack etwas an das Kalbfleisch erinnernden Fleisches nennen könnte, sind nicht so geduldig wie die Kälber des Landes, sie setzen sich heftig zur Wehr, schlagen wütend um sich – aber der gefräßige Mensch ist stärker. Mit Prügeln, Keulen und eisernen Hacken wird auf den Haufen losgedroschen und mit dem Blute der Erschlagenen färbt sich der Strand. Nach der Schlacht die Sichtung der Beute. Da gibt es manchmal wahre Riesenexemplare. Bis zu drei Meter lang und an fünfhundert Kilo schwer.

»Tonino, Tonino, vera Tonino!«, so jubeln dann innerlich die Fischer, die sich hart genug durchs Leben schlagen müssen, härter, als wir es wissen. In Sturm und Wetter müssen sie hinaus, bei Nacht und heißer Sonnenglut, gewappnet mit primitivstem Fangzeug aus der Urgroßväter Rüstkammer. Rohrhütten am Strande und wahre Nussschälchen als Barken, die Malaria im Blute und ewig in Gefahr, nimmer heimzukehren in die Binsenhütte oder in ihr Dorf. Ja, wenn ihnen der Ertrag bliebe! Der Ertrag ihrer Mühe, die volle Prämie für die Gefahr. Aber da sind die Großhändler da und dann die Kleinhändler und ziehen sie auch mit jedem Fischzug Zentnerlast aus dem Meer – ihnen bleibt kaum mehr als karger Lohn. Der Großhändler will leben und lebt gut, und der Kleinhändler schmettert sein »Tonino! Tonino!« in die Halle, um auch gut leben zu können.

Um eine Krone zwanzig Heller das Kilogramm, so kaufen den frischen Tunfisch die Triester Frauen, um eine Krone zehn Heller, wenn viel, um eine Krone, wenn sehr viele Fische zu Markte kommen. Wie viel kann da dem Fischer bleiben, der oft tagelang auf der Passe liegt, bis die Schwärme kommen, der dann tagelange Reisen zum Markt unternehmen muss; wie viel für die Mühen einer Woche?

»Tonino! Tonino, vera Tonino!«

Der Seehirsch beherrscht den Markt. Wie Hirschschlegel, so liegen die aufgeschnittenen Fischstücke da, und wie von diesem, schneiden auch die Händler vom Tunfisch Schnitzel ab, die dann in die Körbe wandern. Der Tunfisch ist das Rindfleisch der Triestiner. Könnte er nicht auch – wären die Züchtung und der Fang in der Adria entsprechend organisiert – dem Wiener Magen dienen? Er und seine tausend Schicksalsgefährten mit anderen Namen? Muss uns der wahrhaftige Tunfisch, in Öl eingelegt, eine Delikatesse bleiben, wo er – reich ist die Adria – auch bei uns ein Volksnahrungsmittel sein könnte?

Im dalmatinischen Programm der Regierung ist die Rede davon, die althergebrachte Fischerei Dalmatiens modern zu organisieren – Hochseefischerei, Kühlhäuser, moderne Transportmittel. Vom enormen Fischreichtum der Adria ist die Rede – und sie ist reich –; aber wie es scheint, es ist wirklich weit von der Rede bis zur Tat.

Ja, reich ist die Adria an essbarem Getier, überreich, und wohl kein Meer ist so gesegnet wie dieses mit Fischen von edelstem Wohlgeschmack; die Barboni, am meisten geschätzt, der Branzino, der in Triest mit drei bis vier Kronen im Detail verkauft wird, die Orada, Skarpena und wie sie alle heißen, die hoch geschätzten feineren Arten. Aber auch die anderen alle, was geben sie doch für guten Tisch! Die kleineren Schwestern des Tunfisches, die verschiedenen Makrelenarten, die beliebteste vor allem, die kurzweg Scombe genannt, hier liegen sie in einem Korbe zu Hauf, die metallisch blauen Fischleiber von etwa Halbmeterlänge überlaufen von dunklen Streifen, und die dicke Händlerin bietet sie im Kilopreis von einer Krone zwölf Heller feil. Daneben die Scampi, die kleinen Seekrebse, hier gehäuft blau und grün schillernd, die Sardellen, dort die Silberleiber der Sardoni (auch eine Krone zwölf Heller); in einem Korbe die schwappligen Tintenfische, das Leibgericht der Fischer und des arbeitenden Triest – billig sind sie und wirklich gut. In Öl gebraten, zeigen sie ein Fleisch von weißester Weiße wie Hühnerfleisch und dazu Polenta – hätten wir es nur alle Tage, sagen die Fischer und Schiffer. Die rosigen Riboni hier, die kleinen braunen Guatti dort, dann Krabben und Hummern, Körbe voll der wenig appetitlich Seeläuse genannten Muscheln – pidocchi di mare – und hundertnamig andere. An einem letzten Stande einige Hundsfische (Pesce cani, wie sie der Händler nennt) im Kilopreis von einer Krone vierzig Heller. Meterlange Raubtiere des Meeres, des gefräßigsten Raubtiers Opfer, des Menschen.

Und zwischen den engen Ständen Männer, Frauen und Kinder, sich zwängend und drängend, preisend das Getier und feilschend um es und immer wieder übertönend das Gesumme in der Halle die frische Jungenstimme: »Tonino, Tonino, vera Tonino!«

Arbeiter-Zeitung Nr. 352 vom 23.12.1910

Ein Abend in Whitechapel

Ein Konglomerat von neunundzwanzig Städten, die noch lange nicht festgefügt, in eins verschmolzen sind, wenn auch die Tore längst gefallen und wenn auch nirgends mehr die Grenzen erkennbar sind, das ist London. Und darin wogt ein Menschenmeer unheimlich und riesenhaft. Der Polizeidistrikt »Greater Londons« wies 1901 eine Bevölkerung von 6.581.372 Köpfen aus, eine Riesenmasse, die erst durch den Vergleich fassbar wird. Niederösterreich, Oberösterreich, Steiermark, Kärnten, Salzburg und Tirol zusammengenommen, also mit Ausnahme des kleinen Vorarlberg *alle deutschösterreichischen Alpenländer* haben nur um 34.000 Einwohner mehr als der *Großlondoner Polizeidistrikt.* Nimmt man aber »nur« die viereinhalb Millionen Einwohner des engeren Londons, des Londons ohne seine 24 Vororte, so muss man immer noch Niederösterreich, Steiermark und Salzburg zusammenlegen, um die Bevölkerungsziffer Londons zu erreichen.

Wie sollte es in diesem Meer nicht auch Untiefen geben, in denen Zehntausende verkrachter Existenzen untertauchen und untergehen, zeitweilig verschwinden, um wieder an die Oberfläche zu kommen, in die aller Schmutz und alles Elend versenkt wird!

Eine solche Untiefe ist Whitechapel.

Unscheinbar gekleidet, die Hände in den Hosentaschen vergraben, die kurze englische Pfeife im Munde und eine kurz vorher in der Whitechapel High Street erstandene Sixpencekappe auf dem Kopfe, so schlenderte ich am zweiten Abend meines Londoner Aufenthalts zum ersten Mal durch diesen zu europäischem Ruf gelangten Stammbezirk der Londoner Hooligans.

Er beginnt hart vor dem einstigen Osttor der City, dem Aldgate (altes Tor), und dehnt sich südlich und nördlich der Whitechapel High Street und Whitechapel Road benannten Hauptstraßen. Eine eigentliche Abgrenzung hat Whitechapel, das Viertel der »weißen Kapelle«, nicht, und es bildet auch keinen selbständigen Bezirk. Es ist ein alter Vorort, der in den Londoner Ostbezirken (Boroughs) etwa so aufgegangen ist wie der alte Schaumburgundergrund in dem IV. Wiener Bezirk oder wie Erdberg in dem Bezirk Landstraße, und es ist für mich auch nicht ausgemacht, ob alles das, was man in London unter Whitechapel zusammenfasst, dem nächstgelegenen Borough *Stepney* allein zuzuzählen ist. Das ist indes auch Nebensache. Für Europa ist Whitechapel ein Begriff für alles geworden, was die unheimliche Riesenstadt an der Themse an Schrecken, an Schmutz, an großstädtischem Elend birgt; für Europa ist Whitechapel das Sammelbecken der Londoner Verbrecher, die engere Heimat Jacks des Aufschlitzers, des späteren Helden ungezählter Kolportageromane, in denen sich die ungezügelte Phantasie der Schmieranten nach Herzenslust ausleben konnte. Hier an dieser dunkelsten und tiefsten Stelle des Menschenmeeres Londons tauchen sie alle unter, alle die verkrachten einheimischen und fremdländischen Existenzen, die ihr Schicksal an diesen Strand des Elends geworfen hat; hier leben sie ihr kümmerliches Dasein im Schmutz dahin und nur die nüchternste Rasse, die Juden, finden zeitweilig den Weg aus diesen engen, schmalen Straßen heraus auf die breiten Straßen des Lebens.

Es war elf Uhr nachts, als wir – ich hatte in einem deutschen Arbeiter, der seit Dezennien in London lebt, einen wegkundigen, aber sonst freilich etwas zaghaften Führer gewonnen – durch die Little Somerset-, Mansell- und Lemanstreet dem Dockviertel zustrebten, um dort einige Blicke in das Leben und Treiben der Menschen zu machen, die hier nach harter Tagesmühe ihr kärgliches Vergnügen suchen. Trotz der für kontinentale Begriffe späten Stunde waren die Straßen noch voll belebt und auch der Geschäftsverkehr war noch in gutem Gange. Alle Läden offen, vor einem oder dem anderen saß oder stand der Besitzer oder die Besitzerin, um auch ein wenig Luft zu schnappen, die »Luft« *dieser* Straßen, und auf den Straßen spielten die Kinder mit fröhlicher Sorglosigkeit, als wäre es am Vormittag und nicht eine Stunde vor Mitternacht.

In der Cablestreet dringt ein Lärm, den man auch Musik nennen kann, an unser Ohr. Er kommt aus einer Bar, einer Bier- und Branntweinboutique. Die Bars sind meist an Straßenecken etablierte Schanklokale, die, ähnlich den Wiener Stehbierhallen, keine eigentlichen Gasthäuser sind, aber doch zur Qualitätsscheidung der Gäste in mehrere kleine Abteilungen mit gesonderten Eingängen von der Straße geteilt werden. Der »vornehmste« Raum, die Saloon Bar, auch Private Bar genannt, ist durch Bretter- oder auch nur Glaswände von der Public Bar geschieden, die allen zu dienen hat. Aus der Private Bar dringt der Lärm. Wir treten ein. Ein kleiner, kaum vier Quadratmeter großer Raum, an dessen Hauptwand eine Bank steht, während an der Scheidewand von der Public Bar das Marterinstrument, ein automatisches Werkel, seinen Platz gefunden hat. Davon sehen wir zunächst aber nichts.

Vier waschechte Hooligans – wie in der Londoner Polizeisprache jene Menschen heißen, die in Wien als Plattenbrüder bezeichnet werden – sind gerade mitten im Vergnügen. Wie Besessene tanzen sie einen Cakewalk, den das Werkel aufspielt, und füllen damit fast den ganzen, so engen Raum. Neben dem Automaten sitzt eine Dirne und klatscht mit den Händen

den Takt dazu, den die vier, und namentlich einer von ihnen, virtuos mit den Sohlen auf den Boden schlagen. Dazu pfeifen und schreien sie – singen kann man das kaum nennen – und in dicken Tropfen rinnt ihnen der Schweiß über ihre hoch geröteten Gesichter. Ganz bescheiden in eine Ecke gedrückt sitzt ein Mann an der Bar und trinkt sein Four-Ale, das billigste englische Bier. Es ist auch danach. Endlich beruhigen sich die vier und sinken erschöpft auf die Bank. Noch keuchend ergötzen sie sich an dem Labetrunk, den ihnen die Dirne in einer Blechkanne darreicht. Aber diese Holde lässt nicht locker. Schon hat sie wieder einen Penny in den Schlitz des Automaten geworfen, und schon locken wieder die Töne die keuchenden Galants. Drei stehen auch schon wieder mit schlenkernden Beinen in Tanzstellung, nur der vierte, der beste Tänzer, widersteht noch dem Werben der Töne. Da plötzlich packt es auch ihn. Die drei tanzen ihm zu wenig schnell – er bückt sich und schlägt mit der flachen Hand auf dem Fußboden den Takt, und dazu befeuert er durch Rufe die Tänzer – aber alles ist ihm zu wenig. In der nächsten Minute ist auch er in der Reihe der Tänzer und hopst und poltert und schleift in dem engen Raume, dass bald ihn und die anderen und uns alle eine Staub- und Dunstwolke umgibt. Jetzt erst ist das Mädel zufrieden. Glühend im Gesicht, klatscht es wütend in die Hände, den Oberkörper dabei im Takte wiegend, bis ihr die Strähnen ihres gelbbraunen Haares bis tief ins Gesicht hinein hängen … Wir benützen eine Kunstpause der Tänzer, um unbemerkt wieder das Freie zu gewinnen.

Durch die Pellstreet, eine schmale, enge Gasse, streben wir der St. Georgestreet zu. Zur Rechten kommen wir an einem jener vielen Höfe vorüber, die wohl places genannt werden, aber den Menschen, die hier hausen, alles eher denn Platz bieten.

Auf dem schmierigen Boden des Pellplace, den wohl schon sehr lange kein Wesen berührt hat, liegen auf dem Bauche zwei etwa zehnjährige Jungen und spielen um Hosenknöpfe. Auf einer Holztreppe schläft, ein Kind auf dem Arm, in hockender Stellung eine Frau … Eine Obdachlose … erläutert mir mein Führer.

In der St. Georgestreet machen wir die Bekanntschaft einer »deutschen Frau«. Diesmal in der Public Bar einer Wirtschaft. Sie hat ein Auge und den Daumen der rechten Hand mit Leinenfetzen umwunden. Wie von der Schlacht her kommt sie um Mitternacht in die Bar. Mein Führer kennt sie, und sie erzählt ihm auch gleich mit einer nichts zu wünschen übrig lassenden Offenheit, wie sie zu ihren Wunden gekommen ist. »Mein Junge hat mir ein blaues Auge geschlagen … Ich muss fertig werden mit ihm … Jetzt glaubt er wohl, dass ich nicht mein Bier trinken kann …« Dann ein Achselzucken … »Zwei Tage, und ich bin wieder beisammen … Das hol ich schon ein, mein Junge … Eine deutsche Frau versteht ein Glas Bier auszubüchsen …« Damit greift sie wieder zu dem schwarzen Trank und jagt ihn durch die Gurgel.

In der Public Bar aber sitzt eine Mutter mit zwei zerlumpten Kindern. Das Jüngste, einen Säugling, hat sie, gleichfalls in Lumpen gehüllt, auf dem Arme. An der Bar vor sich hat sie einen Pot – den Blechtopf mit Bier – stehen. Die letzten Pence – vielleicht hat sie sie eben erst erbettelt – werden zum Trank des Vergessens, den sie, blöde vor sich hinstarrend, hineingießt, und dann torkelt sie mit ihren Kindern vielleicht in eine der alten Baracken der benachbarten Penningtonstreet oder aber sie findet ihr Nachtquartier auf einer der Treppen wie die Mutter, der wir auf dem Pellplatze begegnet waren.

Eine halbe Stunde später kommen uns in der Nähe des

Petticoatlane, des berühmten Marktes in London Ost, drei Weiber johlend und singend in die Quere. Die mittlere, die schon am schwächsten auf den Beinen ist, hat einen Säugling auf dem Arm. Jetzt und jetzt glaube ich, muss ihr der arme Wurm zur Erde gleiten. Ein Policeman steht ruhig an der Ecke und sieht die johlenden Weiber an sich vorüberziehen. »Gewahrt denn dieser Schutzmann nicht die Gefahr, in der das Kind schwebt?«

»Er schreitet nur ein, wenn die Frau etwa fällt oder sonst wie in ärgste Gefahr gerät. Solange sie zwei Führerinnen hat, findet er es nicht für nötig.« So erläutert mir mein Führer die Ruhe des Policeman.

»Was geschieht dann mit der Frau?«

»Sie wird verurteilt … zu Arrest … je nachdem, auch bis zu acht Tagen.«

»Und das Kind?«

»Das wird dem Vater gegeben.«

»Und wenn sie die Strafe verbüßt hat, darf sie wieder Mutter sein? Das wird mit der Strafe nicht zugleich ausgesprochen, dass sie das Recht verwirkt hat, Kinder zu erziehen?«

»Nein. Nur wenn sie das Kind misshandelt, dann nehmen sich Gesellschaften der Kinder an. Da hätte die Polizei viel zu tun, wenn sie alle diese Kinder versorgen wollte …«

An der Spitalfieldchurch begegnen wir wieder der anderen Sorte von Weibern, jenen, die allen dienen oder doch dienen wollen. Einen abstoßenderen Markt der Liebe als diesen kann sich die schlimmste Phantasie nicht ausdenken. Eine Galerie ausgemergelter, vom Elend ganz zermürbter Frauen ist hier zu sehen. Bescheiden und gedrückt, in Lumpen gehüllt, sitzen sie auf der Steinbasis des Gitters, das die Kirche Whitechapel umfriedet, und warten wortlos derer, die hier die Befriedigung ihrer wohl selten gesunden Süchte suchen. Jeder Einzelnen schaut der Hunger aus den Augen, und kennte man nicht ihr Gewerbe, man hielte sie für die armseligsten Bettelweiber. Ringsum im Schatten der Häuser aber oder versteckt in den engen Nebengassen, lauern die Ausbeuter dieser ärmsten Frauen, die Hooligans, die »Schützer« dieser Frauen, nicht selten auch die Erpresser an denen, die hier Liebe suchen.

Es ist gut, hier nicht zu verweilen, so groß auch der Anreiz wäre, hier tiefer in Menschenschicksale zu schauen. London kennt offiziell keine Prostitution. Es reglementiert diese Frauen nicht. Sie sind frei wie alle Engländer. Kann man solche Blicke in die englische Freiheit machen, dann bedauert man nur, nicht tiefer hineinleuchten zu können.

Auf dem Petticoatlane – heute heißt die Straße Middlesexstreet – herrscht lebensgefährliches Gedränge. Es ist Samstag und die Frauen decken ihren Sonntagsbedarf um – Mitternacht. Geschrei und Lärm umfängt uns, da auch wir uns durchschieben durch die Masse der Frauen, die mit ihren Körben oder Taschen am Arme alle Stände umlagern, die Fisch- und Obststände, die Gemüse- und Blumentische, auf deren Stellagen hoch aufgeschlichtet die schon welken Waren bereit liegen, und mitten durch schiebt ein Bananenverkäufer mit Geschrei seinen Wagen voll der berauschend duftenden Früchte, die er paarweise um einen Penny feilhält. Und in einer Nebengasse gibt es Hemden und Koffer, altes Eisen und Glaswaren, Möbel und Kleider – kurz, alles Alte zu kaufen, was das reiche London nicht mehr benötigt. Und auch hier Drängen und Schieben, Kreischen und Schreien, wie wenn es gälte, die erlesensten Schätze dieser Welt zu erwerben.

Auf dem Heimweg komme ich gerade zu einer *Fleischlizitation* zurecht. In der Aldgatestreet, hart an der Grenze der City, haben einige Fleischer feste Stände, und diese suchen nun, ihre Ware in letzter Stunde los zubringen. Um vier und um dreieinhalb Pence (ein Pence = zehn Heller) rufen sie das Pfund des schönsten Beefs aus, und der Dicke dort (auch die Londoner Fleischer sind reif für Marienbad) schlägt mit seiner fleischigen Rechten nach der Art der Praterausrufer auf ein Lendenstück, es den Frauen als das Beste, als das Billigste anpreisend …

Endlich ist es past time – das heißt, die gesetzliche Sperrstunde für Lokale, die Alkohol verzapfen, ist um – und allmählich verlieren sich die Tausenden und Abertausenden, die bis halb ein Uhr alle Straßen füllten. Um ein Uhr schläft London. Wahrscheinlich schläft nun auch der Bub, der, einen Rollschuh angeschnallt, um Mitternacht so flink über das Trottoir flog, dass er mich bald niedergestoßen hätte.

Arbeiter-Zeitung Nr. 225 vom 18.8.1907

III.

Kulturelle Enthüllungen

Kulissenschieber im Burgtheater

In das Geheimnis der Bühnenarbeit im Allgemeinen und des Treibens im Burgtheater im Besonderen einzudringen, war schon lange mein Wunsch. Die ersten Zeitungsmeldungen über die Neuinszenierung des »Tell« zeigten mir das Ziel in greifbarer Nähe. Schillers unsterbliches Werk bedarf eines gar mächtigen Apparats. Da konnte es mir glücken, unerkannt als Aushelfer unterzukommen. Meine Annahme war richtig.

»Kommen S' auf d' Nacht, zwischen sechs und sieben, da is der Bühnenmeister da, der Herr Liška, fragen S' nur um ihn.«

So wies mir einer der Portiere den Weg, den ich zu gehen hatte, um Aushelfer zu werden, als ich eines Morgens daran ging, das Terrain zu studieren.

»Glauben S', Herr Portier, braucht er an?«

»Vielleicht zwanz'g! Kommen S' nur.«

Abends war ich pünktlich zur Stelle. Der Portier – diesmal war es ein anderer – hieß mich warten. Da saß ich nun auf dem Bankl und sah die Bühnengrößen an mir vorüberkommen und die vielen Kleinen und die Helfer am Werke. Sie alle brachten mir Zeitvertreib. Ich konnte den Unterschied in der Wertung der Menschen, von der Portierloge betrachtet, studieren; konnte sehen, wie die eine rauschend vorüber flog durch die beiden geöffneten Flügeltüren und kaum mit einem Kopfnicken der bis zu den Knien gerissenen Portierkappe dankte, wie sich die andere mühselig mit ihrer Garderobeschachtel durch die Spieltüren wand, die nun kein hilfsbereiter Portier aufriss, wie dem einen noch höflich salutiert und der Gruß des anderen vom Portier kaum beachtet wurde. Das war so interessant, dass ich bald das Stichwort des Portiers überhört hätte.

»Da geht jetzt der Herr Liška, rennen S' ihm nach! …«

Schon war ich auf den Beinen. Einige Stufen hinan – eine Tür – ein matt erleuchteter Gang – gerade biegen zwei Gestalten um die Ecke. Einer von beiden muss er sein, der mir noch unbekannte Bühnengewaltige. Die beiden steigen Stufen hinunter. In einem schmalen Kellergang erreiche ich sie – atemlos …

»Herr von Liška! …«

»Was wull'n S' …«, wendet sich der Größere an mich. Er böhmakelt. Das ist er. Wenigstens stimmen die Aussprache und der Name überein.

»Könnt' i net als Aushelfer anfangen?«

»War'n S' scho amal auf Bühne?«

»Da net, in Karlsbad«, lüge ich dreist.

»Was san S' denn?«

»G'schäftsdiener.«

»Abe, was g'lernt haben …«, fragt der andere unwirsch.

»A g'lernter Schlosser bin i.«

»No, wer' me seg'n. Lassen S' Ihnere Adress da.«

Zum Glück war ich für diesen Fall gerüstet und konnte den Namen und die Adresse eines Freundes, dessen Arbeitsbuch ich zur Vorsicht mitgenommen hatte, herunterleiern. Der Begleiter Liškas, ein junger Mann, notierte beides, und achtundvierzig Stunden später war ich im Besitz einer Korrespondenzkarte, die mich einlud, am nächsten Morgen um viertel acht Uhr zur Stelle zu sein.

»Aushilfs-Bühnenarbeiter im k. k. Hofburgtheater«, so ungefähr wird mein wohlklingender Titel gelautet haben, den ich von diesem Morgen ab führen konnte. Für die »Uniform« sorgten hilfsbereite Menschen. Ich wurde in denselben Kellergang geführt, wo ich vor drei Tagen aufgenommen worden war und

dort in das »Bühnenzimmer« gewiesen. Dort vollzog ich die erste Verwandlung. Ich legte den Überrock und das Sakko ab und schloff in die Reste eines grünen Leinenrockes, den mir mein Führer in diesem Reiche gab. Nichts als die ledernen Säcke daran waren gut.

»Nehmen S' den Kittel d'rweil … um Ihnern Rock wär' schad' … Und jetzt kummen S' …«

Der freundliche Bühnenarbeiter führt mich über die Stiege hinauf zur Parterrehöhe und links durch einen Gang bis zu einer eisernen Tür. Durch diese folge ich ihm. Wir sind auf der Unterbühne. Ein säulengestützter weiter Raum, Eisenständer und Träger, einige Maschinen, in den Seitengängen und Räumen Bühnendekorationen, Felsen, Möbel zu Hauf, ein buntes Durcheinander, in dem das Auge des Fremden vergeblich nach Ruhepunkten sucht. Von der Tür aus, durch die ich getreten, führt in der Geraden der Weg ins Freie, hinaus auf den Burgtheaterplatz, Volksgartenseite. Von dort grüßt der helle Tag in das rötliche Dämmer der Unterbühne, die von Glühlampen nicht allzu reich erhellt ist. Hier ist zunächst mein Arbeitsplatz. »Da helfen S' außitragen.«

Damit hat mich der unterweisende Arbeiter zu einer Gruppe von ständigen und aushilfsweisen Bühnenarbeitern geführt, die eben daran sind, auf der geraden Bahn die Kulissen, Wände und Dekorationen ins Freie zu schaffen und dort an die Mauer oder an die Balustrade zu lehnen, um sie später bequem aufladen zu können. Auch ich greife zu. Das erste Stück, das ich erwische, ist ein »Kachelofen«. Er ist wohl nicht schwer, aber so unhandlich zu tragen, dass ich mir den Hut herunterstreife. Ein Bühnenarbeiter bemerkt dies und trägt mir eine Kappe an.

»Mit 'n Huat können S' net arbeiten, i wer' Ihnen a Kappl bringen.«

Bald darauf kommt er mit einer alten Dienerkappe, reißt die

Börtelschnur herunter und reicht sie mir. »Eine Degradierung«, sagt er dabei lachend.

Nun erst war ich burgtheaterfähig: Die Ärmel meines Rockes baumelten fast neben den Armen, die schmierige, nackte Kappe saß schief auf dem Kopfe – kurz, ich war herabgekommen genug, um nicht aufzufallen.

Meine Kollegen waren ja – wenigstens zum Teil – nicht weniger Schmelzbürger wie ich. Besonders einer, ein Hernalser Beißer, von dem ich es bald lerne, wie man ohne Überanstrengung das Seinige für den Lohn leistet. »Nur Zeit lassen!«, so wehrt er die hastigen Bewegungen einiger neuer Aushelfer ab. »Bis um zwa oder drei arbeit's enk no gnua.« Später stellt er sich dorthin, wo die meisten stehen, und mahnt: »Nur Zeit lassen, es kummt a jeder dran.« Die Befolgung dieser weisen Regeln gibt mir die Muße, so manches zu beobachten und zu hören.

Der Gang der Unterbühne ist glücklich entleert. Das letzte Stück ist hinausgeschleppt. Müßig stehe ich auf dem Plan. Plötzlich bekomme ich Beine. Noch unvertraut mit den Zeichen in diesem Reich, habe ich einen Pfiff überhört und nun ist's mir, als schwebte ich zur Höhe.

»Herunter von der Versenkung! Hör'n S' denn net?«

Im Nu bin ich am Rande und springe von Meterhöhe in den Verladeflur. Hinter mir steigt die Versenkung, die die Breite des Proszeniums hat und etwa zwei Meter tief ist, wieder zur Bühnenhöhe, um dort neu beladen zu werden. Eine abschließende Wand, die von oben herabgesenkt wird, deckt inzwischen den gähnenden Schlund. Wir sind in den zugigen Flur oder auf die Gasse gestellt. Eine Pause tritt ein. Wir müssen auf die Wagen warten, die aus dem Depot in der Dreihufeisengasse die Dekorationen für die Probe und für die Abendvorstellung bringen.

Wir bilden Gruppen. Aushelfer und Ständige durcheinander, wie es der Zufall fügt. Zu mir stoßen ein Maurergehilfe, der fünf lebende Kinder daheim hat, und ein junger Mann mit schwarzem Jaquetanzug und Brillen. Den Herrn Professor nennen ihn die anderen, weil er durch Kleidung und Wesen gar zu sehr von uns absticht. Ein stiller, ruhiger Mensch, der unverdrossen fortarbeitet und dabei keine zwei Worte spricht. Er ist gelernter Seiler. Nun hat ihn die Arbeitslosigkeit ereilt, und er packt an, was er erwischt. Sein Ideal wäre, Irrenwärter zu werden. Den Leidensweg, den er bereits gegangen, um eine solche genug traurige Existenz zu erringen, schildert er uns nun. Vier Vormittage hintereinander musste er Vorzimmersessel drücken und mit ihm sein Onkel und Protektor, ein alter Spitalsdiener. Bei einigen Professoren, beim Landesausschuss, beim Direktor der Irrenanstalt, bei den Direktoren einiger Sanatorien waren sie, von einem zum anderen wurde er geschickt und zum Schluss war's nichts. Die einen wollten ihn ohne praktische Vorschule nicht nehmen, die anderen erklärten, keine Freiwilligenposten im Irrenwärterdienst vergeben zu können. So bleibt's beim Alten.

»M'r glaubt's net, wie schwer 's is, so a Stell' z' kriegen.«

So schließt der »Herr Professor« seine Erzählung.

»Und hat m'r 's, so hat m'r erst nix als das nackete Leben.« So tröstet ihn der Hernalser, der sich mittlerweile zu unserer Gruppe gesellt hat.

Politiker. Der Hernalser hat etwas von dem Lumpenwort des Bürgermeisters gehört. Nur unbestimmt ist die Kunde zu ihm gedrungen. Aber er spricht nun davon, indem er den »Professor« weiter tröstet.

»Wer arbeit', is eh scho a Lump. Der Burgermaster hat's g'sagt.«

Ein anderer, der in einem Wiener Tratschblatt davon etwas gelesen hatte, wird nun lebendig.

»Das hat er net g'sagt: ›Wer am ersten Mai in' Prater *geht*, is a Lump'‹, hat 'r g'sagt. Auf's Jahr fahr' i mit'n Gummiradler abi, dass i ka Lump net bin.«

Einige lachen, ein ständiger Bühnenarbeiter, von Prochazkas Gnaden, Mitglied des Landstraßer christlichsozialen Wahlvereines, fühlt sich aber verpflichtet, ein Wort der Verteidigung für den Bürgermeister zu sprechen.

»So hat 'r 's ja net g'mant. Er hat ja ›nur‹ die Sozi g'mant.«

»Wer san denn di Sozi?«, sagt der Maurer. »Das san mir alle, alle, die ehrlich arbeiten tan. Und wer an Arbeiter und Familienvater Lump schimpft, waß nix von der Arbeit. Das is bei mir ka Burgermaster net. Heutigentags sagt so was ka Maurerpolier mehr. Bin i a Lump? Wer is a Lump? Der was nix arbeit't und vo die andern lebt. Schauts nur amal eini ins Rathaus, wia dö leb'n. Der Burgermaster allan hat vielleicht 20.000 Guld'n im Jahr'. Da kann m'r leicht keck sein. Er soll sie aber nur net spiel'n. Amal wird's uns do z' viel werd'n.«

Der Hernalser höhnt: »Was werd'ts denn tuan? D' Goschen halten und weiterarbeit'n. Mir Weaner san ja z' blöd.«

»Guate Kerln san m'r, das is wahr. Aber was z' viel is, is z' viel. Dös bleibt ihm net g'schenkt.«

Der Hernalser bekommt anarchistische Anwandlungen. »Außihaun dös ganze G'sindel. Anzünden …«

»Da wirst nix richt'n damit, höchstens, dass die Kanonen auffahr'n.«

»Soll'n s' kumma. Is denn dös a Leb'n? Liegt an von uns was dran?«

»Gehts tuats net so, vo die Sabeln rennts davon …«, sagt der Christlichsoziale wieder.

Ein anderer Ständiger trumpft ihn aber. »Du kannst leicht

keck werd'n. Wann's zu was kummt, ziehst dei' Legitimation vom christlichen Verein außa u ka Wachter tuat dir mehr was. Zu was andern taugt er eh net, der Wisch, als dass an die Wachter in Ruah lass'n.«

Verständnissinnige Heiterkeit lohnt den Sprecher.

Weiter gedeiht das interessante Gespräch nicht – der Theaterwagen kommt, und damit beginnt wieder die Arbeit.

*

Von schweren Rossen gezogen, wankt der Theaterwagen von der Ringstraße her. Im Nu sind die Gespräche verflogen, und wir gehen dem Wagen entgegen. Den Bühnenarbeitern nach zieht der Schwarm der Aushelfer. Der Wagen macht inmitten des Platzes halt, die Pferde werden ausgespannt, und dann wird der Wagen durch Menschenkraft zu der Verladetreppe dirigiert. Wo so viele zusammenhelfen, hat es keine Schwierigkeit. Dann verschwinden die ersten in dem Wagen, um die Kulissen auszuladen, die an die eine Wand des geschlossenen langen Wagens gelehnt sind. Stück um Stück wird herausgehoben und auf die Versenkung getragen, wo wieder Kulisse an Kulisse gelehnt wird. Mit der Zeit komme auch ich daran und kann Kulissen tragen. Eine Hand oben, eine unten, das Stück an die Schulter gelehnt, so geht es in ruhigem Trägerschritt zur Unterbühne. Die Last muss der gestreckte obere Arm tragen. Wer diesen Vorteil einmal heraus hat, der trägt selbst große Stücke nicht schwer. Die Ständigen unterweisen uns darin, legen uns die Hände an und greifen schließlich selbst zu, um durch das Beispiel zu wirken. Es ist ein Vergnügen, zuzusehen, wie leicht und sicher sie die schwersten Stücke dirigieren und tragen. Weniger Vergnügen ist schon das Nachmachen dieser Kunst – aber schließlich lernt man alles. Am nächsten Tage hatte auch ich die Kunst inne, wenn ich von ihr auch nicht allzu ausgiebigen Gebrauch machte.

Kaum sind die neuen Kulissen ausgeladen, müssen die früher herausgetragenen in den Wagen gehoben werden. Eine Welle an der rückwärtigen Kante des Wagenplateaus erleichtert das Hineinschieben der Stücke. Auch diese Arbeit ist geschehen, und alle Mann müssen nun an die Räder und an die Stange, um den Wagen wieder zurückzuschieben. »Schiab an, ruck«, und schon rollt das Ungetüm auf den freien Platz neben den offenen Wagen, der das »neue Wasser« und die Panoramen brachte.

Zuerst laden wir das »neue Wasser« ab, vorsichtig, wie es sich gehört. Auf eine Eisenachse sind der Länge nach vier phantastische Drahtgerüste, deren obere Kante Wellenform hat, gleich Radschaufeln montiert. Diese Gerüste sind von einem blaugrünen, mit glitzernden Plättchen beworfenen steifen Netz umkleidet. Die Achse wird in Gabeln gehoben, und nach bestimmten Gesetzen ruckweise, bald schnell, bald langsam gedreht, so dass die faltig umkleideten Drahtgerüste die Illusion wild bewegten Wassers hervorbringen sollen. Wie sehr sie diese Wirkung erzeugen, bestätigte die Kritik nach der ersten Aufführung.

»Wo soll m'r denn hin mit 'n Wasser?«

»Legts 's d'rweil nur daher. Z'erst müassen die Panorama einitragen werd'n.«

Wir legen das »Wasser« behutsam nieder und tragen wie die anderen die auf den zehn bis fünfzehn Meter langen, starken Hölzern aufgerollten Panoramen und Prospekte hinein. Fünf bis sechs Mann jedes. Das ist schon schwerere Arbeit. An einer Stelle des Weges, dort wo die Flurrampe wieder in die Gerade der Unterbühnenhöhe läuft, wo also der Höhepunkt überschritten wird, drückt es jeden furchtbar, weil dann das Hauptgewicht auf seiner Schulter ruht. Freilich sind es nur

Sekunden, aber man muss darauf gefasst sein, sonst schnappen die Knie ein. Zumal wer in der Mitte geht, fühlt den Druck. Wer einmal diese Erfahrung ausgekostet hat, kann den Druck durch gebücktes Gehen zum Teil ausgleichen. Beim zweiten Gang bin ich schon so vorsichtig.

Es ist halb zehn Uhr, da wir auch mit dem zweiten Wagen fertig sind und wir können nun bis zehn Uhr Frühstückpause halten, ein Benefizium jüngsten Datums. Dann geht es auf die Bühne zur »Exerzierprobe«. Nun erst soll mir das Mysterium offenbar werden.

Auf der Bühne gibt es zunächst viel für mich zu schauen. Dann aber soll ich mich orientieren um den Anforderungen meines neuen Dienstes wenigstens oberflächlich genügen zu können. Die Bühne ist – soweit sie für die Spielzwecke in Betracht kommt – etwa 20 Meter tief und für die Zwecke der Verwandlung in zwei Hälften geteilt, in die vordere, dem Zuschauerraum zu gelegene, und in die rückwärtige. Während vorn ein Teil der Bühnenarbeiter die Szene stellt, wird rückwärts schon und auf der Unterbühne Vorbereitungsarbeit für die folgenden Verwandlungen getroffen.

Der Vorhang fällt, und mit einem Schlag ist die Situation verändert. Die Mimen fliehen in die Holz- und Pappegassen der Kulissen – die Bühnenarbeiter treten auf den Plan. Jeder an seinen Platz. Ein Teil der Dekorationen, die die Szene seitlich abschließenden Panoramen und der rückwärtige Abschluss, der Prospekt oder Horizont baumeln zur Höhe des Schnürlbodens, die Wände und Kulissen werden, so weit sie an fahrbaren Ständern befestigt sind, zurückgeschoben, andere losgeschraubt und zur Seite getragen, die Möbel, Felsen, Bäume, Gartendekorationen werden in die Mitte zusammen geschoben und ehe noch zwei Minuten vergangen sind, ist die

Vorarbeit zur Verwandlung geschehen. Die Hinterbühne verschwindet samt allem Krimskrams in die Versenkung, hilfsbereite Hände haben im selben Moment den gähnenden Schlund mit einer Seilbarriere umgeben, die aus der Versenkung gezogen wurde, ein Pfiff, und die Vorderbühne rollt nach rückwärts, den einen Schlund deckend, einen anderen zurücklassend … Wieder ein Pfiff, und aus der Versenkung steigt das nächste Bild, das inzwischen auf der Unterbühne vorbereitet, oft auch schon ganz gestellt war. Rasch noch die Kulissen her, die abschließenden Panoramen und den Prospekt herunter, die Sofitten richtig eingestellt, die Wolken, das duftige Blattgrün des Waldes, die Baumkronen, »dieses Haus so fest gefügt« oder was sonst zu dem Bilde von oben kommt, die Beleuchtungsständer an ihren Ort, die Felsen gruppiert, die Möbel gestellt, die Kulissen befestigt, rückwärts mit Spreizen gestützt und angebohrt, damit sie Halt gewinnen – wieder ein Zeichen, alles verschwindet aus dem Gesichtsfeld der Bühne – die Verwandlung ist vollzogen, der Vorhang geht in die Höhe.

Bei der Generalprobe erst lernte ich diesen Organismus in seinen Zusammenhängen verstehen. Heute bei der Exerzierprobe tappe ich wie im Finstern und bin froh, am Schluss der Probe wenigstens oberflächlich in diesem Reich orientiert zu sein.

Lehrzeit. Da ich nun daran gehen soll, von meiner Tätigkeit zu berichten, bangt mir fast. Sie war keineswegs so ruhmreich. Das Einordnen in einen solchen Körper ist schwerer, als man denkt. So sehr es mir darum zu tun war, mich nützlich zu machen, zunächst konnte davon keine Rede sein. Nur zwei Dinge lernte ich – den Gebrauch der Theaterbohrer und das rasche Weg- und Zuschleppen von Plastiken, Möbeln und kleineren Dekorationsstücken. Zur eigentlichen Arbeit des Kulissenschiebens kam ich gar nicht.

Eine Weile lang stehe ich müßig auf der Bühne, dann schreckt mich plötzlich der Ruf aus meiner Ruhe:

»Bringen S' a Praktikabel her!«

Da ist guter Rat teuer. Aber jedenfalls ist dieses Ding, von dem ich mir bis dahin nichts träumen ließ, irgendwo in dem Requisitendepot der Hinterbühne zu finden. Ich eile also dorthin und lasse meinen Blick ruhelos über das Durcheinander wandern, das sich mir dort in den Weg stellt. Hohe Gerüste auf Wagenrahmen in der Mitte, darauf Felsen und Treppen, zu beiden Seiten dieser Ungetüme enge, verstellte Gassen. Durch eine winde ich mich durch.

»Was suachen S' denn?«

»A Praktikabel.«

»Da lahnen s' eh; was rennen S' denn dran vorbei?«

Der gute Freund zeigt auf einige Holzrahmen mit tüchtigen Verspreizungen, die neben mir an der Wand lehnen. Ich greife zu und winde mich mühsam mit meiner Last heraus.

»Was dös für Leut san, net amal tragen können s'. 's Gewicht muss oben sein.«

So unterweist mich der »Ständige«, dem es sehr wider den Strich geht, dass ich den Holzrahmen trage, wie etwa Ammen Kinder tragen und dabei die größte Mühe habe. Schließlich lege ich den Rahmen auf die Schulter wie der Laternenanzünder die Leiter; aber da habe ich erst recht Malheur. Der Rahmen wird lebendig. Er fällt auseinander. Zum Glück knapp vor dem Ziel.

Mein Auftraggeber sieht dies und belehrt mich. »So muass m'r a Praktikabel tragen.« Damit hat er den zusammenlegbaren Holzrahmen wieder in Ordnung gebracht und präsentiert ihn wie ein Gewehr. Dass es übrigens auch manchmal den gewandten Bühnenarbeitern schlecht ergeht, bewies mir einige Tage später bei der Kostümprobe ein Vorarbeiter, der sich beim Schlichten von Praktikabeln eine nicht unbedeutende Rissquetschwunde am Kopfe zuzog. Mit diesem kleinen Praktikabel wird mein Lehrer allerdings leicht fertig. Er entfaltet es zu einem rechteckigen Untergestell für irgendeine Dekoration.

Nun weiß ich auch, warum diese Rahmen »Praktikabel« heißen. In verschiedenen Größen vorhanden, dienen sie als Basis für die verschiedensten Dekorationsstücke: Thron und Altar wird darauf gebaut, Felsen und Treppen tragen diese Gerüste, sie stellen das erste Stockwerk von Häusern dar, kurz, sie sind für alles praktikabel. Was aus meinem Stück werden soll, sehe ich nicht mehr. Kaum schickt sich der Bühnenarbeiter an, eine bemalte Leinwand über das Rechteck zu breiten, werde ich abberufen.

»Was stengen S' denn durt«, ruft mir Herr *Liška* in seinem Burgtheaterdeutsch zu; »fahr'n S' mit abe, wegrame!«

Schon bin ich zur Stelle, und im nächsten Moment gleiten wir mit der Hinterbühne in die Tiefe. Da gibt's nun etwas Arbeit. Wir schleppen einiges beiseite, anderes schieben wir auf die Vorderbühne, mit der wir wieder zur Höhe kommen, ebenso lautlos und sanft, wie wir hinuntergeglitten waren. Während andere Bühnenarbeiter bereits beginnen, ein Bild zu stellen, nimmt mich einer beiseite, versorgt mich mit Theaterbohrern und zeigt mir, wo die Kulissenspreizen hängen und stehen, je nach ihrer Größe. Damit ist mir auch mein Betätigungsfeld abgegrenzt.

»Wann m'r dann die Kulissen stellen, kommen S' glei mit aner Spreizen, hängen S' es oben mit'n Haken ein und unt' tan Sie s' anbohr'n … oder ob'n, und unt' an Bohrer eini, wia 's grad is.«

Wassermacher. So gerüstet, warte ich des Kommenden, helfe da und dort, um schließlich außergewöhnlich rasch Karriere zu machen. Ich rücke, ohne es zu ahnen, in die Reihen der Unentbehrlichen vor. Den Orden der Anerkennung bekam ich freilich erst am nächsten Tage und da in recht eigentümlicher Form. Herr Liška hatte eine Aushelfergruppe um sich versammelt und teilte sie ein. Eben wählte er sechs Mann für den Schnürboden aus. Um auch die Geheimnisse dieser Stätte erforschen zu können, meldete ich mich dazu. Einen Augenblick ruhte das Auge des Gestrengen auf mir. Dann wies er mich ab: »Sie warens gestern bei Wassermachen. Da kann i Ihnen net entbehren. Ihne brauch' i.«

Obzwar ich wusste, dass er diese Anerkennung nicht bildlich gemeint haben konnte, stiegen doch leise Zweifel in mir auf, ob mich der gute Mann nicht erkannt hatte, und diese Zweifel störten etwas die Freude darüber, dass er mich »nicht entbehren« konnte. So blieb ich denn unten und machte zum zweiten Mal Wasser.

*

Da rast der See … »*Erster Aufzug. Erste Szene:* Hohes Felsenufer des Vierwaldstättersees. Schwytz gegenüber. Der See macht eine Bucht ins Land, eine Hütte ist unweit dem Ufer, *Fischerknabe* fährt sich in einem Kahn. Über den See hinweg sieht man die grünen Matten, Dörfer und Höfe von Schwytz im hellen Sonnenschein liegen. Zur Linken des Zuschauers zeigen sich die Spitzen des Haken, mit Wolken umgeben; zur Rechten im fernen Hintergrund sieht man die Eisgebirge.« So zeichnet Schiller die Szenerie vor und kaum hat der Alpenjäger sein Lied geendet, »verändert sich die Landschaft. Man hört dumpfes Krachen von den Bergen, Schatten von Wolken laufen über die Gegend«. Und da der verfolgte Baumgarten den Fischer Ruodi anfleht, ihn doch überzusetzen, »fängt es zu donnern an« und »Brausen und Donnern« erfüllt den Raum, da der Hirt Kuoni dem Fischer zuredet, dem Nächsten zu helfen.

Der Föhn ist los, Ihr seht, wie hoch der See geht;
ich kann nicht steuern gegen Sturm und Wellen.

So antwortet Ruodi und höher und immer höher steigen die Wellen und immer wilder braust der Sturm.

– – – – – – ’s is heut Simons und Judä,
Da rast der See und will sein Opfer haben.

Das ist die Aufgabe, vor die wir ahnungslosen Helfer am Werke gestellt werden. Kaum einer von uns hat von ihr eine Ahnung. Auch ich weiß zunächst nichts mit den bemalten Latten und pittoresken Gestellen anzufangen, die auf die Bühne geschafft werden und dort bald zuhauf liegen. Erst langsam wird das Chaos entwirrt und auch ich beginne zu erkennen, welche Stelle den einzelnen Dekorationen auf der Bühne zukommt und welche Wirkung sie hervorbringen sollen.

Da sind zunächst schmale Holzrippen, die, über die ganze Bühnenbreite laufend, das *unbewegliche Vordergrundwasser* darstellen sollen. Sie sind mit seegrün bemalten Leinenstreifen verhängt, die wellig auf den Boden gelegt werden müssen.

Dann gibt’s das *niedere bewegliche Wasser*. Es besteht aus je drei niederen bemalten Längsstreifen, die quer über die Bühne laufen und so auf beweglichen Scharnieren montiert sind, dass sie sich wie die Pedale eines Zweirades auf und nieder bewegen lassen. Die Welligen oberen Kanten dieser Streifen machen die Illusion vollkommen glaubhaft. Hier erhalte ich meinen Platz. Das niedere Wasser wird beim Abräumen des Bildes an Seilen auf den Schnürboden gezogen, um es rasch aus dem Wege zu schaffen. Eine solche Schnur muss ich mit Hilfe eines Hakens an dem dreiteiligen Wasser befestigen und das »Wasser« selbst losschrauben. Eine kleine eiserne, angebohrte Spreize hält diese Dekoration fest. Bohrer und Spreize muss ich auf das gegebene Zeichen entfernen und dann die Schnur befestigen. Kein Kunststück … dass man aber auch dabei Unheil stiften kann, sah ich eines Tages bei meinem Nachbarn, der die eiserne Spreize an der Dekoration lose hängen ließ und dadurch Gefahr heraufbeschwor. Die Spreize hätte vom Schnürboden – er beginnt in einer Höhe von 20 Metern über uns und ist selbst 17 Meter hoch – herabfallen und ihn oder einen anderen erschlagen können. Zum Glück geschah nichts, aber wie leicht hätte es den unkundigen Aushelfer treffen können, den man dann vielleicht nicht einmal hätte agnoszieren können, denn das für Aushelfer vorgeschriebene Erkennungszeichen, eine Blechmarke mit Nummer, war uns nicht ausgefolgt worden. Erst nach dieser Erfahrung begriff ich, dass Herr Liška auch fürs Wassermachen verlässliche Leute braucht und mich, den er am ersten Tag genau unterwiesen hatte, nicht entbehren wollte. Eine Steinbank war bei allen Proben angebohrt worden, bei der Vorstellung nicht – wie leicht hätte dieser fehlende Bohrer Unglück stiften können! Wer wäre verantwortlich gewesen?

Hinter dem niederen Wasser steigen die immer höher werdenden beweglichen *Wellengerüste* an, deren Mittelteil an einem festen Ständer hängt, während die Seitenteile durch Bühnenarbeiter, die hinter der Dekoration sitzen, bewegt werden, langsam erst und dann immer toller, je mehr der See »rasen« soll.

Zwischen den Wasserkulissen gibt es Gassen. Durch eine dieser, noch auf der Vorderbühne, kommt Jenni, der Fischerknabe, im Kahn gefahren. Weil ich schon beim Ausplaudern bin, kann ich es ja sagen, dass der gute Herr *Treßler*, der den Fischerknaben mimt und singt, eigentlich in einer niederen Kiste steht, die auf Rädern über die Bühne gezogen wird. Ich selbst habe ehrlich mitgeholfen, das Brett anzunageln, auf das er den rechten Fuß stellen kann, um die Rudererstellung besser markieren zu können. Maskiert ist die Kiste allerdings von einer Kahnschablone. Ist er glücklich auf der linken Seite (vom Zuschauerraum rechts), dann muss er erst den hinter der Felskulisse versteckten wirklichen Kahnkarren besteigen, indem er an unsichtbaren Schnüren ans Land gezogen wird. *Schnüre* unsichtbar machen ist keine Kunst. Maler *Golz* und seine beiden Gehilfen beweisen es. Im Nu ist so eine Schnur blaugrün wie das »Wasser« und sticht dann nicht mehr ab, ebenso wenig wie die hölzerne Laufschiene, in der das eine Räderpaar des maskierten Kahnes läuft und die auch mit großen Pinseln grün getüncht wird. Das Ziehen ist übrigens keine leichte Aufgabe. Mag der Sänger auch mit der Ruderstange nachhelfen, das meiste leisten doch die unsichtbaren Bühnenarbeiter, die dabei noch darauf Bedacht nehmen müssen, dass sie nicht an eine Kulisse streifen.

Sie brauchen nur ein wenig anzukommen und nicht der Kahn zerschellt am Felsen, sondern die für die Ewigkeit gefügten »Felsen« zittern und krümmen sich in Wellenlinien. Das meine ich und meinen andere, wäre nicht nur für die Felsen blamabel. Eine Kleinigkeit nur … und wie muss sie bedacht sein! Auch hier ist der Ausweg ein einfacher. Der Kahn wird zuerst in der Geraden gezogen, und erst wenn er die Kulissenklippe glücklich umschifft hat, ziehen die Arbeiter in der vordersten Gasse – der Kahn macht die Wendung und erreicht das Ufer.

An allen diesen Punkten stehen Helfer am Werke, jeder an seinem Platz, jeder mit einer bestimmten Aufgabe betraut. Aber wie langsam ringt sich die Erkenntnis durch, welchen Anteil jeder Einzelne hat und wie exakt die Räder dieses Werkes ineinandergreifen müssen, sollen nicht ernste Störungen und Schlimmeres eintreten.

Bühnenarbeiter und Aushelfer. Es ist ein gar mächtiger Apparat, der da aufgeboten wird, und man versteht am Ende auch die Nervosität derer, in deren Händen die Fäden zusammenlaufen. Ist nicht jeder Mann auf seinem Posten und hat er seine Aufgabe nicht so inne, dass er sie rein mechanisch oder automatisch erfüllt, so kann es gewaltige Störungen und Blamagen geben, aber auch Verwirrung und Unglück. Zum mindesten wird die Exaktheit der Bühnenarbeit darunter leiden. Vom Bühnenarbeiter wird aber mit Recht mehr gefordert. Man verlangt von ihm, dass er als denkender Automat eingreife. Sicher wie ein Automat, denkend wie ein Mensch, dem die Zusammenhänge dieses Getriebes nicht fremd sind, der seine Tücken und Gefahren kennt, so soll der richtige Bühnenarbeiter sein. Die Alten finden es auch. Immer von neuem staune ich, wie da jeder dieser vielleicht fünfzig Menschen ungeschafft die richtige Arbeit am rechten Ort verrichtet, wie wenig da zu reden ist, wie fast jeder blind Bescheid weiß. Anders freilich die zufällig von der Straße aufgelesenen *Aushelfer.* Wie sollen wir uns in dieser fremden Welt zum Nutzen der anderen betätigen? Wie der hilfsbereite Clown im Zirkus, der zum Gaudium der Kinder und Alten über jeden Teppich stolpert, überall helfen will, nirgends anpackt, überall geschäftig zuspringt und immer doch nur stört und hindert – gerade so komme ich mir manchmal vor, und im Stillen bewundere ich die Geduld der Ständigen, die immer wieder den guten Willen fürs Werk rühmen. Ich bekam kein böses Wort zu hören.

In einer Pause, da der Schöpfer der Neuinszenierung, Professor *Leffler*, gerade ein gestelltes Bild gustiert, klagen sie freilich darüber:

»Gar nix san s' wert, die ganzen Aushelfer. Es geht ihnen doch auch ka ornd'tlicher Mensch 'rein. Kaum hat m'r an a bissl ag'richt't, bleibt 'r wieder aus. Wann s' zehn ständige Aushelfer hab'n, die alle Tag' reinkommen müssen, so san s'mehr wert wie die fünfundzwanzig oder dreißig, die s' heut da hab'n. Das spielet do ka Roll'n in so an Institut. Da wär' dann a Verlass und m'r könnt' si die Leut' einteil'n.«

So führt der eine das Wort, und ein anderer bekräftigt es: »Es is aa net zum verlangen von die Leut'. Wann er morg'n was Besser's find't, was Sichers, wo er alle Tag' arbeit'n kann, warum soll er si da bei uns den Guld'n zwanz'g Kreuzer hol'n? Und murg'n vielleicht schick'n s' ihn wieder ham.«

»An Guld'n zwanz'g Kreuzer kriag'n m'r?«, menge ich mich ins Gespräch.

»Ja, wann die Prob' bis um zwa dauert. Sonst nur an Guld'n. Und samt 'n Abend an Guld'n sechz'g Kreuzer. Hab'n S' no net Ihna Geld?«

»Na, wo kriag' i 's denn?«

»Gehen S' 'nauf. Sie kriag'n 's scho. Im vierten Stock hinterm Schnürboden, dort, wo ›Materialverwaltung‹ über der Tür steht, gehen S' eini.«

Ich folge dem freundlichen Manne und erhalte meinen Taglohn. Zwei Kronen vierzig Heller. Den Empfang muss ich auf einem aufliegenden Bogen mit meiner Unterschrift bestätigen. Dann kehre ich wieder zu der Komödie auf der Bühne zurück.

Die Raisonnierecke ist noch beisammen. Ich geselle mich wieder zu ihren Mitgliedern. Immer hübsch bescheiden, wie es sich für ein fünftes Rad am Wagen ziemt, aber sicher gehe ich auf mein Ziel los: alles das zu erfahren, was die Burgtheaterarbeiter, die in den letzten Jahren wiederholt laut ihre Unzufriedenheit geäußert hatten, bedrückt. So als ob ich selbst den Ehrgeiz hätte, einer der ihren zu werden, erkundige ich mich um ihre Arbeits- und Einkommensverhältnisse. *Arbeit* in der Regel von sieben

Uhr Früh bis zwei Uhr nachmittags und von fünf Uhr nachmittags bis nach Beginn der Vorstellung die einen, bis zum Schlusse die anderen. Dafür haben die *Bühnenarbeiter* eine monatliche Anfangsgage von 100 Kronen, die *Vorarbeiter* von 120 Kronen und die *Vorarbeitersubstituten* von 110 Kronen. Allen drei Gruppen gebühren drei Alterszulagen von je zehn Kronen, die sie auch nach 24-jähriger tadelloser Dienstzeit erreichen können. Für jeden *Arbeitstag* haben sie außerdem eine Zulage von einer Krone 48 Heller, also normal 42 bis 44 Kronen im Monat. Wird ein Arbeiter aber krank, dann hat er keinen Anspruch auf diese Zulage; doch muss diese Zulage, sollte sie am Schlusse des Jahres weniger betragen, auf 360 Kronen ergänzt werden. Zunächst freilich ist der Kranke nur auf seine 100 Kronen Monatslohn angewiesen. Den Arzt und die Medikamente stellt wohl das Theater bei; aber Kranke haben doch auch andere Bedürfnisse!

Mit der Sperrung der Zulage im Krankheitsfall soll der Simulation – diese wittern einmal Arbeitgeber, und seien sie auch »k. k.«, hinter jeder Berufskrankheit – ein Riegel vorgeschoben werden. Die Sperrung bewirkt aber das Gegenteil: wirklich Kranke arbeiten fort, um nicht die Zulage zu verlieren, »übertauchen« die Krankheit, nicht selten zu ihrem Schaden. Von einem Seiler wird mir ein solcher Fall erzählt. Er war zur Zeit meiner Erhebungen schon seit Wochen krank, weil er sich vorher nicht einige Tage der Ruhe hatte gönnen wollen.

Die *Schneider* sind im Lohne am schlechtesten daran. Sie haben 110 Kronen und keine Zulage. Auch sonst leiden sie durch eine sanitätswidrige Werkstätte. Zwanzig Mann sitzen zusammengepfercht in einem Zimmer, das den charakteristischen Namen »Gasstall« führt. Ein zweites Zimmer ist weniger überfüllt. Die *Feuerwehrleute* – auch solche hat das Burgtheater – haben 80 Kronen Lohn, 20 Kronen Quartiergeld und zwei Alterszulagen zu je zehn Kronen, deren zweite sie nach zwanzigjähriger Dienstzeit erreichen, dazu nur zehn Tage *Urlaub*, während die Bühnenarbeiter in der Regel vier bis sechs Wochen Ferien haben. Für eine bescheidene *Pension* sorgt der Pensionsverein des Burgtheaters. Auch eine *Dienstordnung* gibt's und darin eine Reihe merkwürdig komischer Paragraphen. Als *Strafen* sind vorgesehen: Verweis, Geldstrafen bis zu 100 Kronen, Entziehung der Alterszulagen, Versetzung in eine niedrigere Diensteskategorie oder in Taglohn, endlich die Dienstesentlassung. Eine *sofortige Entlassung* kann verfügt werden, »wenn ein Arbeiter *durch Erregung von Zwistigkeiten und Unzufriedenheit* im Arbeiterpersonal die Interessen des Instituts schädigt«. Tut das Gleiche ein Hofrat – und es ist die Regel, dass nicht die *Arbeiter* durch ihre *Kritik*, sondern die *Hofräte* durch ihre *Verfügungen* Unzufriedenheit erregen –, dann wird er natürlich nicht entlassen. Da heißt es beispielsweise in der Dienstordnung, dass für das Mittagessen – *wenn möglich* – eine Pause von drei Stunden bestimmt wird. Ist es nicht möglich, dann mag der Arbeiter von der Zulage zehren, die er als Pauschale für die früher bezahlten Kost- und Nachtstundengelder erhält. Ich habe drei Proben auf der Bühne und eine auf dem Schnürboden mitgemacht, aber die früheste war um halb drei Uhr statt um zwei Uhr zu Ende, die Kostümprobe gar erst um viertel vier Uhr. Da hörte ich so manche Klage, wenn es einmal zwei Uhr war. Aber weder der Regisseur *Thimig* noch Professor *Leffler* nahmen darauf Rücksicht, dass gar mancher fast eine Stunde Weges nach Hause hatte, oder bedachten es auch nur, dass die Zeit schon so vorgerückt war. Sie sahen nur ihr Werk vor Augen und nicht die Menschen, deren viele dann gezwungen waren, im Gasthause zu essen, während Muttern daheim umsonst gekocht hatte.

Rebellen. »Der Hofrat ist sonst so akurat, da aber net«, meinte einer der dadurch unzufrieden Gemachten. Ein anderer nahm den Kanzleidirektor Ritter v. *Horsetzky* mit den Worten in Schutz: »Wann er's wüsst', möcht's net vorkommen oder wir kriegeten a Entschädigung.«

»Recht wär's ja, aber kennst du net den § 7?«

»Was sagt denn der Paragraph?«, forsche ich.

»Dass m'r nix z' fordern hab'n und wann die Prob' bis um viere dauert. Ja, dafür hab'n m'r ja a Zulag' … *Als ob m'r mit fufz'g Guld'n überhaupt leben könnt' bei die teuern Zeiten.*«

»Müassts denn leben? …« »Rebellen seid ihr alle gegen Kaisers Gericht und nährt verwegene Empörung!« So zitiert ein Spaßvogel, der seinen Tell kennt, die Worte Geßlers und bringt wieder heiteren Gleichmut in die Seelen der geplagten Menschen. Alle lachen oder schmunzeln doch wenigstens.

Als nach viertel drei Uhr aber noch eine »Verwandlung« angeordnet wird, da bricht die »verwegene Empörung« doch durch. Maler *Goltz*, der die ganze Zeit über rastlos tätig war, um mit einigen Pinselstrichen nachzuhelfen, da Felsenrisse, dort Grashalden, hier Türstöcke, Zäune oder Bänke, dort wieder das Wasser »ausbesserte« und auffrischte, schüttet Öl auf die brandenden Wogen.

»Es muss sein. Wir bringen sonst den Tell nicht heraus. Jeder Einzelne muss seinen ganzen Eifer, seine ganze Intelligenz und seinen ganzen Stolz dareinsetzen, dass es ein Meisterwerk wird. Jedem einzelnen muss es eine Ehre sein …«

Schwache gemütliche Opposition derer, denen ein Mittagessen lieber gewesen wäre als die Ehre, und dann gehen alle an die Arbeit. Auch wir Aushelfer. Uns hatte inzwischen ein anderer Bühnengewaltiger, Bühneninspektor *Graap*, den Standpunkt klar gemacht.

»Ihr könnt alle gehen – es braucht aber keiner mehr zu kommen …« Das war der Tenor dieser Rede. Und ihre Wirkung? … Alle blieben und fügten sich.

»Wer klug ist, lerne schweigen und gehorchen!«, zitierte unser Tell-Kenner uns zum Troste.

*

Die Tellsplatte. Erst mit dem Fortschreiten der Proben finde ich mich in dem Chaos ganz zurecht und erkenne Sinn und Ordnung in diesem so eigenartigen Treiben. Nun kann ich bewundernd den großartigen technischen Apparat beschauen, der aufgeboten wird, um die denkbar größte Illusion hervorzubringen. Vor allem in die Kunst der Beleuchtungs- und der Lärmtechniker bekomme ich manchen Einblick. In der zweiten Seeszene – zum Beginn des vierten Aktes – wirken Blitz und Donner zusammen, um das Wagestück Tells packend zu illustrieren. »Der See ist bewegt«, das heißt, die auf der rechten Bühnenseite in den Gabeln ruhenden »Wasserwalzen« werden fleißig von unsichtbaren Händen gedreht, »heftiges Rauschen und Tosen« dringt vom Schnürlboden herab. Wie der Wind pfeift und heult, wie er tost und rumort, an den leinenen Felsen rüttelt und wie er die Wellen peitscht. Die Windmacher da oben leisten gute Arbeit. Den »großen« und den »kleinen« Wind lassen sie zu heulender Symphonie zusammenwirken. Jetzt sind auch die Regenapparate in Bewegung, die große und die kleine Trommel. An Achsen werden sie gedreht, und in ihrem hohlen Innern führen Erbsen, sich überstürzend, einen tollen Tanz auf. Ihr Aufschlagen bringt das Geräusch niederprasselnden Regens hervor. Auch Blitz und Donner schreibt der Dichter vor. Schon hat der Inspizient durch Drücken der entsprechenden Taster auf seiner Tafel auch diesen beiden versteckten Helfern den anderen unsichtbare und unhörbare

Zeichen gegeben; dem einen durch das Aufflammenlassen eines roten Lämpchens, dem anderen durch den auch auf elektrischem Wege bewirkten Anschlag auf eine Holzglocke, die sich in der Nähe des betreffenden Arbeiters befindet. Schon lässt der Donnerer den abgedämpften Schlägel auf die Büffelhaut der großen Trommel niedersausen – wieder ein Zeichen, und er setzt den »Einschlag« in Bewegung. Durch eine hölzerne Röhre, in deren Innern eine Spirale den Weg hemmt, stürzen eiserne Kugeln in die Tiefe oder es wird eine Schnur, an der in kurzen Abständen Bretter aufgereiht sind, von der Höhe abgelassen, und krachend prallen die Brettchen aneinander. Wirken mehrere dieser Effekte oder gar alle: Sturm, Regen, Donner und »Einschlag« zusammen, dann müssen die Seelen erbeben …

Dazu die Blitze. In der Seitenkulisse oder hinter dem abschließenden Panorama steht der Blitze schleudernde Zeus, einen Bogenlampenapparat mit einer fixierten und einer beweglichen Kohle hält er am linken Arm, und mit der freien Rechten dirigiert er die bewegliche Kohle in kurzen Stößen, der Funke springt über, und der Blitz zeichnet seinen grellen Weg durch die abschließende Leinwand des Prospekts. Das will geprobt sein! Bis man nur »blitzen« lernt. Wiederholt kommen während der Beleuchtungsproben der Bühneninspektor und auch Professor Leffler zu dem Zeus im blauen Kittel und unterweisen ihn.

»Sie dürfen nur zucken! Das muss blitzschnell gehen.«

Der Arbeiter macht einige Blitze.

»So ist's recht. So machen Sie's.«

Wieder einmal treten die Maler, der Regisseur, der Bühneninspektor und auch der Direktor in den Zuschauerraum, um die Wirkung zu erproben.

»Die dritte Soffitte höher!«, hallt es vom Zuschauerraum herein. Der Schnürbodenmann hört nicht.

»Die dritte Wolken höher, hörts net?«, gibt einer den Befehl weiter.

»Genug!« Die Soffitte steigt noch immer. »Zu viel! Tiefer! So … ein biss'l höher … Na endlich … Haalt!«

»Einschalten!«

»Die Blaue?«, fragt ein Bass von oben zurück.

»Die roten Flammen allein …«

»Die dritte, vierte Wolke tiefer …«

Eine der Soffitten kommt in Bewegung. »Nicht die … Halt! … die nächste.«

So geht es eine Viertelstunde lang fort. Dann fällt wieder das Seitenlicht nicht gut ein. Der Ständer, auf dem ein Reflektor angebracht ist, muss ein wenig weiter hinein geschoben werden, die Kulisse ist im Wege. Sie wird gedreht.

Endlich ist auch hier Ordnung. Dann fehlt's freilich noch an dem Hintergrund, der in der Gletscherpartie Falten wirft, an der zweiten Kulisse rechts, an dem Seitenpanorama, Regen und Wind, Blitz und Donner harmonieren noch nicht und so fort in endloser Folge, bis schließlich doch das erlösende Wort: »Verwandlung« fällt, das Stichwort für die Arbeiter.

Die hohle Gasse. Jetzt kommt Leben und Bewegung in die Reihen der müßigen Zuschauer. Jeder ist an seinem Platz. Ich bohre eine Spreize los, hebe die fünf Meter lange Spreize aus dem Querbalken der Kulisse und hänge sie an ihren Platz. Zwei Ständige haben mittlerweile die Kulisse losgemacht und eilen nun mit ihr, sie aufrecht tragend, zur Seite. Andere haben inzwischen das »Wasser« in die Mitte der Bühne getragen, die Soffitten und Panoramen sind auf unsichtbaren Seilen verschwunden. Ein Pfiff, und schon beginnt das Auf und Nieder

der Bühne. Zuerst die rückwärtige hinunter, dann das vordere Bühnenplateau nach rückwärts und endlich das neue Bild von unten herauf: der Edelhof zu Attinghausen. Damit geht's schneller. Da und dort stört das Auge des Malers noch eine unausgeglichene Stelle; mit dem Farbenhäferl und dem Pinsel ist bald geholfen. Wieder Verwandlung. Die hohle Gasse. Rückwärts sind schon die hoch getürmten Praktikabelwagen vorbereitet, die Treppen und Felsen, und flink geht es von der Hand. Die Mitte der Bühne nimmt das ansteigende Treppengefüge der hohlen Gasse ein, links die Bank aus Stein, auf der Geßler stirbt, rechts der hohe Vorsprung, auf dem Tell lauert, »auf ein edles Wild«. Rückwärts bauen sich die Felsensteige auf, die zur hohlen Gasse führen. Fest gefügt ist das Gerüst, und es verträgt unsere Belastungsprobe. Das erste Volk, das darüber läuft, sind wir. Das Bild ist fertig. Es wirkt selbst auf den, der eben noch mitgeholfen, diese Felsen aus Leinen und Pappe zu fügen. Der Regisseur Thimig und Maler Leffler sind freilich noch lange nicht zufrieden. Das Buch zur Hand, wendet sich Thimig dem Felsvorsprung zu, von dem »Tells Geschoss« niedersausen soll.

»Was ist denn das für 'n Holunderbusch?« … Er liest: »… Die Gelegenheit ist günstig. Dort der Holunderbusch verbirgt mich ihm … Steigen Sie mal hinauf …« Ein Vorarbeiter erklettert den Vorsprung und steigt dann auf die Plattform des Praktikabelwagens, der den Vorsprung darstellt.

»Biegen Sie mal die Zweige auseinander …«

Der Arbeiter tut, wie ihm geheißen. »Der verbirgt niemand. Noch einen Holunderbusch her …« Schon läuft einer darum. Auf der rechten Seite im hintersten Hintergrund der Bühne ist das botanische Depot. Mittlerweile klettert auch Professor Leffler, halb geschoben, halb gezogen auf den Fels. Der buschige Zweig wird angenagelt. Dann steigt der Künstler wieder herunter, und nun beginnt ein viertelstündiges Gustieren und Probieren, der Arbeiter oben muss posieren und immer wieder von neuem Kleinigkeiten ändern. Wohl alle merken ihm schon die Ungeduld an, nur Herr Professor Leffler merkt davon nichts in seinem Eifer, das Beste und Schönste zu schaffen. Schließlich soll auch noch die Schallwirkung von da oben erprobt werden.

»Herr König, sprechen Sie einige Worte …«

Einen Moment besinnt sich der Arbeiter, dann nimmt er die Tell-Pose nach dem Schuss an und zitiert, den Blick fest auf Professor Leffler gerichtet, die Worte, die Tell dem sterbenden Geßler zuruft:

»… *Du wirst dem Lande nicht mehr schaden!*«

Schallendes Gelächter seiner Kameraden, des Regisseurs und nicht zuletzt des Professors Leffler lohnt den witzigen Mann. Der Wink wurde übrigens verstanden.

Einiges für Intendanz und Direktion. Es ist natürlich nicht leicht, allen Interessen Rechnung zu tragen. Die Künstler haben den begreiflichen Wunsch, vor der Kritik zu bestehen, und scheuen wochenlang nicht Mühe und Sorge, Studium und Arbeit, um an dem einen Abend in Ehren zu bestehen; die Arbeiter aber sehen sich nicht selten als die Opfer dieser peinlichen Sorgfalt an – ihre karge freie Zeit wird beschnitten, und auch ihr Geldsack wird dadurch mitunter in Mitleidenschaft gezogen, da die Intendanz meint, mit der abgerundeten Zulage allen Anforderungen Rechnung getragen zu haben. Dem ist nun nicht so. Eine separate Entschädigung bei Ausdehnung der Proben wäre nur billig. Es ist eine übel angebrachte Sparsamkeit, die sich mitunter auch ernst durch Unfälle oder Störungen rächen kann.

Sosehr ich hier gegen die Sparsamkeit bin, wünschte ich bei

der Kostümprobe einem anderen Manne mehr Sparsamkeit mit seinen bedenklichen Gaben. Während des dritten Aktes ohrfeigte der Komparserie-Inspektor einen Jungen und ein Mädel. Hoffentlich wird das neue Stück: »Strebinger als Erzieher« sofort vom Repertoire abgesetzt. Es geht auch ohne Ohrfeigen.

Zwinguri brennt! Eine Zutat zu Schiller, die so mächtig wirkt, dass die dramatisch bewegte Erzählung von der Rettung Bertas völlig verloren geht. Rauch steigt auf. Feuersglut leuchtet aus den Fenstern, jetzt greifen die Flammen ans Gebälk, und schon züngeln sie an den Sparren weiter, bis sie nach und nach das ganze Dach ergriffen haben. Ein grandioser Anblick, ein Meisterstück der Bühnentechnik, und doch so einfach! In die hohle Bretterhütte führen von der Unterbühne herauf eine Blechröhre und der Schlauch eines Exhaustors, außerdem ein Lichtkabel. Der Inspizient gibt dem Maschinisten in der Unterbühne das Zeichen, und er lässt den Dampf in die Blechröhre. Rauch steigt aus dem Hause auf. Ein zweites Zeichen dem Beleuchter, und die blutig roten Glühbirnen leuchten auf und werfen erst durch die Fenster Feuerschein, dann nach oben zum Dach, das jetzt noch mit einer Leinenhülle verdeckt ist. Jetzt greift der Brand aufs Dach über. Das erste Zeichen und die Leinenhülle beginnt, mit Hilfe unsichtbarer Schnüre gezogen, langsam zu weichen. Die Sparren werden sichtbar. Schon greift auch der Exhaustor ein. Die zusammengepresste Luft entweicht pfauchend dem Schlauch und lässt dadurch die an die Sparren geklebten roten und gelben Seidenpapierstreifen wie Flammen emporzüngeln. Nun brennt's. Der ganze Apparat ist in Szene gesetzt: Die Dampfmaschine gibt den Rauch, die Glühlampen geben den Feuerschein, der Exhaustor den Wind und das Papierfeuer züngelt. Nichts einfacher als das und der Effekt doch überwältigend.

Freilich geprobt wurde lange genug daran. Wie oft doch musste Zwinguri »brennen«, ehe sie gut »brannte«.

Erinnerungen. Bei der Generalprobe, die ich zum Teil auch vom Schnürboden aus mit ansehen konnte, wurden einige Erinnerungen in mir lebendig, die in die erste Zeit des Wirkens des Vereines »Arbeiterbühne« zurückreichen. Das erste und das letzte Werk, das damals – ich glaube es war an einem 1. Mai – auf der Praterbühne aufgeführt wurde, war der arme Tell. Ich sage nicht ohne Absicht der »arme« Tell. Heute kann man es ja sagen – das Verbrechen ist verjährt, und kein kritischer Hahn kräht mehr danach. Der arme Tell! Schön haben sie ihn damals hergerichtet. Einer namentlich, ein sprachechter Erdberger, dessen besonderem Fleiß gleich zwei Rollen anvertraut waren: der Söldner *Leuthold* und Struth von *Winkelried.* Noch heute klingt mir das gedehnte »Hachdeutsch« im Ohr, mit dem der gute Söldner seine Anklage hinausschmetterte: »Er haat dem Hut nicht Reverenz gemacht«, und auch die köstliche Entgleisung, die demselben Sprecher in der Rütliszene passierte, kommt mir in Erinnerung. »Hört ihr? Sie kommen! Hört das H*u*rn von *O*ri!« So rief der Unterwaldner aus Erdberg, als die Eidgenossen aus Uri nahten. Nach dieser lustigen Modernisierung des Tell wunderte es mich auch nicht mehr, als zum Gaudium aller Freunde wirksamer Bühneneffekte ein schwarzer Kater über die Bühne lief, gerade als Tell den ersten Satz seines Monologs gesprochen: »… Durch diese hohle Gasse muss er kommen.« Dass sich der Gelegenheitsmime nicht zu dem erregten Extempore: »Verfluchte Katz!« hinreißen ließ, bewies mir seine Geistesgegenwärtigkeit. Seither schätzte ich meinen Freund auch besonders hoch.

Abschied. Schließlich schlug auch meine Abschiedsstunde. Nach der ersten Vorstellung gab ich das Doppelspiel auf. Von den dreißig Kronen, die am Schluss der ersten Vorstellung Thimig in überquellender Freude über das gelungene Werk meinen Kollegen gab, damit sie eins auf sein Wohl trinken, habe ich nichts bekommen. Dass ich meinen Kameraden vom Burgtheater trotzdem das beste Andenken bewahre, brauche ich wohl nicht erst zu sagen. Sie waren höflich und einsichtig mit mir und den anderen Aushelfern, ein Beweis für den guten proletarischen Geist, der in ihnen lebt und der ihnen auch helfen wird, ihre bescheidenen Wünsche durchzusetzen.

Arbeiter-Zeitung Nr. 315 vom 13.11.1904, Nr. 317 vom 15.11. 1904, Nr. 322 vom 20.11.1904 und Nr. 329 vom 27.11.1904

Literarischer Schatzgräberschwindel

Den internationalen Sicherheitsbehörden hat in den letzten Jahren wiederholt eine Bande von Betrügern zu schaffen gemacht, die Bauernfang schlimmster Sorte trieb. Ein Schatz liegt irgendwo vergraben ... teilen sie dem zum Opfer Ausersehenen mit, und weiter, dass der Schreiber des Briefes durch widrige Umstände, durch Kerkerhaft oder Krankheit in fremden Landen, abgehalten sei, selbst den Schatz zu beheben, der unter irgendwelchen romantischen Umständen in der Nähe des Wohnortes des Briefempfängers vergraben wurde. Antwortet der Empfänger des Briefes darauf – es waren meist Bauern, und die Briefe kamen aus Spanien –, dann ist er schon so gut wie gefangen. In einem zweiten Briefe wird das gute Bäuerlein schon eingeseift, unter viel Geheimnistuerei natürlich zum einzig möglichen Vertrauensmann des Briefschreibers bestellt und ihm gesagt, dass der Briefschreiber ihm gern das Versteck verraten wolle, wenn sich der Empfänger bereit finde, eine gewisse Summe als Kaution oder Abfindung zu bezahlen. Nur um diese ist es dem fernen Briefschreiber zu tun. Hat das Bäuerlein einmal seine zusammengescharrten, oft auch ausgeliehenen Gulden abgesendet, dann braucht es sich um den Schatz nicht mehr zu sorgen. Vergeblich wird es auf die näheren Angaben warten. So plump dieser Schwindel ist, er nährte jahrelang seinen Mann, und vergebens suchten ihm die Behörden beizukommen. Er hatte mit der Beutesucht der Menschen und mit ihrer Dummheit seine Rechnung gemacht und oft erst nach Monaten, manchmal auch gar nicht, erstatteten die Opfer die Anzeige, gar nicht dann, wenn sie sich selbst nicht rein von Schuld fühlten, wenn der Schatz, um dessentwillen sie ihre

Spargroschen geopfert hatten, von einem Verbrechen herrühren sollte. Eine nur zu begreifliche Scham hielt sie ab, zu Anklägern der Schwindler zu werden.

Etwas ganz Ähnliches wie diesen spanischen Schatzgräberschindel erleben wir jetzt in Wien, eine Art literarischen Schatzgräberschwindels. Als das muss man das unlautere, einer ernsten Publizistik unwürdige Manöver bezeichnen, das das gewissenloseste Geschäftsblatt Wiens, die »Kronenzeitung«, gegenwärtig aufführt. Sie veröffentlicht einen Roman: *»Die Schätze des Buckligen«*, und lässt darin ihren »Hausdichter«, einen Herrn, der sich unter dem Namen Theodor *Hillm* vor der Öffentlichkeit verbirgt, von Zeit zu Zeit irgendwo in Wien eine silberne Kapsel verstecken, in der sich *angeblich* eine Anweisung auf einen bestimmten Betrag – 50, 100, 200, 500, ja jetzt neuerdings 1000 Kronen – befinden soll. Der Finder der Kapsel soll dann den ausgeschriebenen Betrag in der Redaktion des Blattes beheben können. Dieses Manöver hat, wie gesagt, sehr viel Ähnlichkeit mit dem spanischen Schatzgräberschwindel, obwohl dieser Gaunertrick viel, viel harmloser in seiner Wirkung ist. Die »spanischen Schatzgräberschwindler« haben es darauf abgesehen, einen einzelnen Dummkopf etwas zu erleichtern, die Schatzgräberschwindler aus der Pramergasse verwüsten und vergiften die Gehirne Tausender – leider muss das gesagt werden – und sie nehmen auch Tausenden Geld aus der Tasche, Tausenden der Ärmsten, Tausenden der geistig am weitesten Rückständigen, indem sie ganz wie ihre spanischen Vorläufer auf die *Gewinnsucht* derer spekulieren, denen sie am ehesten verzeihlich wäre, derer, die nichts als Not und Elend kennen gelernt haben. Ist das nicht weit schlimmer?

Und noch eine Ähnlichkeit – eine äußere allerdings nur – hat dieser Schwindel mit dem spanischen: auch er ist ein ausländisches Gewächs. Eine englische Zeitung hat damit begonnen, eine Pariser folgte nach und schließlich waren es die Beutejäger aus der Pramergasse, die gewissenlos genug waren, dieses Attentat auf die Taschen und Gehirne der Ärmsten auszuführen. Dazu kleidet die »Kronenzeitung«, der es nur um Reklame und erhöhten Absatz zu tun ist, das ganze Manöver noch in ein Mäntelchen des Wohltuns, indem sie heuchlerisch schreibt: »Es soll uns recht freuen, wenn ein Bedürftiger die kostbare Anweisung finden wird, dem die tausend Kronen als wirklicher Schatz erscheinen mögen.«

Unter solchen Umständen ist es publizistische Pflicht, einmal genauer zuzusehen, sich die Menschen anzusehen, die diese Erziehung zur Würdelosigkeit ihren Beruf heißen, und auch die armen Gefoppten, Getäuschten, um Geld und Zeit Betrogenen.

Mit dem »Dichter« des Sudelromanes soll nicht gerechtet werden, er ist vielleicht nur ein armer Teufel, der gegen Sold alles schreibt – seine Auftraggeber sind schon andere Leute, vor allem aber der Besitzer der »Kronenzeitung«, Herr Gustav *Davis*, der mit der »*Reichswehr*« ein schwarz-gelbes Offiziersblatt gründen wollte, dann aber, als dieses *Geschäft* nicht gut genug gehen wollte, in der »Kronenzeitung« einen ergiebigeren Ableger schuf. Dieses Blatt wendete sich nicht mehr an die »Herren Offiziere«, es begnügte sich mit der Mannschaft vom Feldwebel abwärts und mit der übrigen Masse des Volkes, in die es das Gift ordinärster Sensation trug, nur um Geschäfte zu machen. Und nun blühte der Weizen des Herrn *Davis*. Was er nicht aus den Taschen seiner ehemaligen oder noch gegenwärtigen Kameraden – er war einmal selbst Offizier oder ziert das Offizierskorps noch – holen konnte, was er nicht aus den Taschen des literarischen Wiens holen konnte – der Mann ist nämlich auch ein burgtheaterfähiger Lustspieldichter –, das holte er nun aus den Taschen des Volkes, und das schimpflichste und erbärmlichste Mittel, das dieser Dichter im Offiziersrock bisher anwendete, um sich zu bereichern, war die Veröffentlichung des Schatzromanes. Nicht den armen Verführten, sondern ihm sollen Schätze zuwachsen mit Hilfe des schimpflichen Mittels.

Ich scheue mich nicht, diese schwere Anklage zu erheben, denn ich habe die Menschen gesehen, die die Opfer der Schatzgräberschwindler aus der Pramergasse sind. Seit dem Dienstag sind sie auf der Jagd nach der Kapsel, Hunderte, Tausende, hungrig, abgehetzt, halb verrückt, ihre letzten Kreuzer opfernd. Wer diese Elendsschar gesehen hat, der muss reden! Und so reden, dass es die Dickhäuter von der Pramergasse verstehen. Schweigen wäre Pflichtverletzung!

Es war also am Dienstag, als die »Kronenzeitung« allen denen, die schon durch die Lektüre des »Romanes« vergiftet waren, und auch Tausenden anderen, die die Möglichkeit mühelosen Erwerbes verlocken sollte, die Taschen des Herrn Davis zu füllen, in schreiend großen Lettern auf der ersten Seite folgendes verkündete:

Die silberne Kapsel mit
1000 Kronen.
Detektiv Karr auf der richtigen Fährte.
Ein chiffrierter Brief
verrät die Spur.
Der große 1000-Kronen-Schatz des Buckligen
kann von jedermann gefunden werden.

Neben diese schreiende Ankündigung war – offenbar für die Analphabeten – das Bild eines Mannes gestellt, der sich schmunzelnd nach einer Tasche bückt, die auf dem Boden liegt. In der Romanfortsetzung war wirklich der chiffrierte Brief abgedruckt. Er war nicht schwer zu entziffern und tatsächlich hatten noch am selben Tage einige hundert das Geheimnis heraußen, dass die Kapsel irgendwo in der Innern Stadt oder an ihrer Peripherie, 841 Schritte von einem Park entfernt, versteckt sein müsse. Ein Ringstraßenspaziergang brachte mich den Suchern näher.

Das wüste Feld am Wienfluss zwischen Museum und Aspernbrücke bot ein eigentümliches Bild. Es war am Nachmittag des Donnerstag, als ich dort vorbeikam. Etwa dreißig Leute – junge Burschen, Männer und Frauen – waren suchend über diesen Misthaufen der Großstadt verstreut. Der Eisregen des vorangegangenen Tages machte das Überschreiten dieses Feldes recht gefährlich. Das hinderte aber die armen Sucher nicht, auszuharren, jede Grube, jeden Spalt zu untersuchen, jeden Stein dreimal zu wenden, zu graben und zu forschen – nur um die Kapsel zu finden, die höchstwahrscheinlich, wenn sie überhaupt wo deponiert ist, ganz woanders liegt.

Ehe ich noch das Feld betrat, um mir die Sucher näher anzusehen, sprach mich eine Frau an, eine, die das Bedürfnis hatte, sich mitzuteilen.

»Was suachen denn die Leute alle? Am End' gar den Schatz von der ›Kronenzeitung‹?«

Ich stellte mich unwissend und ließ mich von ihr in die Mysterien des Schatzsuchens einführen:

»Ah so, von dem Buckligen? Ist da schon wieder ein Preis ausgeschrieben?«

»Natürli! Tausend Kronen san z' finden.«

»Wo denn?«

»An der Wean.«

»Woher wissen S' denn das?«

»Es is ja in den ›zivlisierten Brief‹ g'standen!«

»Was is das?«

»No wissen S', in Ziffern is 'r g'schrieb'n … a zivlisierter Brief halt.«

»Und da suchen Sie hier den Schatz?«

»A belei – i net – i suach mein' Mann.«

»Warum denn?«

»Weil er scho ganz narrisch is weg'n die Juden. Es is eh nix wia a Judenschwindel, das ganze von den Buckleten.«

»Schwören möcht' ich auch net, dass der Schatz wirklich wo liegt.«

»Ah, wo denn! Dö hab'n längst an armen Teufel g'funden, dem s' a paar Guld'n geb'n, dass 'r sagt, er hat den Schatz g'funden. Bitt Ihna, um a paar Guld'n tuat a armer Teufel bald was.«

»Das wäre Betrug.«

»Na, is 's denn net der höchste Schwindel und Betrug? Aner kann's finden, wann's überhaupt wo liegt, und tausend rennen si die Haxen aus und werd'n halbert narrisch. Schau'n S' nur glei mein' Mann an, den Teppen. Solche Stöß' hat 'r scho z' Haus von der ›Kronenzeitung‹ (sie hebt die Hand zur Brusthöhe), solche Stöß und all's nur wegen die Romane. Jetzt seit den ›Buckleten‹ is 'r ganz narrisch. Tag und Nacht rennt 'r um – er glaubt g'rad', er muass 'n finden, und *mir hungern daham*.«

»Was is denn Ihr Mann?«

»Anstreicher is 'r.«

»Meister oder G'hilf'?«

»A G'sell' is 'r. Wo m'r eh nix z' beiß'n hat, rennt er ganze Täg' furt und lasst mi mit die Kinder daham. Wann's so furtgeht, könn' m'r uns no alle an Strick kaufen.«

»Na, und können S' da net Mode mach'n? Trag'n S' die Stöß' zum Greißler, dann hab'n S' gleich was zu essen.«

»Ja, der d'rschlagt mi, wann i eahm seine Zeitungen anrühren tät.«

»Dann is Ihnen nicht zu helfen, außer die Herren von der

›Kronenzeitung‹ helfen Ihnen und hören mit ihren Romanen auf. Aber eine Schand' ist's für einen Arbeiter, dass er so blöd is und so eine Zeitung liest.«

»Dös hab i ihm scho lang g'sagt … aber bei dem is all's verlur'n. *Er kennt ka Familie mehr*, mi net und die Kinder net, seit s' ihn narrisch g'macht haben, dö Schwindler …«

Ich konnte der Frau keinen Trost bieten und auch keinen Rat. Verzweifelt schlich sie fort – eine von Tausenden.

Ich aber näherte mich den Suchenden. Zwei junge Burschen nahm ich mir zuerst aufs Korn. Der eine war ein Krüppel, der mit der Handkrücke über den glitschigen Boden humpelte.

»Was suchen S' denn da?«

»Die Kapsel.«

»Muass s' denn g'rad' da lieg'n?«

»Die meisten suachen da.«

»Und finden wird's keiner! Schämt's euch nicht? Ihr seid doch junge Leut'. Wer wird denn so sein Tag totschlag'n?«

Überlegen lächelt der Krüppel: »I hab eh ka Arbeit net, und wann i dö Kapsel findet, wär's halt do a Außareißer.«

»Glauben S'? Ich glaub's nicht. Das täten S' g'rad' so dumm am Schädel hau'n, wia Ihre paar Netsch jetzt. Verhungert g'nug schau'n S' aus, und da geb'n S' Ihr Geld für diese Zeitung aus, anstatt dass S' Ihner a Laberl kaufen?«

Meine Grobheit wirkt. Er gibt klein bei.

»Sö können ja recht hab'n, aber schön war's halt do, wann i dö Kapsel findet.«

»Was sind Sie denn?«

»A Lithograph.«

»Also ein intelligenter Arbeiter auch noch und doch fall'n S' auf den Schwindel 'nein!«

»I bin ja net allan! Wär'n S' heut in der Fruah da g'wesen –

um sechse. *Da war all's schwarz. Vielleicht a fünfhundert* war'n da und hab'n mit *die Latern' g'sucht.* A Feuerwerker von der Art'llerie war aa da.«

»In den Kasernen muass 's auch dumme Kerl'n geb'n, sonst könnt' die ›Kronenzeitung‹ ja net leb'n.«

Die beiden lachen.

»Recht haben S' ja« – sagt der Krüppel – »ganz recht, aber vielleicht glückt's an do …«

Dieser ewige Refrain ermüdet mich, und ich falle ihm ins Wort:

»… dass S' Ihner auch den zweiten Fuaß brechen oder dass S' ins Wasser fall'n wia unlängst die drei, wia die Kapsel an der Donau g'leg'n is.«

»Sechse waren's« – mischt sich ein Neuhinzugekommener ins Gespräch.

»Soviel ich weiß nur drei … aber es ist ja das genug.«

»Zwa hab i selber g'sehn.«

»Hab'n Sie auch schon öfter g'sucht?«

»I? A jedes Mal. *Bei der Donau hab i d' ganze Nacht g'suacht.*«

»In der Finster?«

»Ja, um sechzehn Kreuzer Kirzen hab i verbrennt. Um zwa in der Fruah hab i m'r dös Blatt in der Pramergass'n 'kauft, hab *no a Krone dafür zahlt,* aber g'funden hat's a anderer. I glaub' grad', *i* muass's finden.«

»Ihnen ist auch net z' helfen, das seh ich schon. Was sind S' denn?«

»A Schneider.«

Und so geht das Interview auf der Mistg'stetten fort. Einer um den anderen – stupide und intelligente Menschen, Leute, die den Fluch der Unbildung mit auf den Lebensweg bekommen haben, und andere, die schon die Erfahrung klüger gemacht haben sollte – aber alle stieren wie verbohrt auf den Boden, suchen die Kapsel. Schier närrisch hat das Schundblatt Tausende gemacht. Hier die zwei Frauen haben gar einen Dachshund auf das Finden der Silberkapsel dressiert. »Such', Dacki!« »Da, da, such'!«, so treiben sie das Tier von Grube zu Grube, von Steinhaufen zu Steinhaufen … in der Hoffnung, dass es die Kapsel aufspüre. In einen Abgrund von Dummheit und Würdelosigkeit schaue ich, und je mehr Opfer an mir vorüberstreichen, desto stärker wird der Ingrimm gegen den Dichter im Offiziersrock, der den literarischen Schatzgräberschwindel zu seinem Hauptgeschäft gemacht hat. Gäbe es in Wien eine ernste Publizistik, Leute vom Schlage dieses Herrn Gustav Davis wären unmöglich und auch solche volksvergiftende, volksverderbende Zeitungsgeschäfte, wie er sie treibt.

Arbeiter-Zeitung Nr. 17 vom 17.1.1904

Wirkliches aus der Welt des Scheins

Ein Vierteljahr Aushilfsstatist in der Hofoper

Als mir eines Tages im November mein hoher Protektor mitteilte, dass die Wege geebnet seien, und dass ich am selben Abend noch meine Tätigkeit als Statist der k. k. Hofoper beginnen könne, da war auch schon die Scheu überwunden, die ich ursprünglich vor diesem Unternehmen hatte. In dem Moment war ich sicher, dass es mir gelingen werde, die Doppelrolle zu spielen: Komödie vor und erst recht Komödie hinter den Kulissen.

Meine »Bühnenerfolge« bis dahin konnten mich wohl nicht recht ermutigen. Ich war nur einmal vorher, als etwa zwölfjähriger Junge, in die Arena getreten. Daran erinnere ich mich heute noch, weil ich mit einem brennenden Gefühl der Scham den Schauplatz dieser meiner ersten Tätigkeit in der Welt des Scheins verlassen hatte. Damals führte der Zirkus Wulff in der Rotunde Tag für Tag eine Zirkuskomödie, »Praterleben«, auf. Eines Tages, als ich sehnsüchtig um den Rotundenbau herumschlich, um eine Möglichkeit zu erspähen, als Habenichts die dort gebotenen Herrlichkeiten mit zu genießen, trat ein betresster Herr – er war zumindest Zirkusdiener – auf mich zu und engagierte mich: »Willst d' den Zirkus sehen?« – »Ja!« – »Dann komm mit. Kannst mitspiel'n.« Und so war es auch. Im Stallraum, in den wir durch eine Seitenpforte gelangten, traf ich schon eine Bubenschar. Mit dieser wurde auch ich später in die Manege losgelassen, die die Dekoration des »Wurstelpraters« zeigte. Schaubuden, Schaukeln und ein Ringelspiel waren da, und dazwischen trieben Ausrufer, Schlangenmenschen und

Rumpfdamen ihren Ulk, den als »Publikum« zu bejubeln und mitzumachen unsere Aufgabe war. Ich war im schönsten Spiel, als es das Unglück wollte, dass ich gar zu realistisch wurde. Ein Junge hatte mich schief angesehen, und da ich wusste, dass so etwas im Prater immer sofort gerächt wird, stürzte ich mich auf den »Beleidiger«. Im Nu balgten wir uns auf der Lohe der Arena. Der Spielleiter, offenbar ein Herr aus der alten Schule, wollte von so viel Wirklichkeit nichts wissen, und ehe ich es mich versah, hatte mich ein weniger freundlicher Herr als mein Gönner von vorhin, aber ebenso reich bekleidet wie dieser, beim Rockkragen erwischt und expediert. Schneller als ich hineingekommen war, musste ich den Schauplatz verlassen – obendrein einzeln. Es war mir wie Spießrutenlaufen …

An diese Episode aus meiner Jugendzeit musste ich denken, als ich um sechs Uhr abends der Oper zuschritt und mich dann dort unter das Volk der Statisten mischte, das vor dem Bühneneingang auf den Moment wartete, da der Garderobeur in dem dunklen schmalen Gang verschwand, den man, an der Portierloge vorbei, passieren muss, ehe man zur Stiege kommt. Über die Stiege kommt man zuerst im ersten Stock zur Bühnenhöhe, dort haben im Gang die Lieblinge ihre Einzelgarderoben. Im zweiten Stockwerke sind Chor und Ballett einquartiert, und fast unter dem Dache ist endlich unsere Garderobe. Auf den Stiegenabsätzen und Gängen sind bereits die Embleme und Fahnen, Lanzen und Speere vorbereitet, die heute Verwendung finden sollen.

In der Garderobe finde ich noch nicht allzu viele Kollegen vor. Es sind durchwegs Erbgesessene, zu deren festem Repertoire die heutige Oper gehört. Jeder hat schon seinen ständigen Platz, und auf dem Haken an der Wand oder auf dem Garderobeständer, der die Mitte des Saales durchzieht, hängt bereits sein Kostüm. Davor sind Tischchen, und darauf stehen braune Lederschuhe und Helme, liegen Handschuhe und was sonst an Kleinigkeiten zum Kostüm gehört. Meine Kollegen nehmen einer nach dem anderen von den Plätzen Besitz, machen es sich auf den Stockerln bequem und beginnen den Proletarier in einen alten Ritter oder Landsknecht, in einen Brabanter oder Sachsen zu verwandeln, je nachdem es gerade ihre Aufgabe ist. Als Anfänger muss ich mich bescheiden, bis an mich die Reihe kommt. Einstweilen habe ich Muße, zu beobachten. Je mehr Plätze besetzt werden, desto mehr befestigt sich in mir das Bild, dass ich in der Garderobe eines Volksbades bin. Ein Proletarier nach dem anderen schleicht oder geht an mir vorüber, grüßt den Schminkmeister, der bei dem ersten Tischchen rechts vor einem Klappspiegel schon Toilette macht, und den ersten Garderobeur, den Herr *Sedlaczek*, einen etwas seitlich geneigt gehenden, kleinen Mann, bei dem Name und Sprache übereinstimmen. Aus jedem »Grüßt Ihnen Gott!«, das er als Gegengruß hat, erkenne ich dies. Gegenüber der Eingangstür ist ein hoher Stehspiegel an einen Requisitenkasten und an ein Tischchen angerückt. An dem Kasten vorüber kommt man zum »Bureau« des Garderobeurs, das heißt ebenfalls zu einem Tischchen. Hier sind die Listen vorbereitet, wohl auch ein Probebuch, in das die Namen der Glücklichen eingetragen sind, die schon bei der Probe dabei waren, die also die heutige Oper zu ihrem Repertoire rechnen.

Es erscheint ein Neuer auf dem Plan. Ein geschäftiger junger Mann, der Gehilfe des Inspizienten, den die Statisten mit seinem jetzt verkürzten, aber noch immer biblischen Namen *Abel* begrüßen. »Guten Abend, Herr Abel!« »Habe die Ehre, Herr Abel.« Er trägt eine Anzahl von Karten, auf deren jeder eine Nummer aufgedruckt ist, in der Hand und beginnt nun die Verlesung: »Andorf, Artmann, Bauer, Bogner, Brüll I, Brüll II

– Kommen beide Brüll heute? – Nehmen S' die Karten gleich für Ihren Bruder ... Czermak, Endres I, Endres II ...« Ein junger Mann streckt die Hand nach einer Karte aus. »Sie san ja nicht der Endres.« – »Ja, bitte, Endres III.« – »Ja, Sie sind schon g'strich'n von der Listen. Wär'n S' immer 'kommen.« – »Aber i bitt' schön, Herr von Abel, i war do' eh immer da, i hab do' die Prob' ...« – »Wann S' immer da g'wesen wären, wären S' net g'strichen.« – »I bitt', geben S' m'r doch a Karten.« – »Tut m'r leid, sehr leid. Wann Ihnen der Herr Fried nimmt, hab ich nichts dagegen. Warten S' draußt.« – Der also Abgewiesene bleibt ruhig auf seinem Platze und weicht auch nicht, als ein Wichtigmacher, der die Dress der Auer-Glühlicht-Gesellschaft trägt, ihn und die anderen, die den Tisch umdrängen, verweist, sie mögen im Gang warten. Dort haben sich schon sechs bis acht schüchterne »Überzählige« aufgestellt und warten auf den Augenblick, da der »Herr von Fried« erscheint und einen oder den anderen von ihnen einteilt.

Die Statisten der Hofoper sind in keinem festen Verhältnis zu dem Institut. Wer eine Probe mitgemacht hat, kommt auf die Liste der betreffenden »Komödie«. Bleiben von diesen »Ständigen« welche aus, was namentlich bei den großen Opern – groß im Sinne von Massenszenen – immer der Fall ist, dann rücken die zwei Reservearmeen vor: zuerst die mit der »Hundsmarken« Ausgestatteten, die durch die Mitwirkung bei einer Probe oder durch sonst einen Glücksfall in den Besitz eines Messingzeichens gelangt sind, auf dem eine Nummer ausgeprägt ist – sie haben dadurch die Gunst, die geweihten Räume betreten zu dürfen, und in erster Linie daran zu kommen, falls Überzählige gebraucht werden. Erst wenn alle diese mitverwendet sind, kommt die Reservearmee Nr. 2 daran, das heißt jene armen Teufel oder – Enthusiasten, die unter den Arkaden ohne Protektion warten müssen, ob nicht vielleicht doch eine Epidemie das Heer der ständigen Statisten so gelichtet hat, dass auch für sie noch Platz ist.

Dank der Fürsorge meines Protektors zähle ich zur Reservearmee Nr. 1, und es gelingt mir, auch eine andere gefährliche Klippe zu umschiffen. Im Gespräch überzeuge ich einen freundlichen Mann, dass wir uns eigentlich schon lange kennen. Zehn Minuten später schwört er Stein und Bein, dass ich schon bei der Probe war. Not am Mann ist, und so werde ich eingeteilt, ehe noch der Oberinspizient Heinrich Fried aus der Reservearmee seine Auswahl trifft. Erst leuchtet *mir* die Sonne seiner Gnade. Dann wendet er sich in den Gang und mustert die Schar. »Wie heißen Sie?« – Schon will ich mit dem Schwanenritter antworten: Nie sollst du mich befragen … als ich mich eines Besseren besinne und ihm meinen Bühnennamen sage. Er nickt kaum merklich – was in der Oper wohl so viel heißt, als: »Sie sind engagiert« – ich werde eingeteilt. Er aber wendet sich in den Gang und mustert die Schar der Wartenden.

Kratochwill von Brabant. Der erste Teil meiner Rolle ist gespielt, und ich muss nun zusehen, wie ich das andere – ohne Probe – fertig bringe. Herr *Sedlaczek* teilt mich ein. »Da gengen S' her, Kratochwill«, – so nennt er mich bei meinem schönen Künstlernamen – »da gengen S' her, Sie sans schen g'wachsen – da wer' me aus Ihne Ritter mach'n.« Er weist mir einen Sitzplatz am Garderobeständer in der Mitte zu und überlässt es nun mir, mich mit dem Übrigen zurechtzufinden. Nur das Kostüm erklärt er mir noch: »Su, da hab'n S' all's beinand. Blaue Trikot, Kappl, Hemmat, Riemen … warten S', Bandl hab'n S' kan, da nemmen S' …« Er wirft mir ein Gradlband hin, dessen Zweck ich erst später erspähe. Damit muss ich dem Trikot einen Halt geben. Von nun ab bin ich Statist. Wie die anderen alle lege ich meine Kleider ab. Die Strümpfe kommen in die Stiefel. Dann schliefe ich in das Trikot und spanne es so straff als möglich. Rasch in die braunen Lederschuhe, alt und ausgetreten und ohne Schweißleder, kurz: historisch – von allen Kennern wird ja die historische Originalität der Kostüme in der Oper gerühmt –, dann kommt das »Hemmat« an die Reihe, der weite faltige Ärmelrock mit den hellroten Puffärmeln und den schwarz-gelben Bauschen am Vorderarm. Noch müssen die Waden eingeriemt werden, dann lege ich das eisenbeschlagene Wehrgehänge an und stecke in die Lederschlinge das kurze Schwert, rasch noch die Lederhaube auf den Kopf, darüber den Helm mit Ohrklappen – und der brabantische Ritter, der Waffenzeuge *Lohengrins* ist fertig.

Ich dränge mich unter die Schar vor dem Spiegel und muss mir selber sagen, dass der Kratochwill gar keinen so üblen Ritter abgibt. Aber eins fehlt noch: die roten Wangen. Also die Hasenpfote her und Karmin. Auch die Kunst des Schminkens habe ich den anderen bald abgeguckt. Ein wenig auftragen und dann verreiben – ich bin marschfertig. Schon mahnt das Glockensignal zum Aufbruch.

Auf dem Abstieg zur Bühnenhöhe vertraue ich mich einem Waffenbruder, der mir schon beim Anlegen des Waffenkleides behilflich gewesen war, an, dass ich bei »Lohengrin« noch nicht mitgewirkt, und bitte ihn um seine Unterstützung. »Stell'n S' Ihna nur neben mi und machen S' was *mir* mach'n. Das is ka Hexerei … So da nehmen S' a Lanzen oder a Fahn' und dann kummen S'« – »Lanzen is kane mehr da.« Mein Blick hat den Requisitengang abgesucht. »Nehmen S' a Fahnl.« – »Is all's ans, welche?« – »Ja, nehmen S' nur ane.« – Ich lange nach einer Fahne und schließe mich dem »Schurl mit der Blechhauben« an, der langstelzig, gravitätisch vor mir einherschreitet. Auch ich verfalle in den »tragischen Schritt«, da ich die Bühne betrete.

Hinter dem Vorhang. Wir treffen schon große Gesellschaft an. Unsere Rufer im Streite und Führer, die brabantischen Grafen und Edlen – denen man es in ihren reichen Kostümen gar nicht ansieht, dass sie nur 40 bis 130 Kronen Monatsgage beziehen –, sind schon fast vollzählig versammelt, und auch Friedrich von Telramund, der brabantische Graf, ist bereits zur Stelle. Kaum dass ich in ihm meinen »Kollegen« *Reichmann* erkenne. Er scherzt mit der »Genossin seiner Schmach«, mit der düsteren Zauberin Ortrud, guckt dann durch die Vorhangluke ins Haus und zügelt seine frohe Laune erst, als draußen die Ouvertüre anhebt.

»Pst! Pst!«, mahnt es von rechts nach links und von links nach rechts.

Atemloses Schweigen.

Erst da die Musik draußen anschwillt und mächtig das Haus durchbraust, als der ganze Wagner losgelassen, beginnt auch wieder auf der Bühne das Geflüster. Mein »Chef« kommt und mustert unsere Reihen, dann stellt auch er sich auf einen Plausch mit Heinrich dem Vogler, dem deutschen König, der schon unter der Gerichtseiche steht. Der Korrepetitor stimmt die Chorherren zusammen und geht dann auf seinen erhöhten Platz hinter der ersten Seitenkulisse in unserem Rücken.

Wieder verstummen die gedämpften Stimmen. Mit einem Pianissimo beherrscht das Orchester das atemlos lauschende Haus. Da verklingen die letzten Akkorde, und rasender Beifall durchdröhnt den Saal. Schon ist jeder auf seinem Platz. Der Vorhang gleitet in die Höhe. Das grelle Rampenlicht beleuchtet die Szene.

Mein erstes Debüt war wohl keine Glanzleistung, aber es ging immerhin. Trotzdem die Fahne recht widerspenstig ist und gar zu gern das Schwergewicht nach vorn verlegt, halte ich sie ziemlich ruhig. Ich stehe in der ersten Reihe der Mannen. Da höre ich plötzlich, als eben die liebliche Elsa (Frau Saville) mit ihrem Frauengefolge naht, hinter mir eine Stimme:

»Pst! Sie! Treten S' zurück mit der Fahne!«

Mich umblickend, sehe ich den leibhaftigen – Inspizienten in der Kulisse stehen, und nun ersehe ich auch, dass seine Anrede und die jetzige nervöse Zeichendeuterei mir gilt. Mein Fähnlein war zu weit vorgeschoben – ich muss also zurück in die Reihe der übrigen Fahnen und gewinne dadurch einen Platz, von dem aus ich meine Beobachtungen ungenierter machen kann. Außer diesem Konflikt mit dem gestrengen Herrn Fried passierte mir an diesem Abend nichts, sodass ich am nächsten Morgen, als ich die Zeitungen durchflog – aufrichtig gesagt –, ein wenig verstimmt war, als ich dort nicht las: »Ein recht bühnengewandter Fähnrich war Herr Alfred Kratochwill.« Das werde ich den Herren Rezensenten lange nicht verzeihen.

Im Zwischenakt. Gegen Schluss des ersten Aktes ist mein rechter Arm schon sehr ermüdet. Die Fahne zieht gar zu sehr. Als der Vorhang fällt, stürme ich geradeso wie die anderen alle, wie die Ritter, Knechte und Frauen, wie der König und die Edlen, dem Ausgang zu, stelle die Fahne auf ihren Platz und klappere dann mit meinen etwas zu großen Schuhen in das dritte Stockwerk. Auf dem Wege dahin trockne ich mir den Schweiß im Gesicht, nehme den Helm und die Lederhaube ab, die auch den Hals umschließt, und atme erst erleichtert auf, als ich wieder auf der harten Bank sitze, die sich zu beiden Seiten des Garderobeständers hinzieht. Eine Weile verschnaufe ich, dann vertreibt mich mein Nachbar mit seinem – Nachtmahl. Dass auch der brabantische Rittersmann gerade – Olmützer, Jahrgang 1900 – speisen musste! Olmützer! – nachdem er knapp vorher dem silberstrahlenden Ritter zugejubelt. Das ist nicht einmal durch seine Gage zu rechtfertigen. So scheint es mir wenigstens im Augenblick, da ich im Stillen grollend mein Ruheplätzchen preisgebe. Später freilich werde ich eines anderen belehrt. Ich zahle nämlich in der Kantine mein Nachtmahl, das, bescheiden genug, aus zwei Paar Würsteln mit Senf, einem Krügel Bier und einem Brot bestand, und bekomme von meiner »Gage« nur 48 Heller zurück. Da beginne ich zu rechnen: Zweimal Tramway oder Stadtbahn 40 Heller, Hausbesorger 20 Heller, Nachtmahl 52 Heller, und ich finde bereits ein Defizit von zwölf Hellern, das bei aller Beschränkung der Ausgaben auflaufen musste. Jetzt begreife ich auch den Edlen von Brabant und sein billiges Nachtmahl. Gewiss bildet die eine Krone Statistengage, die er pro Abend bezieht, einen solchen Teil seines Einkommens, dass er damit rechnen und haushalten muss! Wer weiß wie viel Kinder der Rittersmann zu Hause hat und ob sein Weib mit der »Bedienung« oder dem Nähen von Militärwäsche so viel verdient, dass er sich den Luxus eines teureren Nachtmahls gönnen kann!

Den Erhalt der »Gage« müssen wir bestätigen. Ausgezahlt wird in einer kleinen Kammer beim Bühneneingang für die Damen, der in der Operngasse gelegen ist, dort, wo man vor Schluss der Oper Tag um Tag galante Herren warten sehen kann. Da ich erst wieder zum Schluss des zweiten Aktes auf die Bühne muss, folge ich der Einladung eines Kollegen, ziehe über das Trikot meine Kleider an und gehe mit ihm in die Kantine. Auf dem Wege dahin hole ich mir meine »Gage«. In der engen kleinen Kantine ist nur mit Mühe ein Plätzchen zu erobern. Ein Ecktischchen haben sechs, acht Balletttherren besetzt. Auch sie lassen sich ihre Würstel gut schmecken. Sie würdigen uns kaum eines Blickes. Ein alter Trommler, der sonst Heurigenmusik macht, ist auch da, um die paar Groschen zu verzehren, die er für sein Auftreten als Tambour bekommt. Ein Fiaker erkennt ihn: »Serwas, was machst denn du da?« – »Die große Trommel schlag' i.« – »Alser nix mehr beim Heurigen?« … – »Aber ja, i geh ja schon viele Jahr herein … mannigsmal … wann s' mi halt brauch'n. Es is net viel dahinter. A Titel is's halt …«

Die Ballettherren tuscheln untereinander, wahrscheinlich wieder einmal über den *Pensionsfonds*, der ihnen, den Chorherren, den Musikern und Theaterarbeitern seit Wochen die größten Sorgen macht. Was sie reden, kann ich nicht hören, aber von ihren Mienen lese ich es ab, dass es ernste Dinge sind, von denen sie sprechen.

Die Illusion ist beim Teufel. Schon während des ersten Aktes raubte mir Herr Reichmann die Illusion. In der Zweikampfszene kehrt Telramund dem Haus den Rücken, und diesen Vorteil benützte der fröhliche Sänger, um lachend auf den silberglänzenden Retter Elsas einzustürmen. Schmedes-Lohengrin musste den parodistischen Grimassen standhalten, denn sein Antlitz war ja dem Publikum zugewendet. Da ich nun wieder auf die Bühne komme, werde ich Zeuge davon, wie hart einigen Bläsern ihre Arbeit gemacht wird. Zwischen den Kulissen steht der Korrepetitor und schwingt den Taktstock zu der Fanfare, die die vier Bläser oben auf der Estrade hinauszuschmettern haben. Einer gickst. Der Korrepetitor verzieht schmerzlich sein Gesicht, aber ein Bläser, der hinter der Kulisse mit anderen zusammen die kostümierten Bläser da oben unterstützen soll, weist ihnen die Zunge und höhnt sie wegen des Gicksers. Die oben müssen aber wie Säulen stehen und dürfen mit keiner Wimper zucken und dadurch verraten, dass sie gerne lachen möchten. Im Stillen hoffen sie nur, dass nächstens die Sache umgekehrt ist. Das ist ihr Traum der Rache. Auch die Schminke stört, und wenn man gar sieht, wie nötig dem oder jenem stärker gebauten Sänger, dem die Anstrengung den Schweiß aus allen Poren treibt, ein Taschentuch wäre, wie wohl es ihm tun würde, wenn er sich mit weichem, kühlenden Linnen über Stirn und Wangen fahren könnte, dann beginnt man darüber nachzudenken, ob denn nicht auch die alten Ritter in ihrer »Gluft« aus Eisen irgendwo einen Sack für ein Taschentuch hatten.

Hinter der Szene herrscht im dritten Akt ein beängstigendes Gedränge. Der Chor ist versammelt, um das Brautlied zu singen; das Heer der Statisten wartet des Moments, da es wieder aufmarschieren soll, um Zeuge von Lohengrins Abschied zu sein; die kaiserlichen Pferde werden von den Pferdeburschen der Leibgarde in den schmalen Gang geführt, der zwischen den Kulissen und der Bühnenwand bleibt; an ihnen vorbei zwängen sich Herolde und Grafen, Inspizienten und Sänger, Edle und Knechte, Männer und Frauen. Standarten, Fahnen und Speere sieht man da und dort an die Kulissen gelehnt oder in der Hand eines der lebenden Glieder des Riesenapparats, der aufgeboten ist, um die Illusion zu einer vollständigen zu machen. Das Brautlied ist zu Ende. Telramund dringt mit seinen Getreuen in das Brautgemach und fällt unter dem Todesstreich Lohengrins.

»Weh', nun ist all unser Glück dahin …«

Die Zauberin Ortrud hat ihr schmähliches Ziel erreicht.

Der Vorhang fällt, und schon greifen die Bühnenarbeiter ein und zaubern wieder die Au am Ufer der Schelde her. Die Beleuchtungstechniker »hängen« geschwind die Morgenröte ein … der Aufmarsch beginnt. Zuerst kommen die Edlen (einige Balletherren) hoch zu Ross. Sie bekommen für dieses »Wagestück«, dessen Gefährlichkeit sie durch einige Stückchen Zucker vorher herabmindern, eine Separatzulage von vier Kronen. Dann rückt das Fußvolk an … Wir alle, die wir schon in der ersten Szene auf der Bühne gestanden waren, füllen wieder den Raum. Gottfried, den Erben von Brabant, den die Zauberin Ortrud in einen Schwan umschuf, speit die Versenkung aus, den »lieben Schwan« verschlingt sie; die Taube kommt auf einem »Schnürl« geflogen und spannt sich vor Lohengrins Kahn, den nun die Sklaven der Unterbühne auf dem Geleise nach rückwärts ziehen … Elsa stirbt …

Ein Seufzer der Erlösung geht durch die Reihen. »Endlich!« … »Elfe is's! Bei den Wagner is m'r do allerweil drinn'! Von Sechse bis Elfe, das is a Viechstour!« Mit den anderen stürme ich in die Garderobe. Abschminken, Waschen und Umkleiden, man glaubt es kaum, wie schnell es geht. Keine zehn Minuten später bin ich fertig. »Gute Nacht, meine Herren!« »Gute Nacht, Herr Sedlaczek!« – »Grüßt Ihnen Gott, Herr Kratochwill! Also am Mittwoch kummen S' wieder. Da spiel' me ›Carmen‹.« – »Dank' schön! … Gute Nacht!«

Draußen bin ich.

Beim Bühneneingang warten Enthusiasten, vorwiegend Mädchen, auf die Großen im Reiche der Kunst … Schmedes, Reichmann … Der Debutant Alfred Kratochwill kommt unerkannt vorüber.

*

Aufgeregte Zeiten. Zu Weihnachten gab es Aufregung in der Oper. Während sich auf offener Szene der Sängerkrieg auf der Wartburg abspielte, begegnete ich auf Stiegen und Gängen, hinter und zwischen den Kulissen lauter aufgeregten Herren. Mich wunderte dies nicht – wusste ich doch schon aus der Zeitung, welche Enttäuschung den pensionsberechtigten Mitgliedern der Hofoper das »Christkindl« gebracht hatte. Es schien, als sei mit einem Schlag ein anderer Geist in diese Kastenmenschen gefahren. Die stolzen Chorherren sprachen plötzlich mit denen, die ihre Kunst *nur* in den Beinen haben, die also in gewöhnlichen Zeitläuften tief unter den Günstlingen des Schicksals stehen, die ihrer Kehle die gleich glänzende Gage von 40 bis 130 Kronen danken, ja, selbst Solisten taten kollegial und warfen dem oder jenem ein Wort des Aufruhrs hin: »Das dürft ihr euch nicht bieten lassen!« oder das stachelige Wort: »Gratuliere zum Christkindl«, und alle mitsammen waren leutselig mit dem technischen Personal und selbst mit Arbeitern, mit gewöhnlichen Arbeitern. Es war so, dass es mich gar nicht frappiert hätte, wenn plötzlich alle, alle, wie sie da waren, auf der Bühne zusammengetreten wären und den feierlichen Schwur geleistet hätten:

… Wir wollen sein ein einig Volk von Brüdern,
In keiner Not uns trennen und Gefahr.

Dazu kam es wohl nicht, aber der unerkannte Beobachter aus dem Jagdgefolge hatte es diesmal nicht gar schwer, einen tieferen Einblick in die Sorgen des Völkchens zu gewinnen, das allabendlich die Musik liebende Menschheit ergötzen muss. Da steht so eine Gruppe beisammen.

»Na, was sagen Sie jetzt zu unsern Herr'n – die kennen sich aus? Was?« – »Wir vom Chor werden uns das einfach nicht gefallen lassen. Was haben wir vom höheren Spielhonorar, wenn die Gage nicht erhöht wird.« – »Nicht gefallen lassen? Was wollen S' denn tun?« – »Na, *so* geht's net fort, das weiß ich. Zwei Kronen Spielhonorar – da soll'n wir vielleicht noch die Hand küssen dafür.« – »Das net, aber schön brav singen, und wir werd'n halt tanzen, wie die andern pfeif'n.« – »Gehn S' – mit Ihnen ist auch kein ernstes Wort zu reden!« – »O reden S' nur, Sie glauben gar net, wie's mir – wie's *uns* ernst ist. Aber was woll'n S' denn mach'n? Vielleicht gar streik'n?« – »Wann's sein muss auch, ich hätt' große Lust dazu … Gehn S', Herr

Kollega, sondieren S' amal Ihre Leut so a bissl … ich muss jetzt hinaus. Nach 'n zweiten Akt sehn wir uns …«

Der streitlustige Chorherr verschwindet in der Kulisse.

Das Los des alten Bühnenproletariers. »Was sag'n S' denn zum alten Pfneisel?« – »Net mehr schön is's, was s' mit den Alten treib'n. Jetzt soll er wahrscheinlich verhungern, weil 'r in dem kaiserlichen Haus stanalt und klanwunzi wurd'n is. Aber recht hat 'r g'habt. A jeder wird ihm recht geb'n. Da soll nur das Institut weiter zahl'n. Wie kommen wir dazu? Mit 25 Gulden kann auch a Achtziger net leben. Wann er a no so wenig braucht, aber 25 Gulden monatlich Pension san gar nix. Da muass 'r verhungern. Da soll 'r liaber einikummen, da müass'n s' Rücksicht hab'n mit ihm, und eigentli diensttaugli is er ja. *Drei ärztliche Zeugnisse hat er beibracht.* Da gibt's jetzt nix, wann 's a a Schand is, dass a *Achtziger in an* so an *Institut no arbeiten* muass, weil er nur den halben Lohn als Pension kriegert.« – »Das g'fallt m'r, dass Sie so red'n. Wann nur die Herren immer so a offenes Wort hätten, aber wann 's drum und drauf ankummt, können s' a schön stad sein.« – »Na wissen S', mei' Lieber, wann m'r a *da* Statisten spiel'n müss'n, weil m'r vom Tanzen allan net leben kann, in' Pensionsfonds san m'r kane Statisten – da könnts ihr euch auf uns verlassen. I wünschet, die Arbeiter möchten so fest stehn wie wir.« – »Auf uns können S' Ihna verlass'n. Das is Eisen.« – »Geh, geh, verpatzter Sozi!«, schäkert der Balletther. »Lachen S' nur.« – »Dös war amal, aber heut!? Es kummt a no so weit, dass lauter ›Rote‹ im Haus umrennen …« Weiter kommen die beiden nicht.

Der Herr Oberinspizient steht plötzlich vor ihnen. »Was stehn S' denn da herum?«, herrscht er sie barsch an. Die beiden »gehen nach verschiedenen Richtungen ab«. Mit den Herren *Fried* und *Stoll* will niemand etwas zu tun haben, wenigstens kein Kleiner …

Da entdeckt der Herr von Fried mich. »Schau'n S', dass S' weiterkommen. Was suchen S' denn da?«, sagt er grob. Ich darauf bescheiden: »Ich möchte die Musik hören.« *Er* (noch gröber): »Schweigen Sie, Sie haben da gar nichts zu reden.« *Ich* (devot): »Aber wenn Sie mich fragen, Herr von Fried.« *Er* (brutal): »Schau'n S', dass S' hinauskommen!« Schweigend gehe ich. Es ist mir schwer genug geworden, Herr »Chef«!

Als ich draußen im Gang einem engeren Kollegen diesen Auftritt erzähle, meint er: »Ja, wissen S' denn net, dass a *Statist* aner is, der ›*stad ist*‹? Da werd'n S' lang warten können, bis Ihna der Fried wieder nimmt.« – »Aber i hab do nix g'sagt. Er hat mi g'fragt, und i hab ihm a bescheidene Antwurt geb'n.« – »Sö san no net lang herinn, mei liaber Herr, sunst möchten S' net – Sie entschuldigen schon – so batschert daherreden. G'red't is g'red't, und wann S' a nur a Frag' beantwortet hab'n. Da frag'n S' den Menaschek. Achtazwanz'g Jahr is 'r als Statist einigang'n, und da is ihm amal schlecht wurd'n, und der Fried hat 'n sofort hinausg'worfen. Sofort! Stantepe! Und dös war aner von die Alten, aner, der schon in dem Haus herinn war, wenn no der Herr Oberinspizient als Statist ang'fangt hat.« – »Der Fried war auch Statist?« – »Na, was denn! Der hat's verstand'n, auffiz'kumm'n. Ja, mei liaber Herr, der war net immer so. Und er kann a heut no höfli sein – aber halt net nach unt' …«

Im Salon der Zurückgewiesenen. Mein Kollege hatte recht. Schon am nächsten Abend war ich im »Salon der Zurückgewiesenen«. Man gab »Carmen«, also auch eine Oper mit Massenentfaltung, und ich hoffte trotz dem Zusammenstoß mit meinem »Chef«, dass es mir möglich sein werde, weiter zu beobachten, welche Blasen die Gärung aufwirft. Da stehe ich also in dem schmalen Gang, der zur Statistengarderobe führt, mit etwa zwanzig Reservemännern erster Kategorie und warte auf den Gestrengen.

Papa Sedlaczek hatte mir die schönsten Hoffnungen gemacht. »Heut kummens net viel. Warten S' nur. Er nimmt Ihne schon. San S' ja gestern a glei' drankummen. Zu die Feiertäge geht's schon.«

Endlich kommt der »Herr von Fried«. Da er im Gang erscheint, reißen alle die Hüte vom Kopfe. Auch ich. Jeder reckt und streckt sich, um noch einige Zoll aus seiner Körperlänge herauszuschinden. Jeder will sich ins beste Licht rücken. »Guten Abend, Herr von Fried!« Zwanzig höfliche Leute, die erst am Anfang der Karriere stehen, grüßen, und der Eine, der es schon zu etwas gebracht hat, dankt nicht.

Er geht in die Garderobe und kommt nach einigen Minuten zurück. Er schreitet unser Spalier ab und geht dann wieder zurück. Prüfend fällt sein Blick auf jeden Einzelnen. Endlich geht er an die Auswahl. »Eins!« Er deutet mit dem Finger auf einen von uns, »zwei«, »drei« ... Die Assentierten gehen in die Garderobe. »Vier!« ... Der Nebenmann glaubt, dass es ihn angeht, und wendet sich zur Tür. »Sie nicht! ... Der da!« Enttäuscht stellt sich der Abgewiesene wieder auf seinen Platz, der andere drückt sich in den Umkleidesaal. »Fünf« ... »Sechs«, immer schleudert er seine Finger gegen den Angeworbenen. So geht es eine Weile fort. Je weiter er zählt, desto mehr recken sich die Reserver. Zugleich sinkt in jedem mehr die Hoffnung. Jetzt ist er am Ende. Er bleibt stehen und verabschiedet uns Überzählige mit den Worten: »Danke, meine Herren!«

Also auch Herr Fried kann danken, obendrein so armen Teufeln, die in der Hoffnung auf einen Lohn von einer Krone drei Stunden ihres Ruhetages opferten! Freilich, *ein* »Danke, meine Herren« – für vielleicht *zehn* Enttäuschte.

Wir wenden uns zum Gehen. »Den Engel nimmt 'r, den

niemand kennt« – so sagt zu mir im Fortgehen ein Schicksalsgenosse –, »und uns alle schickt 'r fort. All's Protektion.« – »Mein'twege'n. Mir liegt nix dran, ich pfeif' drauf.« So ich darauf. – »Na, so was schwanzt ei'm. Jetzt is d'r Stefanitag hin. I hab schon die Prob' mitg'macht … zuerst als Soldat und dann als Bauer, und mi schickt 'r furt.«

Derartige Reden hörte ich immer, so oft ich in der Folge den Versuch, wieder unterzukommen, vergeblich machte.

Sklave einer Königin. Schließlich führte auch mich Beharrlichkeit zum Ziele, und am 7. Jänner fand mich Herr Fried wieder einmal tauglich – tauglich zum Sklaven der berückenden Königin von Saba. Dass ich's nur gleich sage, da bin ich »schön herg'richt« worden.

Herr Sedlaczek kommt, die eine Hand in seinem blauleinenen Arbeitsrock vergraben, auf mich zu. Ein prüfender Blick trifft mich. »Sie kennens als G'schlaf gehn. Da hab'n S' nur in erste Akt zu tun.« – »Nur im ersten?« – »Aber ja! Is schene Oper, san S' um halbe Neune firti.« – »Na, is mir a recht, wann i amal kan Wagner schinden muass. Der stiert m'r's eh scho'.« Damit beginne ich schon mit dem Umkleiden. Mein Kostüm ist – das muss ich vorausschicken – einer so mächtigen und reichen Königin unwürdig, umso mehr da mir ihre braune Majestät ein »goldenes Kalb« – als Sinnbild ihres Reichtums zu tragen gab. Meine zerrissenen braunen Handschuhe, die schon mehr gestopft als gewirkt waren und bei denen doch die Fingerspitzen heraus sahen, hätten dem König Salomon ganz gehörig die Augen öffnen können, und auch der verliebte Assad hätte daraus allein erkennen müssen, wessen er sich zu versehen hat, wenn er sich von dieser Königin umgarnen lässt. Aber der hatte so wenig Augen für mich wie für die edle Dulderin Sulamith, und so musste ihn sein Schicksal ereilen.

Doch nun zum Kostüm. Also: Braunes Trikot – als Sohn Arabiens muss man braun sein –, ein rot-weiß-blau gestreifter Rock mit kurzen Ärmeln, über die Hände die geschilderten Handschuhe, um die Leibmitte einen Gürtel, endlich lichte Lederschuhe ohne Bramsohle und eine Haube. So weit ist alles noch erträglich. Nun kommen aber Zugaben, die weniger angenehm sind und die meine ursprüngliche Annahme, dass die »Königin von Saba« eine »Speckoper« sei, wieder zunichte machen.

Wie ich Araber wurde. Schon während ich mich umziehe, tauchen in meiner Nachbarschaft braune Gesichter auf und bereiten mich darauf vor, dass auch ich mich diesem Farbenwechsel werde unterziehen müssen. So ist es auch. Ich nehme also resolut den braunen Schminkstift und mache mir wie die anderen einige Striche ins Gesicht und auf die Stirn. Dann verreibe ich das fettige Sepia im Gesicht, bis mir der Wüstensohn Kratochwill aus dem Spiegel entgegenlacht. Dann nimmt mich noch der freundliche Herr *Ballé*, der Schminkmeister, in die Arbeit. Aus seiner Tätigkeit erkenne ich, dass man für die »Königin von Saba« nicht schwarz genug sein kann. Er streicht mir auf den Schnurrbart so etwas wie Schuhwichse und dann dasselbe auf die Augenbrauen. Mich juckt's im ganzen Gesicht. Und doch stehe ich erst am Anfang meiner Leiden.

Wenn mir einer vor einem halben Jahre gesagt hätte, dass ich es mir ruhig gefallen lassen werde, dass mir jemand mein Gesicht mit dickflüssigem Gummi arabicum einschmiert, so wäre ich an seinem oder vielleicht auch an meinem Verstande irre geworden. Und nun stehe ich in dem Bühneneingang vor einem ältlichen Herrn, der mir ruhig mit einem Gummipinsel in meinem schwarzbraunen Gesicht herumfährt und mir dann haarähnliche schwarze Pflanzenfasern ins Gesicht klebt – auf die

Wangen und mein Kinn. Anders tut's die Königin einmal nicht, zu deren Sklaven mich herzugeben ich unvorsichtig genug war. Wer ihr dienen will, muss einen Vollbart haben. Schließlich war ich noch besser daran als die Leviten und das Volk, das sich dem Salomonischen Szepter zu beugen hatte – diesen armen Opfern wurden obendrein noch »Paies« an die Schläfen gehängt. Ganz getröstet war ich aber, als ich gesprächsweise hörte, dass mein Schicksal ein Lagerhausbeamter, ein Beamter der Bezirkskrankenkasse, ein städtischer Laternanzünder und ein – Sicherheitsmann teilen. Wenn sich ein Wiener Sicherheitswachmann im Gesicht mit dem Gummipinsel herumfahren lässt und darin keine öffentliche Gewalttätigkeit erblickt, ja nicht einmal eine Wachebeleidigung – dann kann ich mich auch trösten. Freilich – der Wachmann lässt es sich vielleicht aus Patriotismus gefallen, eine Königin ist ja die von Saba auch … Sei dem wie immer, der Bart klebt, und ich sehe mich nach meinem Emblem um. Blutigen Anfängern bleibt immer der schwerste Teil der Arbeit, und so bekomme auch ich das schwerste Stück zu tragen, ein »goldenes Kalb« oder doch so was ähnliches auf hoher Stange. Andere tragen goldene Fische, einer eine Waage.

So marschieren wir im Paradeschritt der Königin voraus auf die Bühne. Ganz nach vorn und dann in scharfer Wendung auf eine Estrade, auf der wir Posto fassen. Hinter uns tanzt das Ballett, und Madel in lieblichen Sonntagsgewändern künden das Nahen der großen Königin. Endlich wird Saba – die Orientalen sind schon einmal faul – auf einem Baldachin herein getragen.

Sonne des Mittags, Arabiens Stern,
Sei uns gegrüßt im Palaste des Herrn,
Fülle der Wonne sei dein Teil,
Sabas großer Königin Heil.

Ich bin ganz versunken in den Anblick des prächtigen Bildes, da stößt mich plötzlich mein Nachbar an: »Wacheln S'!« Jetzt erst sehe ich, dass ich mit dem »goldenen Kalb« meine Reverenz machen muss, und beginne, die Stange zu schwenken – auf und nieder mit dem »goldenen Kalb«.

Die Königin hat für ihren Sklaven keinen Blick. Schon hat ihr Auge Assad erspäht, den Buhlen vom Libanon, den sie in dieser Stunde zum ersten Mal verrät. Aufrichtig gesagt, das gefällt mir von der Königin gar nicht, und ich atme ordentlich auf, als ich eine halbe Stunde später ihren Dienst auf immer verlassen kann. Jetzt erst merke ich, dass das einzige Echte, was ich vom Araber an mir hatte, der Gummi *arabicum* ist. Das Ausraufen meines Bartes ist eine recht schmerzliche Prozedur. Besser geht es mit dem Wüstenbraun und der Schuhwichse auf dem Barte. Ich brauche mir mein Gesicht nur mit – Schmalz einreiben, und alles geht herunter.

Aber Herr Sedlaczek hatte recht. Um halb neun Uhr empfahl ich mich und ging wohlgemut mit der königlichen Gage von 50 Kreuzern in die Vorstadt auf ein Nachtmahl.

Aus Liebe zur Kunst. Dass nicht alle Komparsen so interessierte Menschen sind wie ich, erfuhr ich bei einer Aufführung des »Prophet«. Die ewigen Ideale haben auch hier ihre Heimstätte. Der kleine X. – er wird mir die Diskretion danken – ist gleich so ein Idealist. Ihn leitet nur die Liebe zur Kunst. Da tanzt er während des Auskleidens herum und gewährt mir durch seine heitere Geschwätzigkeit einen tiefen Einblick in seine Künstlerseele. »Waren Sie schon im ›Zauberschleier‹?«, so beginnt er herablassend mit mir ein Gespräch. »Im ›Zauberschleier‹? Nein!« – »Ich war heut Nachmittag dort – Sie waren auch dort heut, ich hab Sie gesehn«, so sagt er zu einem dritten, und dann wieder zu mir: »Das ist kein Stück, das ist so ungefähr … wie soll ich sagen? … so wie ›Der Verschwender‹. Aber ›Alt-Heidelberg‹ – haben Sie gesehen ›Alt-Heidelberg‹? – Das müssen Sie sich anschau'n, und ›Das grobe Hemd‹ – das haben Sie auch nicht gesehen? Gehn Sie nie ins Theater? Gott, alle Tag' möcht' ich gehn, wenn ich nur immer Karten krieget …« So sprudelt es über seine Lippen. – »Ah, Sie bekommen Karten?« – »Nicht immer, aber so manchmal, bei neuen Stücken; am liebsten geh ich in der Burg.« – »Bekommen Sie dort auch Karten?« – »Nein, dort hab ich nichts zu tun.« – »Sie wirken also auch an anderen Bühnen mit?« – »Nein, es ist nur so …« – »Ich verstehe, im *Zuschauerraum.*« – »Wenn Sie 's eh wissen, warum fragen Sie dann?« Etwas pikiert wendet sich der zukünftige Claquechef von mir ab. Gleich darauf schwärmt er mir und seinem Bruder, der mittlerweile eine graubraune Pumphose mit durchbrochenem Wulst am Schenkel angelegt hat, und der sich seiner Schönheit freut, etwas von den »Rollen« vor, die er auch »spielen mecht'.« Sein Bruder weist ihn in die Schranken. »Red't von Rollen und muss froh sein, wenn er so mitlaufen darf.« Der jüngere X. ist nun völlig bös gemacht und sagt nur »'n ekelhafter Mensch«, wohl der tiefste Ausdruck der Verachtung, den der kaum zwanzigjährige Jüngling für den Schmäher seiner Kunstideale hat.

Die Lohn- und Pensionsverhältnisse in der Wiener Oper sind die denkbar schlechtesten. Da ist gleich das fürchterlich geplagte *Orchester.* Seine Mitglieder beginnen mit einer »Gage« – so heißt der Lohn offiziell – von 80 Kronen monatlich. Alle vier Jahre steigt dieser Lohn um 15 Kronen, so dass die Künstler, die im Opernorchester mitwirken, nach zweiunddreißig Dienstjahren endlich eine Gage von 200 Kronen beziehen. Nur die Bläser sind etwas besser gestellt. Aus dem Opernorchester rekrutieren sich unsere Philharmoniker. Wie viel Begeisterung für ihre Kunst müssen diese Künstler doch aufbringen!

Im *Chor* erhalten die *Herren* von 40 bis 130 Kronen und die *Damen* von 40 bis 90 Kronen. Dasselbe gilt vom *Ballett.* Die Balletttherren haben einige besondere Zulagen: für Fechten drei Kronen und für Reiten oder Rollschuhlaufen vier Kronen außer dem für alle gültigen Spielhonorar von zwei Kronen für den Abend. Alle diese Zulagen sind in die Pension nicht eingerechnet, ebenso wenig wie die 84 Kronen »Wäschgeld«, die die Ballettdamen *jährlich* beziehen. Davon sollen sie sich alle Ballettröcke, Trikots, die weiße Wäsche, die »Hoserln«, kurz alles schaffen, was sie an Wäsche zum Auftreten brauchen. Wen kann es da noch wundern, wenn sich Ballettdamen nach einem besseren Freund umsehen, als es die Generalintendanz ist. Was sollen aber zum Beispiel die Herren mit ihren 84 Hellern »Handschuhgeld« anfangen, das sie allmonatlich gegen die Verpflichtung beziehen, sich Handschuhe und Schminke selbst zu beschaffen.

Die *Bühnenmusiker* sind dem technischen Personal beigezählt und beziehen wie dieses 90 Kronen Gehalt, das von zehn zu zehn Jahren um zehn Kronen steigt, nach vierzigjähriger Dienstzeit also 130 Kronen beträgt. Dabei hat das *technische Personal* einen ungemein anstrengenden Dienst. Von sieben Uhr Früh bis zwei Uhr nachmittags und von fünf Uhr abends bis zum Schluss der Vorstellung, der bei Wagner-Opern nicht selten um halb zwölf Uhr erfolgt, müssen sie zur Verfügung stehen und oft recht hart arbeiten. Selbst dann ist ihr Dienst noch nicht immer zu Ende. Sie werden, wenn größere Arbeiten sind, zur Nachtarbeit kommandiert. Für jede solche Nacht bekommen sie allerdings drei Kronen zwanzig Heller Vergütung – aber sie ruinieren auch ihre Gesundheit. Vor nicht allzu langer Zeit wurde die Drehbühne hergestellt. Da gab es Nacht um Nacht Dienst bis vier und selbst fünf Uhr Früh, und um sieben Uhr Früh ging der Tagdienst an. Die armen Teufel mussten sich krank melden, dass sie sich einmal ausschlafen konnten.

Zu all dieser gegenwärtigen Misere kommt der Kampf um den Pensionsfonds. Im Vorjahre wurden die Mitglieder eines Tages mit einem neuen Statutenentwurf beglückt, mit dem versucht wurde, das »Pensions*institut* der Hofoper« in einen Pensions*verein* der Mitglieder umzuwandeln. Wenn nicht alle Anzeichen trügen, ist diese Gefahr nun abgewendet, aber jedenfalls hat es harten Kampf gekostet. Die Tage der Aufregung, die es um die Jahreswende in der Oper gab, waren nur zu begreiflich. Es sind schwere Opfer, die die meisten Mitglieder des Pensionsinstituts dem Titel bringen, der mit ihrer Anstellung verbunden ist.

Mein vorläufig letztes Auftreten beging ich unlängst in »*Rienzi*«, und zwar als Gardist des »Volkstribunen«. Hiebei kamen mir meine Beobachtungen, die ich im Laufe der Jahre über die Wiener Sicherheitswache sammelte, sehr zu statten. Dass ich dazu taugen werde, hatte Freund Sedlaczek mit seinem Feldherrnblick gar bald heraus. Er musterte unsere Reihen – diesmal *mehr als hundert Mann* – mit raschem Blick. »Sie hab'ns kan Schnurrbart, Sie machens Huhepriester. Da hab'n S' schene Mantel.« – »Sie, mit su klane Bartl, Sie sans auch Pfaff, schwarze oder weiße, wie S' wull'n. Nemmens schwarze.« – »Sie hab'ns schene schwarze Schnurrbart, Sie sans Suldat. Da hab'ns kan Umzug. Da gengens her!« – »Was, Sie wullens a Suldat sein? Ihne Bartl siecht me net, sie sans Vulk.« – »Ja, zum Volk g'hörn m'r ja eh alle«, sagt der Angeredete darauf. »Na und Ihne wer me Bauer geb'n, aber tummeln S' Ihna auffi, Sie müssens dann an G'sandten mach'n. Chinesische, wann wull'ns.« – »Uiie, da hab i wieder an Umzug.« – »Na, Sie werd'ns ihn scho g'wehne … Zwamal a. Andere habn's *fünf, sechs Umzüg'*, und muss ihne a recht sein. Bei die Rienzi schwitz me alle.« – »Und z'grund gehn kann m'r a«, werfe ich dazwischen, »das is ja heut a G'stank, net zum Aushalten.« – »Bei 104 Mann geht net anders. Da hab'n S' es eh gut da herin. Was solln's die am Gangl sag'n! Die habn's erst G'stanken. Da pickt ane am andern.« Damit hat er recht. Am Gang ist es noch schlimmer. Wir im Saal können zwar auch kein Fenster öffnen, da die Fenster auf den Fußboden anstoßen und es dann gerade auf unsere Füße ziehen würde, aber immerhin sitzen wir nicht so dicht gedrängt wie die draußen im Gang, der heute in eine Garderobe umgewandelt ist. Der Saal ist 44 Schritte lang, elf Schritte breit und zirka drei Meter hoch, hat also einen Luftraum von nicht ganz 800 Kubikmetern, sodass auf jeden der 80 Statisten nur 10 Kubikmeter Luft kommen, die durch die Ausdünstung so vieler Menschen und den Geruch der Wäsche und die diversen »Nachtmahlgrücherln« genug verpestet ist. Dazu kommt die Hitze. Es ist unsinnig geheizt.

Sedlaczek ist mittlerweile schon weitergewandert, um die Rollen zu verteilen. Für jeden hat er ein freundliches oder gutmütig scherzendes Wort. »Herr Sedlaczek, an Ihnen ist ein General verloren gangen.« – »A, lassen S' mi gehn, i hab jetzt kan Zeit zu Gspassetl. Dreiviertl siebene is's, tummeln S' Ihne … Auf Schminken nicht vergessen, meine Herren!«

Fried, der Revolutionär. Ich werde Soldat, und Herr Fried ist mein Exerziermeister in der Hinterbühne, dort wo die Pferde warten, bis sie Rienzi und seine Getreuen von der Schlacht vor Roms Toren zurückbringen sollen. Ich habe das Kunststück bald heraus, stolpere dann aber doch über eine steile Treppe, als uns Herr Fried wie Schafe auf die Bühne treibt. »So ein dummer Kerl ist mir noch nicht vorgekommen. Was schaun S' denn? Marsch hinaus!« So treibt er den Rottenführer vor mir an. Zwei Rotten hasten zugleich über die steile Treppe mit den hohen Stufen. Mein Vordermann stolpert und ich ihm nach. Wir kommen beide zu Fall.

Je mehr mich diese Szene erregt, umso mehr Behagen empfinde ich später, als ich meinen guten Fried bei der Revolution festgelegt finde. Der Stern Rienzis sinkt, und mit ihm stürzt der Palast des Volkstribunen in Flammen krachend zusammen. Ein Werk der Revolution! Zuerst muss Herr Fried hinter der Bühne einen Korb mit Glasscherben rütteln – das Volk schlägt eben die Fenster ein –, und dann muss er die große »Ratschen« drehen, denn schon stürzt das Gebälke knisternd und knarrend zusammen. Zu Hilfe kommen ihm noch zwei Theaterarbeiter, die von der Höhe des Schnürbodens ein Seil niedersausen lassen, das durch etwa dreißig Brettchen geht. Krachend schlagen die Brettchen aneinander, da sie mit dem Seil herabfallen. Da kommt mein großer Moment. Mit vorgehaltener Lanze muss ich, der Gardist, mit einigen anderen auf die Bühne stürzen und das revolutionäre Volk zu Paaren treiben. Meinen Vorbildern von der Wiener Polizei hätte das Herz im Leibe gelacht, wenn sie gesehen hätten, wie gut ich ihre Rolle spielte.

Man erlebt viel, wenn man alt wird!

Arbeiter-Zeitung Nr. 83 vom 25.3.1902 und Nr. 85 vom 27.3. 1902

Schreiber bei Harry Sheff

Ein Blick in eine Kolportageromanfabrik.
!!!Kein Roman!!!

Erstes Kapitel
Die Fährte

Das hatte mich schon lange gereizt, einmal einen Blick in die Werkstatt eines Kolportageromanschreibers zu tun. Eines schönen Tages zu Anfang April bot sich mir dazu die Gelegenheit. Auf meinen Schreibtisch flatterte ein Briefchen.

Geehrter Herr!

Sie werden sich ein großes Verdienst erwerben um die Menschheit im Allgemeinen und um uns arme Studenten im Besonderen, wenn Sie einmal näher zusehen, was Herr Heinrich *Sochaczewski* oder Herr Harry *Sheff*, wie er sich mit seinem Schriftstellernamen nennt, treibt. Er ist einer der größten Kolportageromanfabrikanten. Der Mann diktiert seine »Romane« seinen Stenographen, oft mehr als zehn jungen Leuten, die sich gewöhnlich aus Hochschulkreisen rekrutieren. Auf diese Weise schmiert er *täglich vier bis fünf Hefte voll* und man kann sich leicht denken, dass diese Art von Sudelromanfabrikation dem »Autor« ein immenses Vermögen einträgt. Wir armen Stenographen dagegen müssen froh sein, wen wir 60 bis 70 Kreuzer im Tag verdienen. Er zahlt für das Diktieren und Übertragen einer Seite, das sind 41 Druckzeilen zu je zwanzig Silben, bare neun Kreuzer. So schmählich dieser Lohn ist, es finden sich doch arme Teufel, die der Hunger treibt, diese paar Kreuzer zu verdienen, und die sich dazu hergeben, gegen ihr besseres Gewissen Handlangerdienste bei der Vergiftung des Volkes durch Kolportageromane zu leisten.

Wir bitten Sie, greifen Sie zu. Mit … etc. etc.

Das war Wasser auf meine Mühle. Dem Manne konnte geholfen werden. Vor allem galt es, die Überzeugung zu gewinnen, dass dieser Sochaczewski keine sagenhafte Figur ist. Also Lehmanns Wohnungsanzeiger her. Richtig da steht auf Seite 1270 des zweiten Bandes:

Sochaczewski Harry, Schriftsteller, II., Kleine Stadtgutgasse Nr. 4.

Also er lebt, er existiert wirklich. Da steht es schwarz auf weiß und – das Papier ist ja so geduldig – Schriftsteller ist er auch.

Nochmals überlas ich den Brief und dann gebar meine schwarze Seele einen noch schwärzeren Gedanken. Ich wollte …

(Forts. folgt.)

Zweites Kapitel
Ein gutes Kind

Herr Harry Sheff war eben mit dem Ankleiden beschäftigt. Seine Gedanken flogen dabei in weite Fernen. Er war daran, sein Tagesprogramm vorzubereiten. Wenn alles klappte, konnte er heute fünf Fortsetzungen »dichten«, je zwei von den beiden »russischen Werken«, die er eben in Arbeit hat: »*Feodora, die unglückliche Großfürstin von Russland*« und »*Pope Gapon*« und eine der letzten von »*Thaddäus Klimschok*«, einem Roman aus dem Vormärz, der im ersten Kapitel mit einer moderner'n Schwurgerichtsverhandlung einsetzt. Ein Lächeln umspielte sein breites, wohlgenährtes Gesicht, als er jetzt daran dachte. »Was wissen die dummen Bielitzer, ob es in den Fünfzigerjahren schon Schwurgerichte gegeben hat oder nicht.« Und gleich darauf fiel ihm sein Lieblingswort ein, das er immer und immer wieder seinen Stenographen auftischt, wenn sich in einem ob der Dummheit des Diktierten das Gewissen regt und er ihm Vorstellungen macht, dieses »Geschäft« doch aufzugeben und von seinen geistigen Gaben edleren Gebrauch zu machen: »Schau'n Sie, wenn Sie mit Scheiße handeln könnten, würden Sie's nicht tun, wenn Sie *mehr verdienen* dabei?« Halblaut sprach er zu sich diese Worte, sich an ihrer ursprünglichen Kraft ergötzend. Dabei strich er sich seinen blonden Schnurrbart. »Mehr verdienen – das ist die Hauptsache«, fuhr er in seinem Selbstgespräch fort; »tu *ich* es nicht, tuts ein anderer, und ich kann mich dann wieder mit einer kleinen Druckerei abplagen, wie seinerzeit in Berlin, und schließlich ›Pleite‹ machen oder mich als kleiner Schauspieler durchs Leben schlagen. Nein, nein, das taugt nicht. Der Mensch muss von seinen Gaben und Fähigkeiten den richtigen Gebrauch machen.« Dann dachte er an die angenehmen Spannungen, die seiner Seele heute nachmittags harrten. Das erste Rennen! Er hatte schon seine guten Tipps – heute musste er gewinnen. Doch zuerst die Arbeit. Mit sichtbarer Hast schloss er die Weste über seinem dicken Bäuchlein, dessen reelle Rundung den angehenden Vierziger verriet.

»An die Arbeit!«

Dass ihn dieser Gedanke jetzt packte, das sagte seine Hast.

Mit raschen Schritten durchmaß er das gutbürgerlich eingerichtete Zimmer. Dabei kam es stoßweise über seine Lippen.

»Neue Zeile! Neue Zeile! ... Haben Sie? Schreiben Sie ...«

Seine rastlos arbeitende Phantasie war seiner Arbeit vorausgeeilt. Er war schon mitten in der Arbeit, im Diktieren, trotzdem noch kein Stenograph zur Stelle war.

»Guten Morgen, Papa!«, flötete in diesem Moment eine Kinderstimme, die dem Söhnchen Sheffs, dem kleinen Otto zugehörte.

»Guten Morgen, 'ttochen! Gut geschlafen?«

»Papa, mir hat geträumt, dass der gute Mann gestorben ist. Papa, das geht doch nicht.«

Begütigend schob er das Kind zur Seite.

»Geh, 'ttochen, geh jetzt hinaus. Das verstehst du nicht, mein Kind, der *muss* sterben.«

»Nicht, Papa, nicht sterben, der gute Mann.«

»Geh', mein Kind, geh'.«

Damit schob er den kleinen Sentimentalen zur Tür hinaus.

Das düstere Schicksal irgendeines Opfers, das in der nächsten Fortsetzung umgebracht werden sollte, war dem kleinen Otto, der nicht selten den Arbeitsstunden Papas beiwohnte, so zu Herzen gegangen, dass er davon geträumt hatte und nun für sein Leben flehte.

»Ein gutes Kind«, dachte Harry Sheff gerührt bei sich, da er wieder allein war. »Ein gutes Kind und … wie wird das erst die geehrten Leser packen. Soll ich ihn sterben lassen? Gefoltert muss er werden von den wilden Gesellen, gefoltert und gemartert, und dann muss er gerettet werden; da geht dann der Roman noch zehn Fortsetzungen lang und zehnmal 50 Mark sind 500 Mark, und extra gibts noch Tantiemen. Das zieht.« Vergnügt rieb er sich die Hände. »Mein Goldkind«, so pries er im Gedanken seinen unschuldigen Wegweiser …

In diesem Moment klingelte es draußen.

Herr Harry Sheff durchschritt selbst das länglichschmale Vorzimmer und öffnete die Tür. In ihrem Rahmen stand …

(Forts. folgt.)

Drittes Kapitel
Ein teuflischer Plan

Der heulende Nordost peitschte den beiden Männern kalten Aprilregen ins Gesicht, als sie durch das finstere Gässchen schritten. Sie zogen ihre weiten, faltigen Mäntel fester an sich. Plötzlich machte der Jüngere von den beiden, dem Aussehen nach ein Student, Halt.

»Hier sind wir!«, sprach er in gedämpftem Tone.

»Kommen Sie, Herr Redakteur, hier in der Kneipe *›Zum durstigen Kamel‹* werden wir erwartet. Hier sind wir sicher. Meine Mitverschwornen brennen schon danach, ihnen die Augen über diesen Biedermann zu öffnen, dessen grauenhafte Phantasie im Dienst von *fünf Verlegern* steht und schon so viele Gehirne vergiftet hat, über diesen Mann, dessen Ausbeutertalente das Unglück schon manches strebsamen Studenten verschuldet haben.«

Dabei zog er den Älteren, dessen Antlitz ein schwarzer Vollbart umrahmte, in einen düsteren Flur, der nur von einem flackernden Öllämpchen matt erleuchtet war. Ein holperiger Hof, dann zur Linken eine ins Freie mündende Tür. Durch diese schritten die beiden in die qualmerfüllte, niedere, rückwärtige Gaststube, die das »Durstige Kamel« gern für besondere Gelegenheiten freihielt. Eine Hängelampe erhellte mäßig den Raum, dessen Mitte ein runder Tisch einnahm. Die Tafel war schon gut besetzt. Etwa zehn junge Leute saßen um sie im Kreise.

»Hier, meine Herren!«, sagte der Jüngere vorstellend, »Herr Redakteur X.«, und dann nannte er der Reihe nach die Namen der Mitverschwornen, die sich von ihren Plätzen erhoben hatten, die Eintretenden zu begrüßen.

»Wir sind vollzählig und können beginnen«, ergriff wieder

der Führer des Redakteurs – nennen wir ihn *Holzhammer* – das Wort. »Wie Sie wissen, handelt es sich darum, dem Herrn Redakteur Einblick in das Treiben unseres lieben Freundes Harry Sheff zu geben, dessen Kolportageromane zu schreiben wir verurteilt sind. Er soll dann der Welt die Augen öffnen, welcher Art eigentlich die Produktion dieses Herrn ist und wer seine Auftraggeber sind, die dann mit hunderttausenden Exemplaren dieser Schundromane das Land überschwemmen. Ich habe mir da eine kleine Liste der Romane angelegt, die dieser Herr schon verbrochen hat. Ich halte es für das Beste, wir gehen diese Liste durch, und dabei werden uns schon die markanten Geschichtchen einfallen, die wir der Öffentlichkeit nicht länger vorenthalten können.«

Dabei zog Holzhammer ein beschriebenes Blatt Papier aus der Tasche und begann zu lesen.

»Feodora, die unglückliche Großfürstin von Russland« und *»Pope Gapon«*: Das sind die Romane, an denen er gegenwärtig arbeitet. Feodora erscheint bei *Weichert* in Berlin, einem Manne, den der Vertrieb der Schundliteratur zum Millionär gemacht hat. »Gapon« bei seiner Konkurrenz dem »Verlagshaus für Volksliteratur und Kunst«, Berlin SO. »Feodora«, *ohne Nennung eines Autors*, »Gapon« unter dem Namen *»Maximilian Gorrik«*, wofür das dumme Volk natürlich *Maxim Gorki* lesen soll.

Der Redakteur hatte bereits ein Notizbuch herausgezogen und notierte ab und zu einige Schlagworte oder Namen.

»Verweilen wir einen Augenblick bei *Klimschok*. Wer war damals dabei?«

»Ich«, antwortete ein junger, blasser Mann, »der Jurist L. Sheff schrieb ihn unter dem Namen Viktor v. *Falk*.«

»Ich auch«, gab ein Zweiter zurück.

»Also rekapitulieren wir«, ergriff wieder der Leiter der merkwürdigen Enquete, Herr Holzhammer, das Wort. »Sheff brachte damals vom *Tandelmarkt* einen abgebrauchten Waffenrock eines österreichischen Kavallerieregiments unserer Tage, eine Pistole und einen Dolch, die Ausrüstung Klimschoks. Es war ein Waffenrock mit metallenen Knöpfen. Was geschah dann?«

»Er brannte mit der Zigarre sieben Löcher in den Rock und trennte die Knöpfe ab«, antwortete L.

»Wozu das?«

Weil der Rock Klimschoks von sieben Kugeln durchlöchert sein musste. Das brauchte er für das Titelbild des Romans. Die Ausrüstung wurde fotografiert und dem ersten sogar als Illustration beigegeben, später sogar »zum Beweis« *ausgestellt*, damit sich die Leser überzeugen können, dass es wirklich der historische Rock, Dolch und die Pistole Klimschoks waren. Ein Teil davon war in Wien zu sehen, das andere in Berlin.

»Wissen Sie auch, was Sheff für diese ›historischen Dokumente‹ gezahlt hat?«

»Meines Wissens *zwei Gulden*. Er rühmte sich noch dessen damals lachend.«

»Aber später lachte er nicht mehr.«

»Nein, da wurde ihm totenübel.«

»Wie das?«

»Als er mit der Zigarre die Löcher brannte … von dem brenzlichen Geruch.«

»Das ist das Risiko des Kolportageromandichters.«

Der verständnisvollen Heiterkeit, die diese Bemerkung erweckte, folgten in schier endloser Reihe die Erzählungen der einzelnen Mitverschwornen über ihre Erlebnisse in Diensten des Herrn Sheff.

Einer hatte an »*Musolino*« mitgearbeitet. Dabei passierte es dem »Dichter«, dass er im Drange der Geschäfte vergaß, dass der »bucklige Jude Alberto de Varano« – die schändlichen Charaktere holt sich Herr Sheff mit Vorliebe aus den Reihen seiner Glaubensgenossen – bereits kalt gemacht worden war. Plötzlich ließ er ihn wieder unter den Lebenden auftauchen.

»Aber, Herr Sheff«, warf da der Schreiber ein, dessen Gedächtnis nur mit diesem einen Roman belastet war. »Alberto de Varano ist ja schon tot. Damals auf dem Felde wurde er niedergemacht.«

»Richtig, richtig!«

Sheff war aufgesprungen und tanzte nervös in dem Kabinett, das zur Dichterwerkstätte geworden war, auf und ab.

»Richtig!« … »Neue Zeile!« … fünf-, sechsmal kam es überstürzend über seine Lippen … »Neue Zeile!« … »Neue Zeile!« … Dann war er über die Klippe hinweg. »Schreiben Sie« … Und er diktierte: »Wir hatten den buckligen Juden verlassen, als er leblos auf dem Felde lag. Langsam kam Leben in seine Brust. (Neue Zeile.) Mühselig erhob er sich …« und schon sprudelte der Wasserfall seiner Phantasie weiter, der »bucklige Jude« war für die nächsten Fortsetzungen gerettet.

Ein anderer erzählt die Geschichte, wie sich der *»Dunkelgraf von Eichhausen«* (Verlag *H.G. Münchmeier*, Dresden), den seine Feinde in eine Eisenfalle gelockt haben, um ihn dann unschädlich zu machen, selbst das Bein ausreißt und es im Stiche lässt, um sein Leben zu retten. Ein dritter berichtet lustig von dem Dienstmädchenroman *»Käthchen Schneider«*, Dresdner Verlag *Fischer*, worin die böse Person tausend Meilen unter dem Wasserspiegel durch eine Klappe des Unterseebootes von ihrem Manne den Haifischen überantwortet wird, aber unversehrt an der Oberfläche anlangt und von ihren Rettern, die schon gewartet haben, in einen Kahn aufgenommen wird. Auch die zweite wunderbare Rettung des bösen Weibes erzählt der Mann. In einem absolut unzugänglichen Felsenschloss ist es mit einem Fläschchen Gift die Gefangene ihres grausamen Mannes. Nirgends gibt's Rettung. Der Hungertod, der Gifttod oder der

Sturz in die Tiefe wären das Ende dieses Lebens und dieses Romans. Da rettet die weiteren Fortsetzungen ein Luftballon, der an dem Felsen vorüberstreicht ... »Ein Sprung ... und ohnmächtig sinkt die Gerettete ihren kühnen Befreiern in die Arme. Sie ist im Korbe des Ballons, der sie in Sicherheit bringt.«

Auch von der *»Draga«* werden schöne Geschichten erzählt. Harry Sheff behandelte das serbische Königsdrama zweimal. Einmal milder, einmal strenger gegen Draga. Die mildere Fassung, die für die *Freunde* der Draga geschrieben war, nannte sich *Königin Draga, das Verhängnis von Serbien* oder der Königsmord von Belgrad. Es erschien bei Weichert, ohne dass sich Sheff auf dem mit einem Feuer speienden Drachen geschmückten Titelbild genannt hätte. Kaum hatte er davon einige Fortsetzungen draußen, als von der Konkurrenz aus Berlin Süd-Ost der Auftrag kam, Sheff möge *»Die Abenteurerin auf dem Königsthron«*, Volksroman von einem Eingeweihten (Oberst M. ...), fortsetzen. Oberst Maschin hatte als Dichter Nr. 1 versagt. Also kam wieder Sheff zu Ehren, Honorar und Tantiemen. Und er verstand's, besser als der »Eingeweihte«. Bei ihm gab's keine »Springer«, das heißt Leute, denen die Geschichte beim dritten oder vierten Heft doch zu dumm geworden war und die aus der Reihe der Käufer »sprangen«. Er ließ aber auch die böse Draga eine Praterschaubude mieten, von der aus sie ungekannt ihre Feinde vernichten konnte.

Die Mittel, die Romane zugkräftig zu machen, hatte Jurist L. schon an dem Beispiel »Klimschok« illustriert. Andere wussten andere Geschichten. So war dem Roman *»Musolino«* ein *notariell beglaubigter* Originalbrief des kühnen italienischen Bandenführers beigegeben. Sheff hatte den Brief geschrieben, ihn dann übersetzen und die Übersetzung beglaubigen lassen. Nichts einfacher als das. Man braucht nur Gläubige dazu und naive Notare. Dem Roman *»Der Henker von Berlin«* ging ebenso wie dem *»Scharfrichter von Magdeburg«* (Weichert) ein Brief des gegenwärtigen Scharfrichters voran, worin der gute Mann seinem Kollegen von der Feder bestätigt, dass alle in dem Roman enthaltenen Einzelheiten und Begebenheiten der Wahrheit entsprechend von ihm (dem Scharfrichter) aufgezeichnet wurden und dass der Autor sein Originalmanuskript nur »dichterisch« verarbeitet habe. Der Herr Scharfrichter bekam für diesen dem Verlag erwiesenen Liebesdienst 100 Mark Honorar.

Von freien Anleihen erzählt einer, der an dem *»Rattenfänger von Hameln«* (Verlag R. *Wolf*, Dresden) mitgearbeitet hat. Die Spielmannslieder übernahm Harry Sheff ohne Zitierung des Epos und einen Helden lässt er gar die mehr als 500 Jahre später von einem gewissen Schiller gedichteten Verse sprechen:

Ein Augenblick gelebt im Paradiese
Ist nicht zu teuer mit dem Tod gebüßt.

Man sieht, sehr genau nimmt es der Schriftsteller Harry Sheff nicht. Freilich mag auch er nicht die Verantwortung für alle diese Streiche übernehmen. Teils aus diesem Grund, teils um auch dadurch die armen Abnehmer dieser teuren Schundliteratur zu täuschen, wählt er immer andere Autornamen, für den Popen Gapon einen russischen, für die Draga einen serbischen, für Musolino einen italienischen, für Käthchen Schneider den deutschen Namen Heinrich *Büttner*, dessen er sich übrigens mit Vorliebe bedient.

So flattert Geschichte um Geschichte auf. Jeder an der Tafelrunde hat an einem anderen »Werk« Sheffs mitgearbeitet oder weiß doch davon zu erzählen, der von *»Leichtweis«*, der von dem Roman mit dem hübschen Titel: *»Unschuldig im Irrenhause«* (Hausschild und Ahrens, Berlin), der von *»Dreyfus«*, andere von *»Zola und Picquard«*, von *»Therese Humbert«*, von *»Katharina II.«*, von den *»Eisfeldern Sibiriens«*, von *»Therese Krones«*, von »*Wilhelmine Krüger*«, von den »*düsteren Geheimnissen des chinesischen Kaiserhauses*« (Boxeraufstand), von der »*Königstochter im Irrenhause*« und wie sie alle heißen, die Machwerke, mit denen dieser furchtbar fruchtbare Schriftsteller die Welt beglückt – die Fortsetzung gegen 50 Mark Honorar und gegen recht hohe Tantiemen bei besonderer Zugkraft.

Dabei arbeitet Sheff, der Nimmermüde, noch für Hölzers *Wiener Romanbibliothek*, für die neue *Kriminalbibliothek* (Detektive Pinkerton), für die »*Geheimnisvolle Bibliothek*«, für die »*Intimen Geschichten*« und für die Bibliothek »*Feigenblatt*«, die ob des Aushängschildes pikanter Lektüre von dummen Jungen gekauft werden und die ob ihrer fortlaufenden Nummerierung von dem dummen Staatsanwalt als »periodische Druckschriften« zum Trafikverschleiß zugelassen werden. Dabei hilft ihrem »Hans« – auch in der Ehe hat Harry ein Pseudonym – noch seine treue Ehehälfte Sidonie, von der unter anderem Nr. 22 der »Intimen Geschichten«: »Briefe, die er überreichte. Eine Ehescheidungssache« und Nr. 32 »Herr und Frau Professor. Eine moderne Hochstaplergeschichte«, beide von Carlo Nesper, stammen. Man sieht, die Tauben hätten dieses Paar nicht schöner zusammentragen können.

»Genug, genug!«, unterbrach plötzlich der Redakteur die Mitverschwornen. »Ich kenne nun meinen Mann und will ihm zu Leibe gehen. Aber vorerst, liebe Freunde, gilt es, den Löwen in seiner Höhle aufzusuchen.«

»Sie wollten … Sie werden …«, riefen mehrere Mitverschworne gleichzeitig in höchster Erregung.

»Beim Himmel, ich will«, sprach er mit vor Erregung zitternder Stimme, »ich will, so wahr …«

(Forts. folgt.)

Viertes Kapitel
Candidatus jur. Weber

Wir haben Harry Sheff verlassen, als er eben die Tür öffnete. In ihrem Rahmen stand einer der fünf oder sechs Stenographen, die er gegenwärtig beschäftigt.

»Spät kommen Sie, Herr Funke«, empfing er den sympathischen jungen Mann und führte ihn dann durch den mit allerlei Krimskrams überladenen Salon in sein Arbeitskabinett, das einen Diwan, einen kleinen Tisch, einen Damenschreibtisch und ein von einem Vorhang gedecktes Regal sowie einige Stühle beherbergte. Nichts in dem Raum wies darauf, dass man es hier mit der geheiligten Werkstätte eines Dichters zu tun hat.

Dennoch war es so. Harry Sheff ließ den jungen Mann kaum zu Atem kommen. Funke setzte sich an den Schreibtisch, und schon sprudelte der unversiegbare Quell der Rede aus der Kehle Sheffs, der in dem Raum auf und ab schritt, sich ab und zu mit den Worten »Neue Zeile!« »Neue Zeile!« über Gedankenpausen hinweghelfend und sich zugleich anfeuernd damit.

Doch wir wollen den »Dichter« ungestört lassen und uns einer anderen Erscheinung zuwenden.

Angetan mit einem alten Sommeranzug und flottem Lodenhut, den offenen Havelock zurückgeschlagen, bummelte über die Prater-Hauptallee ein Mann in der Mitte der Dreißiger. Sein schwarzer Vollbart lässt uns in ihm unschwer den Redakteur aus dem vorigen Kapitel erkennen. Er bereitet sich zu seinem Streich vor. Nun hat er den Praterstern erreicht und überquert ihn, um durch die Kaiser Josefsstraße zur Kleinen Schiffgasse zu gelangen. Es ist viertel zwölf Uhr, da er das Haus Nr. 4 betritt. Im ersten Stock rechts die Tür. Richtig, da steht schon der Name, der ihn lockt: *Harry Sheff.* Er klingelt.

Ein untersetzter Mann mit blondem Schnurrbart öffnet.

»Kann ich Herrn Harry Sheff sprechen?«

Mit diesen Worten tritt der Fremde ein.

»Ich bitte, der bin ich.« Die einladende Bewegung weist nach dem Salon. Dort heißt Harry Sheff den Fremden Platz nehmen und fragt ihn nach dem Begehr.

»Ich biete mich Ihnen als Stenograph an. Mein Name ist Weber, studiosus juris Weber.«

»Das kommt mir nicht ungelegen. Ich kann gerade jetzt jemanden brauchen. Sind Sie perfekter Stenograph?«

»Sechzig bis achtzig Worte in der Minute.«

»Hm! Das ist wenig. Aber wir können es ja versuchen … Wer hat Sie denn an mich gewiesen, Herr Weber?«

»Ein Kollege … Holzhammer.«

»Holzhammer? Kenn' ich nicht.«

»Er hat es auch nur gehört, ich glaube von einem Kollegen Fuchs.«

»Ja, den Herrn Fuchs kenn' ich … Also, da wollen wir morgen einmal eine Probe machen. Meine Bedingungen kennen Sie? … Ich zahle für die Seite, das sind 41 Zeilen à 20 Silben, neun Kreuzer.«

Der Fremde verneigte sich.

»Also kommen Sie morgen um viertel zwölf Uhr.«

»Ich werde pünktlich zur Stelle sein. Guten Tag!«

»Guten Tag, Herr Weber. Es soll mich freuen, wenn …«

(Forts. folgt.)

Fünftes und letztes Kapitel
Pope Gapon

»Also wollen wir gleich beginnen. Nehmen Sie Platz. Der Roman, den wir schreiben, heißt: *Pope Gapon.* Schreiben Sie!« Sheff hatte sich zur Seite des Schreibtisches niedergelassen, an dem nun unser Freund *Weber* saß, harrend der Dinge, die da kommen sollten. Und er diktierte.

»Die Situation war für den Großfürsten und Leo ungemein kritisch geworden.

Haben Sie?«

»Ja.«

»Neue Zeile.

Sie standen eingekeilt in einem Haufen von etwa sechzig Menschen, welche alle bereit waren, sie niederzuschlagen. Dazu war die Kneipe ›Zum brüllenden Löwen‹, in der sich diese Szene abspielte, überaus verrufen, und es wäre hier durchaus keine Seltenheit gewesen …

Sind Sie so weit?«

»Ja.«

»… wenn ein Mensch totgeschlagen worden wäre.

Neue Zeile.

Der Großfürst selbst schien den Ernst seiner Lage vollständig einzusehen. Denn er drängte sich an Leo heran und flüsterte ihm zu: ›Vorwärts … jetzt müssen wir von unseren Revolvern Gebrauch machen, schießen wir alles nieder, was sich uns in den Weg stellt, und dann hinweg über die Leichen der Gefallenen, hinaus auf die Straße‹.

›Ich beschwöre, Eure kaiserliche Hoheit‹, gab Leo zur Antwort. ›Lassen Sie uns noch vorläufig keinen Gebrauch von unseren Waffen machen. Vielleicht vermögen wir diese Menschen noch zur Vernunft zu bringen.‹

Und mit donnernder Stimme rief er: ›Tretet zur Seite, wenn ihr nicht wollt, dass Blut vergossen werde – ich warne euch noch einmal, wage es keiner von euch, Hand an diesen Mann zu legen!‹

»›Dieser Mann ist nicht, was er scheint‹, rief in diesem Augenblick eine Stimme.

Sie gehörte dem Popen Gapon, der auf den Tisch gestiegen war und von hier aus alles dirigierte.

›Der Bart ist falsch. Reißt ihm den Bart vom Gesicht herunter. Das ist einer von den Polizeispionen, die das Volk belauern, um es dann ins Unglück zu bringen …‹«

Uff! So war also auch schon Gapon da. Mehr konnte Weber nicht wollen. Harry Sheff hatte die Probe gut bestanden und weiteres Experimentieren wäre nutzlose Zeitvergeudung gewesen. Weber sann auf einen Ausweg, mit dem Stenogramm in der Tasche der Komödie ein Ende zu machen. Ein Zufall kam ihm zur Hilfe.

Harry Sheff unterbrach sein Diktat und ersuchte den Probekandidaten, vorzulesen, was er bisher geschrieben. Anfangs schnell, dann immer langsamer, schließlich stockend las Weber die Szene »vom brüllenden Löwen«.

»Das geht nicht«, unterbrach ihn Sheff.

»Verzeihung, Herr Sheff, ich bin nur so verwirrt. Lesen ist schwerer wie schreiben. Und ich habe schon so lange nicht stenographiert. Ich werde es Ihnen, wenn ich Ruhe habe, tadellos übertragen.«

Ein bittender Blick traf Sheff.

»Gut. Setzen Sie sich her und übertragen Sie.«

Weber tat wie ihm geheißen und überreichte ihm dann die Übertragung fehlerlos. Nur einmal hatte er die »Neue Zeile« nicht berücksichtigt.

»Das müssen Sie immer beachten. Neue Zeile! Das ist Ihr Vorteil und meiner. Wir bekommen eher die Seite voll.« So weihte er Weber in eines seiner Geschäftsgeheimnisse, das »Zeilenreißen«, ein. »Die Schrift gefällt mir. Also wir wollen es weiter versuchen.«

»Wollen Sie mich für jetzt nicht dispensieren? Ich bin etwas befangen und könnte neuerdings Fehler machen.«

»Gut, setzen wir abends fort.«

Dann zog er Weber teilnahmsvoll ins Gespräch, meinte, dass er schon viele Semester haben müsse, und Weber erzählte ihm von dem Elend des Lektionierens und war ganz Wonne, als er aus dem Munde Sheffs hörte, dass ihm durch Sheff eine Existenz winke. »Ich habe Herren, die sich leicht 50 Gulden im Monat verdienen«, lockte er Weber, hinter dem der Ahnungslose auch so ein armes weltfremdes Studentlein sah, das sich von ihm willig werde ausbeuten lassen. Dass Weber in diesem Moment im Stillen berechnete, dass dieses »leicht« 555 Seiten zu je 41 ausgewachsenen Druckzeilen bedeutet, dass also 555 Seiten ungefähr 500 Arbeitsstunden oder *sechzehn täglich* bedeuten, das verriet diesem Dichter seine Sehergabe nicht.

Weber atmete erleichtert auf, da er wieder auf der Straße stand. Die für abends angesetzte Schreibstunde brachte er im »Durstigen Kamel« zu, wo es heute schier nicht weniger bunt zuging als im »Brüllenden Löwen«.

Nachschrift:

Das *»Comité für Massenverbreitung guter Volksliteratur«* (Vorsitzender Freiherr v. *Cramm-Burgdorf*, Herzoglich-braunschweigischer Gesandter; stellvertretender Vorsitzender Dr. Georg *Reicke*, Bürgermeister von Berlin) hat im Februar einen *Wettbewerb für Volksromane* erlassen »die geeignet sind, die Volkskreise, die bisher die bekannten Schundkolportageromane zu lesen pflegen, für besseren Lesestoff zu gewinnen«. Verlangt werden: Spannende, flotte Erzählung, die romanhafte Ereignisse in gut realistischer Wirklichkeitsdarstellung umfasst, womöglich dem Humor einen gewissen Raum gewährt und den geistigen Gesichtskreis der Leser ohne die Form der Belehrung zu erweitern geeignet ist. *Anknüpfung an große Begebenheiten der Gegenwart* wird empfohlen. *Jede einseitige Tendenz* ist aufs strengste *auszuschließen*, dafür auf die Förderung des *sittlichen und nationalen Gemütslebens* des Volkes Bedacht zu nehmen. *Zu vermeiden* ist der Gebrauch von *Mundarten. Der Inhalt der ersten Lieferung* ist so anzulegen, dass er das Interesse der Leser *sogleich* auf die Weiterentwicklung der Erzählung *spannt*. Als Mindestmaß des Umfangs werden fünfzig bis sechzig *Bogen* Großoktav angenommen. Also eine Wurst ohne Ende, ganz so wie sie die profithungrigen Kolportageromanverleger und Schreiber produzieren. Die Preise betragen 8000, 12.000 und 18.000 Mark.

Wie wär's, wenn das Comité Herrn Harry Sheff und Kollegen einlüde, sich diese Preise zu holen? Wenn wer geeignet ist, diese Bedingungen zu erfüllen, so sind es die Kolportageromanschmierer selbst. Wer anderer als ein solcher Fabrikant wäre imstande, eine Erzählung mit Spannung einsetzen zu lassen, also schon auf einem gewissen Höhepunkt, und sie dann spannend fortzuführen 50, 60 Bogen lang? Wer anderer könnte bei Schilderung der großen Begebenheiten der Gegenwart jede einseitige Tendenz ausschließen, wer eine Wirklichkeitsdarstellung aus dem Volksleben und für das Volk bringen, ohne die Sprache des Volkes, die Mundart zu verwenden?

Seit ich Harry Sheff kenne, weiß ich, dass er und seinesgleichen die Männer sind, die das Comité sucht und braucht. Das Comité mache doch einmal den Versuch. Wie ich den Herrn Harry Sheff kenne, wird er auch das sittliche und nationale Gemütsleben fördern helfen, »wenn er mehr verdient dabei«.

*

Der Vertrieb der Schundromane

Neulich warfen wir einen Blick in die Werkstatt eines Schundromanfabrikanten. Wir sahen, wie wenig wählerisch, ja wie gewissenlos diese Machwerke produziert werden, und es war auch schon erkennbar, dass die ersten Hefte dieser mit dem betrügerischen Titel von »Volksromanen« versehenen Ausgeburten einer blutrünstigen und geilen Phantasie schon den Leser erreicht haben, ehe die nächsten Fortsetzungen auch nur diktiert oder geschrieben, geschweige denn gedruckt sind. In der Regel weiß der Autor gar nicht, was er in den nächsten Heften schreiben wird, er weiß nur, dass er gegen den Schluss eines jeden Heftes und namentlich der ersten fünf der Propaganda dienenden Hefte solche Spannung hinterlassen muss, dass das nächste Heft sicher gekauft wird. Eine ewig auf- und absteigende Linie, das ist das technische Geheimnis dieser Skribenten. Im ersten Heft schon setzt eine dramatisch bewegte Situation ein, die gegen Schluss zu atemloser Spannung zu steigern ist. Im zweiten Heft wird die Spannung Nr. 1 aufgelöst und der Leser sofort zur Spannung Nr. 2 getrieben, die wieder erst in der dritten Lieferung befriedigt wird. So treibt der geschickte Kolportageromanschreiber das gewissenlose Spiel fort durch sechzig, achtzig, hundert, ja selbst durch hundertundzwanzig Hefte, so weit ihm nur die Leser folgen. Der dramatisch am meisten bewegte Moment des jeweilig gelieferten Heftes ist in einer Illustration hinter der Umschlagseite festgehalten. Diese in der Regel scheußlichen Bilder sind dennoch die Lockmittel zum Weiterbezug der Hefte. Sie foppen den Leser immer wieder hinein, wenn er auch schon längst erkannt hat, dass diese Romane immer wieder ein und dieselben, freilich nach und nach gesteigerten Situationen bringen, deren Ende der Sieg des Guten oder Schwachen über das Böse oder Starke ist. In allen diesen Romanen wäre dies schon bei der zwanzigsten Fortsetzung möglich – da kämen die Verleger aber nicht zu ihren Millionen, die sie dem armen, ungebildeten Volke direkt aus der Tasche stehlen, und so muss eben der Böse solange »Ober« bleiben, solange sich noch genügend Käufer finden, die sich Woche um Woche denselben schlechten Brocken mit freilich wechselnder Garnierung vorsetzen lassen. Gibt es viele »Springer«, das heißt Leser, die den Kauf der weiteren Hefte ablehnen, dann siegt sofort der »Gute« – das ist die »moralische« Tendenz dieser Schandwerke – und der »Autor« beginnt eine neue Wurst zu füllen. Der *Kolportageroman*, wie ihn der »Verlag für Volksliteratur und Kunst« (Berlin), Weichert (Berlin), Münchmeier (Dresden), Fischer (Dresden), Wolf (Dresden), Ander (Dresden), die drei Wiener Verleger dieses Schundes: *Rubinstein, Daberkow* und *Dörflinger und Fischer* und noch eine ganze Reihe anderer deutscher Verleger brauchen, *muss nach jedem Heft enden können.* Befriedigt er die Leser nicht mehr, so müssen die Druckkosten erspart werden können. Die Technik der »Dichter« bringt es mit sich, dass sie dieses Begehren der Verleger jederzeit erfüllen können, so wie auch die Schmierer der »Volksromane« in unseren Wiener Tratschblättern (»Extrablatt«, »Neues Wiener Journal«, »Kronenzeitung« etc.), die auch Tag um Tag gegen zehn Kronen Honorar ihre Fortsetzung schreiben, je nach dem Interesse, das ihre Arbeiten erwecken, den Roman fortsetzen oder abbrechen können, wie es der Herausgeber wünscht. Die Kassenrapporte sind das Maß dafür.

Wer einmal diesen Blick in die Produktion getan hat, den muss es auch reizen, das letzte Glied in der Kette, den *Leser*, kennen zu lernen. Der Verleger, der Buchhändler, der Kolportagegewerbetreibende, der Kolporteur und der Expeditor sind die Zwischenglieder dieser Kette. Den Löwenanteil an dem Profit sackt der Verleger ein, der ganze Waggonladungen von dem Schund auf den Markt wirft; alle übrigen haben nur so weit Anteil, so weit das Gebiet ist, das sie mit dieser Ware versorgen. Vom Millionär-Verleger fällt die Stufenleiter bis zum Lumpenproletarier, der Kolporteurdienste leistet, in der Regel das blinde, nichts denkende Werkzeug der anderen, elend entlohnt und an seinen »Beruf« nur gefesselt durch den Hang zum Ungebundensein, dem zu dienen dem Lohnarbeiter versagt ist. Die Kolporteure sind – soweit sie nicht den polizeilichen Erlaubnisschein haben – eine recht bunt zusammengewürfelte Gesellschaft, und nur wenige von ihnen haben sich zu ehrlichem proletarischen Bewusstsein durchgerungen. Sie sind auch die Einzigen, die ihre Überzeugung mit ihrer Beschäftigung insofern in Einklang zu bringen trachten, dass sie bestrebt sind, ihre so oft in Nacht und Dummheit dahinlebenden Kunden zu besserer Lektüre hinzuleiten, als es die Schundromane sind. Zwei dieser weißen Raben waren meine Führer auf der Suche nach dem letzten Glied in der Kette, nach den Lesern. Da machte ich vor allem die sehr erfreuliche Entdeckung, dass *der Schundroman* wenigstens *auf städtischem Verbreitungsgebiet eine natürliche Tendenz zum Rückgang zeigt.* Er wird verdrängt von den im Vergleich zum Schundroman schon besseren, wenn auch nicht absolut guten Familienblättern niederer Sorte, von den Romanbibliotheken und von den illustrierten Lieferungsausgaben anerkannter Werke der erzählenden Literatur. Dass der Schundroman heute noch immer fast ausschließlich zur Kolportage verwendet wird, deren Aufgabe es ist, Kunden zu gewinnen, findet darin seine Erklärung, dass die Siebenkreuzerhefte weit billiger hergestellt werden können als bessere Werke. Der Kolporteur geht von Tür zu Tür und gibt überall das erste Heft irgendeines

Schundromanes ab, in dem Bewusstsein, kaum fünf Abnehmer unter hundert verteilten Heften zu finden. Aber bei allen hundert hat er beim zweiten Besuch einen Anknüpfungspunkt gefunden. Ist irgendjemandem die Schundlektüre zu schlecht, so ist der geschickte Kolporteur gleich mit anderem zur Hand, mit einem Modejournal, einem billigen Familienblatt (Dietrichs Familienblatt, »Großstadtzeitung« erster und zweiter Jahrgang, »Aus unserer Zeit« oder mit der »Freya«, die alle nahe Verwandte der Schundromane sind) oder wirklich besseren Sachen, mit den Familienblättern des Kleinbürgertums, der »Gartenlaube«, »Über Land und Meer«, und anderem Lesefutter, von dem er immer hübsch ein paar Kilo, oft bis zu 30 Kilo, in seiner Tasche mitführt. Seiner Gewandtheit gelingt es dann, andere bessere Lektüre an den Mann zu bringen. Die Bestellungen liefert er dem Buchhändler oder Kolportagegewerbetreibenden ab, in dessen Diensten er steht, und nun tritt erst der Expeditor, der Zusteller auf, der neben der Pflicht des pünktlichen Zustellens auch die Aufgabe hat, einen einmal gewonnenen Kunden immer und immer wieder mit neuem Lesestoff zu versorgen. Mit Schundromanen die Leser dieser, mit anderen Schriften andere. Da haben nun meine beiden Gewehrsmänner – freilich überzeugte Sozialdemokraten und als solche ehrliche Hasser der Schundliteratur – die Erfahrung gemacht, dass sie nach und nach ihre Kunden zu besserer Lektüre hinüberleiten können. In der Folge habe ich auch in das Expeditionsbuch eines Kolportagegewerbetreibenden Einblick genommen und gefunden, dass die dort verzeichneten Ziffern im Einklang stehen mit den Erfahrungen meiner beiden Gewährsmänner. Es waren danach im IV. Bezirk unter 171 Werken einer Expedition zehn Kolportageromanhefte, im V. Bezirk unter 163 Werken 18, im VII. Bezirk war das Verhältnis 159:14, im VIII. Bezirk 159:7, im XVIII. Bezirk (bürgerlicher Teil) 152:23, im

XVIII., XVII. und XVI. Bezirk 140:43. In Meidling stellt sich bei *Sonntags*expeditionen das Verhältnis wie 100:70, es sind also unter 100 Abonnenten überhaupt 70 arme Menschen, denen die Schundromane als ebenso teure, wie schlechte Geistesnahrung vorgesetzt werden. Diese letzten Ziffern sind typisch für alle Proletarierbezirke Wiens. Sie sagen uns, dass in Proletarierbezirken zwischen 30 und 70 Prozent aller gelieferten Werke Schundromane waren, während in den bürgerlichen und kleinbürgerlichen Bezirken der Prozentsatz zwischen 4,4 und 15 Prozent schwankt. Dies deutet auf ein Zurückgehen des Kolportageromans in kleinbürgerlichen Kreisen hin, namentlich wenn man hört, dass derselbe Kolportagegewerbetreibende vor dreizehn Jahren noch etwa 1200 Hefte dieses Schunds wöchentlich vertrieben hat, vor fünf Jahren rund 500, und dass er heute nur mehr für etwa 120 Hefte Bedarf hat, also für ein Zehntel dessen, was er vor dreizehn Jahren benötigte. Ob diese Angaben eines einzelnen Kolportagegewerbetreibenden maßgebend für die Verhältnisse überhaupt sind, kann ich nicht sagen, aber eines ist wohl sicher, dass diese sinkende Tendenz nicht nur von dem Streben dieses Kolporteurs und seiner Bediensteten bewirkt worden sein kann, möglichst viel bessere Werke an den Mann zu bringen, sondern dass dabei auch redlich der gesunde Widerwillen der Leser gegen den Schund, der vielleicht durch die gerade im letzten Jahrzehnt regere Aufklärungsarbeit geweckt wurde, mitwirkte.

Dennoch sind es noch Tausende, viele Tausende, und namentlich in den Reihen der unqualifizierten Lohnarbeiter, die auch in Wien noch diesen Schund verschlingen und ihn viel teurer bezahlen als die besten Werke. Wer diese sind, davon soll in einem nächsten Artikel die Rede sein.

*

Wer liest die Schundromane?
Ein Tag Kolporteur und Expeditor

Das war eine gar bunte Gesellschaft, die ich da eines schönen Tages kennen lernte, als ich zwei Expeditoren von Kolportageliteratur auf ihren Zustellgängen durch vier Bezirke Wiens begleitete, Bezirke, in denen vorwiegend das Kleinbürgertum, freilich auch das Proletariat haust. Eine Hauptmannswitwe und eine französisch-italienische Sprachlehrerin standen auf der höchsten Sprosse der gesellschaftlichen Stufenleiter, ein tschechisches Dienstmädchen und eine verelendete Hernalser Heimarbeiterin auf der untersten. Und dazwischen drängten sich in bunter Folge Kleingewerbetreibende und Arbeiter und beider Frauen, Ladenmädchen und Kommis, die heranwachsenden Töchter des Kleinbürgertums und erschreckend häufig Kinder und Unerwachsene, die gierig nach den neuen Heften langen, deren Inhalt ihre Gehirne naturnotwendig vergiften oder doch schädigen muss. Aus dieser Reihe seien einige typische Fälle herausgegriffen.

Ein Werkstättenidyll. In der Bude des Tischlermeisters X. hatte der Kolporteur einmal tüchtig Glück. Drei Kunden auf einen Schlag: den Meister und seine beiden Gehilfen. Den Meister nahm das Schicksal der Luise von Coburg gefangen, das unser alter Freund Harry Sheff unter dem Namen Heinrich *Büttner* in dem Schundroman: *»Die Königstochter im Irrenhause«* oder *»Um Liebe verstoßen und geächtet«* schildert und zwar, wie die Verlagsbuchhandlung Dresdner Romanverlag im ersten Heft frech behauptet, »nach Aufzeichnungen, die Geza von Mattachich machte und die uns von einem Freunde desselben zur Verfügung gestellt wurden«.

Der Tischlermeister glaubt's und glaubt es schon durch

57 Hefte, deren jedes er mit 14 Hellern bezahlt hat. Die gute Luise kommt ihn also schon auf acht Kronen, aber sein »Bildungshunger« schreckt vor keinem Opfer zurück. Nebenher hat er noch die »Bibliothek der Unterhaltung und des Wissens« abonniert, die wohl höher steht als der Schundroman, die ihn aber doch nicht ganz von dem Luisenroman abziehen kann. Willig zahlt er auch heute wieder für das 58. Heft seine 14 Heller. Auch die beiden Gehilfen langen in die Tasche und suchen ihre Heller zusammen: der eine für den französischen Räuberroman *»Cartouche«*, der andere für den tschechischen Schundroman *»Die Verlassene«*. Auf der Hobelbank liegt die »Kronenzeitung«. Diesen Genuss leisten sich die drei in schönstem Frieden offenbar gemeinsam.

Fetzer, der Sprachlehrer. In einem anderen Haus öffnet uns ein kleiner Schneidermeister fast devot die Tür und ladet uns höflich ins Zimmer, wo er das vielleicht schon siebzigste Heft von *»Karl Heinrich Pickard, genannt Fetzer, der größte deutsche Räuberhauptmann des 19. Jahrhunderts«*, freudig entgegennimmt.

»Na, wie g'fallt Ihnen der Roman?«, lockt ihn der Expeditor.

»Schen ise, sehr schene Roman«, antwortet er mit sehr starkem tschechischen Einschlag.

Das wollte mir mein Begleiter illustrieren.

»Möchten Sie nicht einen tschechischen Roman?«

»Ah na, is me liebe su, da mit die ›Fetzer‹ lernt ich Deutsch …«

Zum Beispiel Seite 7 des ersten Heftes: »Nun galt es, das kleine Häuschen seiner Mutter zu erreichen, würde sie ihm den Namen seines Vaters nennen, schon der Gedanke an die Möglichkeit, dass sie es nicht tun würde, machte sein Herz erbeben.«

Namentlich von den Satzzeichen der deutschen Sprache wird der arme Schneider einen schönen Begriff bekommen. Aber er nimmt es ernst. An sein »'pfehl mich sehr« knüpft er die Bitte, nächste Woche ja pünktlich das Heft zuzustellen.

Das sachverständige Kind. In einer Hofwohnung bei blutarmen Leuten – der Mann ist Taglöhner – stellen wir den *»Klimschok«* zu. Die Tür ist offen. Ein Kind, ein vielleicht neunjähriges Mädel, springt dem Kolporteur entgegen, nimmt ihm das Heft aus der Hand und entfaltet es auf seinem hochgezogenen, an den Türstock gestützten Bein, um das neue »Bildl« zu sehen. Die Mutter kommt dazu.

»Dass S' m'r net wieder a g'fehlt's Heft geb'n«, empfängt sie den Kolporteur.

»Na, Mutter, dös is schon das richtige«, sagt die Kleine. »Da, dös Bild hab'n m'r no net g'habt.«

Die Mutter: »Sicher net?«

Die Kleine: »Na, schau'n S' do her.«

Jetzt erst nimmt die Mutter das Heft und zahlt.

Verschiedene Kostgänger. Der Reihe nach besuchen wir nun eine *Hauptmannswitwe*, die neben dem *»Buch für Alle«* die Schundromane in der Form der Zeitschrift »Freya« abonniert hat und die voll Ungeduld Woche um Woche den Zusteller erwartet; dann zwei *Verkäuferinnen* in einem Selcherladen, die sich schon bis zur Eschtruth und Heimburg durchgerungen haben, einen *Schuhmachermeister*, der Karl May abonniert hat, zwei *Kommis* eines Schnittwarengeschäftes, die Abonnenten des *»Buches für Alle«* sind, die *Frau eines Malers*, die das »Blatt der Hausfrau« bezieht, und einen *Diener in einem Ministerium*, der gleich der Hauptmannswitwe die »Freya« abonniert hat, daneben aber auch die Romane der Heimburg, der also schon zu Besserem überzugehen beginnt. Überall gibt's etwas zu schauen, zu erlauschen.

Der teure Schiller. Einem böhmischen Dienstmädchen stellen wir das *fünfundfünfzigste Heft* von »*Karel Moor*« zu. Jedes hat es mit dreißig Hellern bezahlt; im Ganzen gab es also schon 16 Kronen 50 Heller für den Räuber Karl Moor hin, dessen sich die Schundliteratur längst in ihrer Weise bemächtigt hat. Und wenn sie alle achtzig Hefte bezogen haben wird, dann wird sie 24 Kronen dafür gezahlt haben. Niemand in ihrer Umgebung rechnete der Betrogenen vor, wie ihr dabei das Geld aus der Tasche gezogen wird, wie viel gute, auch ihrem Ideenkreis zugängliche Romane und Erzählungen sie um 24 Kronen hätte erwerben können. Schiller, Goethe und Lessing zusammen sind heute schon um 24 Kronen erhältlich – und das arme Dienstmädchen zahlt dieselbe Summe für einen Roman, der den Namen eines Schiller'schen Helden auf das Schild schreibt. Dass der Roman durch achtzig Hefte fortgeführt wird, deutet auf gute Geschäfte, und diese deuten wieder auf Tausende gleich schlimm Betrogene. Was könnte uns die Schmach der Schundromane lebendiger machen als diese Rechnung und diese untrüglichen Schlüsse?

Das Gebetbuch als Prämie. Bei einem anderen Schneidermeister – dem dritten Kunden dieses ehrsamen Gewerbes – treffen wir Vater, Mutter und Sohn um das Schneidertischchen versammelt. Sie sind in schweigender, rastloser Arbeit. Alle drei. Da wir die niedere, dumpfe Stube betreten, ist es, als brächten wir den Ärmsten Sonnenschein – und wir bringen doch nur die soundsovielte Fortsetzung des tschechischen Schundromanes »*Benažka*« (»Die Braut von Venedig«). Ein zweiter, den die Familie abonniert gehabt hatte (ich glaube: »*Pambitschka*« nennt sich das edle Werk), war schon in der Woche vorher zu Ende gegangen. Dennoch ist davon die Rede. Dem letzten Hefte waren der Propaganda wegen einige Seiten des schönen Romanes

»Marie Antoinette« beigeheftet, natürlich mit nicht weniger aufgeregtem Inhalt. Auf diesen Leim war die Familie gegangen. Die Frau Meisterin beginnt davon zu reden. Sie fragt den Kolporteur, ob die »Mári Antoinette schen« sei. Unter solchen Umständen hat er leichtes Spiel. »Schön und nicht allzu lang«, das ist: nicht allzu teuer, »nur« 45 bis 50 Hefte, jedes zu dreißig Hellern. Das Geschäft ist sofort perfekt. Auch ein zweites. Die Frau geht zum Küchenkasten und holt von dort ein Paket grauer Coupons, die sie aus den Umschlagseiten der Hefte des tschechischen Räuberromanes *»Pambitschka«* geschnitten hat. Sie repräsentieren das Anrecht auf ein *Gebetbuch.* Also nicht nur einen schönen Räuberroman um 24 Kronen (80 Hefte zu 30 Hellern), sondern obendrein noch ein Gebetbuch, das einen Handelswert von wenigstens anderthalb Kronen hat; was wollen denn die Nörgler noch mehr? Das wird doch eine rührende Fürsorge der meist jüdischen Kolportageverleger sein, die die Lueger-Wähler mit passender Lektüre versorgen!

Bei einer Heimatarbeiterin. In einem Altwiener Vorort, dessen sonst stille Gassen von dem Frühlingsgezwitscher der Jugend erfüllt sind, kommen wir der Reihe nach in Häuser, in deren Flur irgendwo ein Emblem angebracht ist, das von der Frömmigkeit seiner Erbauer oder seiner gegenwärtigen Besitzer Zeugnis gibt: blumengeschmückte Madonnenbilder oder in Nischen Muttergottesstatuen. In einem solchen Hause bewohnt eine Heimarbeiterin mit ihrem Manne eine – Küche. Ein Bett, ein alter zerschlissener Diwan, ein Tisch, zwei Sessel und ein wackeliger Weichholzschrank sind das ganze Mobiliar. In der finsteren rückwärtigen Ecke steht ein Herd. Auch hier hat die Kolportageliteratur Eingang gefunden. Dittrichs Familienhefte vermitteln den zwei Menschen, die hier hausen, Stunden der Freude und Unterhaltung. Sonst kennen sie nur Arbeit, sie, die *Cognacflascheneinflechterin*, und er, der arbeitslose Taglöhner, der ihr in Zeiten der Arbeitslosigkeit mit ungefügen Fingern hilft, die Basthüllen für den »Cognac aus Ottakring« zu machen. Für das Hundert bekommt sie vier Kronen fünfzig Heller. Ihre Auslagen darauf sind eine Krone zwanzig Heller. Er macht die »Kränze«, Bastringe, die um den Flaschenboden gewunden werden, und sie die auf die Flaschenhälse gesteckten »Kronen« und das weitmaschige Geflecht, das sich zwischen »Kranz« und »Krone« windet. Wenn's gut geht, bringen sie ein Hundert im Tage fertig.

Die Frau ist leicht für ein »Tratscherl« zu gewinnen. Zuerst brummt sie, dass ihr der Kolporteur schon in dieser Woche die Hefte gebracht hat, dann aber nimmt sie doch aus ihrem mageren »Börsel« von kaum sechs »Fünferln« drei heraus und zahlt ihn. Er trägt ihr an, sie könne die Hefte noch schuldig bleiben.

»Ah na. I bin Ihnen eh no a Sechserl schuldi ... da kummt m'r dann auf d' Woch'n z' viel z'samm'. Aber i hab's Ihnen glei g'sagt, sie soll'n erscht auf d' Woch'n kommen!«

Der Kolporteur entschuldigt sich, und ich kann die Gelegenheit nützen, das Gespräch »aufs G'schäft« zu lenken. Das tut ihr wohl, und ich erfahre dabei, was ich wissen will. Nachdem sie mir die Arbeit des Einflechtens erläutert hat, schließt sie: »Is eh nur a Pflanz, dös ganze Einflechten, damit die Leut drauf fliag'n und mehr zahl'n.«

»Haben Sie schon den Cognac getrunken?«

»I möcht' e net amal. I kunnt's Flaschl um 60 Kreuzer hab'n. Aber i mag'n net den Cognac aus Ottakring. Da is m'r a Krügel Wach's lieba.«

Armer Rosegger! Über einen offenen Holzgang kommen wir zu einer Tür, hinter der eine Fiakerfamilie wohnt. Die Tochter des Hauses – das Haus gehört ihnen – öffnet. Ein anmutiges, wienerisches »G'sichtl« erscheint im Rahmen.

»Na, dass S' schon da san!?«, empfängt das Fräulein den Zusteller. »Was bringen S' denn heut?«

»Die zwei Hefte vom Familienblatt.« Damit reicht er der vielleicht Siebzehnjährigen zwei Dietrich-Hefte. Diese wendet sich und ruft ins Zimmer: »Mutter, zwanzig Kreuzer, der Herr is da mit 'n Journeul!« Dann kehrt sie sich wieder uns zu.

»Und dann wollt' ich fragen«, sagt bescheiden der Expeditor, »wie Sie mit 'n Rosegger zufrieden sind. Werden Sie ›Das ewige Licht‹ weiter beziehen?«

»Na, dö können S' glei wieder mitnehmen – dö G'schicht von den Pfarrer. Lauter so blöde G'schichten, die mag i net.«

Da wir wieder über die Stiege gehen, sagte mir mein Begleiter:

»Sehn Sie, es ist schwer, Gutes anzubringen ... Wenn das der Rosegger g'hört hätt' ...«

Nur die Liebe zu Heimat ... Unser letzter Besuch gilt einer französisch-italienischen Sprachlehrerin, die in einem villenartigen Haus ihr Heim aufgeschlagen hat.

Eugenie Pospischill
née de Bronsart

steht auf der Visitkarte, die an ihre Tür geheftet ist. Die in unsere Lande verschlagene Gouvernante, die das Herz eines österreichischen Staatsbeamten erobert hat ... das ungefähr sagte mir die Karte und das bestätigte mir dann die persönliche Bekanntschaft der lebhaften Dame, die trotz ihrem Französisch-Deutsch, das sie noch immer spricht, wohl schon vor einem Vierteljahrhundert zum Geschlecht derer von

Pospischill gestoßen sein mag. Mit romanischer Lebhaftigkeit empfängt sie uns:

»'aben Sie mir gebracht ›Cartouche‹?«

Der Kolporteur reicht ihr *fünf* Hefte.

»Sie Slimmer«, schäkert sie, »so lang 'aben Sie mich warten lassen. Drei Wocken …«

»Es sind erst vierzehn Tage.«

»Mein Sohn sagt auch, dass sind erst zwei Wocken. Jetzt ist ja gut, jetzt sind Sie da!«

»Sind Sie zufrieden mit dem Roman?«

»Ser, ser schönn – ›Le Cartouche‹.«

Dann zahlt sie, gibt noch zehn Heller Trinkgeld und eilt mit ihrem Schatz ins Zimmer. Der französische Grasel hat ihr Herz ganz gewonnen. Ob die gute Dame und Sprachlehrerin wohl je erkennen wird, welchen Streich ihr da ihre Unkenntnis der deutschen Literatur und ihr französischer Patriotismus spielt?

Nach diesem letzten Besuch hatte ich genug. Ich kannte nun die Menschen, die die Schundromane lesen und kaufen, und hatte nun aus eigener Anschauung erfahren, wie leichtes Spiel die »Autoren« dieses Schunds haben. Wenn's nur gedruckt ist, es ist nichts zu dumm, es wird gelesen und – geglaubt. Die Bekämpfer der systematischen Volksverdummung und geistigen Vergiftung haben fast noch alles zu tun.

Arbeiter-Zeitung Nr. 113 vom 23.4.1905, Nr. 119 vom 30.4.1905, Nr. 125 vom 7.5.1905

Glossar

a Spurt reiben – eine Zigarette der Marke Sport geben
a'pasch'n – abhauen
abischwaben – hinunterschwemmen, wegspülen
abpackeln – ohrfeigen
Aburt – Abort, Toilette
Ambretten – Bäumchen (arbre, fr.)
an Kren aufreißen – Zutreiben von Männern für Dirnen
anbinden – sich anlegen
Assentierung – Musterung beim Militär
Atzgersdorf – die im Kanal gefundenen und getrockneten Knochen wurden an die Knochenmühle der Firma Joh. Fichtners Söhne in Atzgersdorf verkauft
Auer-Lampen – Metallfadenlampe bzw. Glühstrumpf für Gasbeleuchtung; benannt nach dem Erfinder Dr. Carl Auer von Welsbach (1858–1929)
außijauken – hinausjagen
Bäckenbua – Bäckerlehrling
Ban – Mädchen, Weib, Prostituierte
Ban, Baner – Knochen
Barchentleibl; *Barchentjanker* – Leibchen, Jacke aus Baumwollflanell
Bielitzer – Mensch aus Bielitz (Polen)
Bierschlederer – Biersäufer; *schledarn* – herumspritzen, viel trinken
blitzen – betrügen, um den Lohn prellen
Bramsohle; Bram – Einfassung
Bratensee – Breitensee, ehemaliger Vorort, heute Teil des 14. Wiener Bezirks
Bruat – Schimpfwort für Familie oder Gruppe
Chinese – »großer Chineser« wird die neun Meter hohe Figur auf dem Ringelspiel im Prater genannt
Clothschürze – Schürze aus Baumwollgewebe
Commodebluse – von kommod, bequem; der Mode entsprechend
den Gattern a'wetzn – den Zaun, das Gitter abwetzen; warten
Dibbel – Beule, Schwellung
Dippel – kleine Münze
Drahrer – Nachtschwärmer, Sauftour
Drama-, *Sportzigarette* – k. u. k.-Zigarettenmarken
drapfärbig – blassbraun, sandfarben
Effekten – persönliche Gegenstände, Wertpapiere
einspiert – einsperrt
Elektrische – Straßenbahn, Tram
Exhaustor – Gebläse, Lüfter

expate – eigens, extra
Fallot – Gauner
Fexung – Ernte
Flebbe – Legitimationspapier
Fluss – Zigarettenpapier
Fotzen – Ohrfeigen, Watschen
Fürtuch – Brusttuch, Schürze
G'scham – Genitalien
G'scherter – Bauer, Provinzler
Gadern — Zaun, gaunersprachlich auch: künstliches Gebiss
Galingdiab – von *Galing*, der Galgen; einer, der den Galgen verdiente, Lump, Strolch
Gattern – Zaun, Tor, Gitter
Gerstl – Habe, Gut, Geld
Gradlbandl – Band aus festem Leinen
Griasler – *Pülcher*, Sandler, Penner; auch kluger Mensch aus dem Verbrechermilieu
Gspassetl – Spaß
Gwürgst – Bedrängnis, Durcheinander
Hackenweisel – Arbeitsnachweis
hakli – heikel
halbscheit – zur Hälfte
Hamur – Humor
Hansel – abgestandenes, schales Bier, Bierrest
Havelock – langer Herrenmantel
He; *Oberhe* – Polizei
Hemmat – Hemd
Hüttn – Werkhaus
Kanalhase – Ratte
Kandl – Kanne, gaunersprachlich auch Revolver, Waffe
Karneulli – Kanaille, niederträchtige Person
kiebitzen – beim Kartenspiel zuschauen oder ausspionieren
Kiem – Kümmel (Kimm)
Kiewerer – Polizist
Kotzen – grobe Decke
Krim – Landesgericht
Krowot – Kroate, Serbe, Grünzeughändler, Glaswarenhändler
Lackböck – Lackschuhe
leimsiaden – schmeicheln, nachgeben
Lichtbratelmontag – am Sonntag davor gab es bei Handwerkern ein Festessen *(Bratl)*, ab dem *Lichtbratlmontag* wurde die Arbeit nach dem frühe-ren Einbruch der Dunkelheit bei Kunstlicht fortgesetzt (früher am 29. September).

Louisberuf – Zuhälter (*Louis* – Syphilis)
Lowry – Lore
Marqueur – Ober, Kaffeehauskellner
Mauerklumsen – Mauerspalte
mei Ban milli mach'n – mein Mädchen verhaften; auch: *müli mach'n*
Milli – Milch; aber *milli* bzw. *müli* – verhaften
Mirzl – Mizzi, Maria
Murrer – Beute, auch verächtliche Bezeichnung für den Bestohlenen
Netsch – Kleingeld
notig – arm, geizig
pali gehen – davonlaufen, freigesprochen werden
palisieren – davonlaufen
papeln – betteln
paschen – klatschen
Pip'n – Fasspipe
Plesch – Schläge
Pointlacearbeit – genähte Spitze
Profoss – Scharfrichter beim Militär
Pülcher – Gewalttäter, Arbeitsscheuer
putzen – stehlen
reiben – geben
Sackeln picken – Sträflingsarbeit, Papiersäcke kleben
Schab – Verdienst, Gewinn
Schampian – Champignon
scheanklnd – schielend
schliefen – schlüpfen
Schlieferl – Kegelaufsetzer auf einer *Rondl* oder *Rundl* (Kegelbahn)
Schmalz – Strafe, Gefängnisstrafe
Schmelzbürger; *Schmalzbruder* – Person, die einer Arbeit ausweicht, sich davor drückt
schnabeln – fangen, erwischen
Schräuferl im Ohr – Ohrring
schwanzen – ärgern
schwarz sein – ohne Geld, arm, auch: vorbestraft
Sofitte – Beleuchtungskörper
spreiten – spreizen
Spülicht – Lichterspiel
Staner – Steine; aber auch Geld, Silbergulden
Staner reiben – Geld geben
stantepe – sofort (eigentlich: stantepede)
stier sein – kein Geld haben, hässlich sein
stieren – starren
Strizzi – Zuhälter, Gauner

strotten, Strottgang – in den Kanälen nach Verwertbarem suchen, Gelegenheitserwerb
Taxameter – hier: alte Blechschale oder Konservenbüchse als Ess- und Trinkgeschirr
teufen, geteuft – niederbringen; Herstellung von senkrechten Hohlräumen (aus der Bergmannssprache)
tramhappert – schlaftrunken, verträumt
Tschoch – schwere Arbeit
Tuchert – Tuchent, Oberbett
tunken – einnicken; in kurzen, leichten Schlaf verfallen
Vierziger – Kopfausschlag kleiner Kinder, der etwa nach vierzig Tagen heilt
Wach's – Abzugbier
wacheln – winken, fächeln
Walzbruder – Vagabund, Schwarzfahrer in der Bahn
wamsen – prügeln
Weißgerber – Handwerker, der feines Leder herstellt
Werg – Dichtstoff aus Hanffasern